101 Dinge,
die man über Marvel
wissen muss

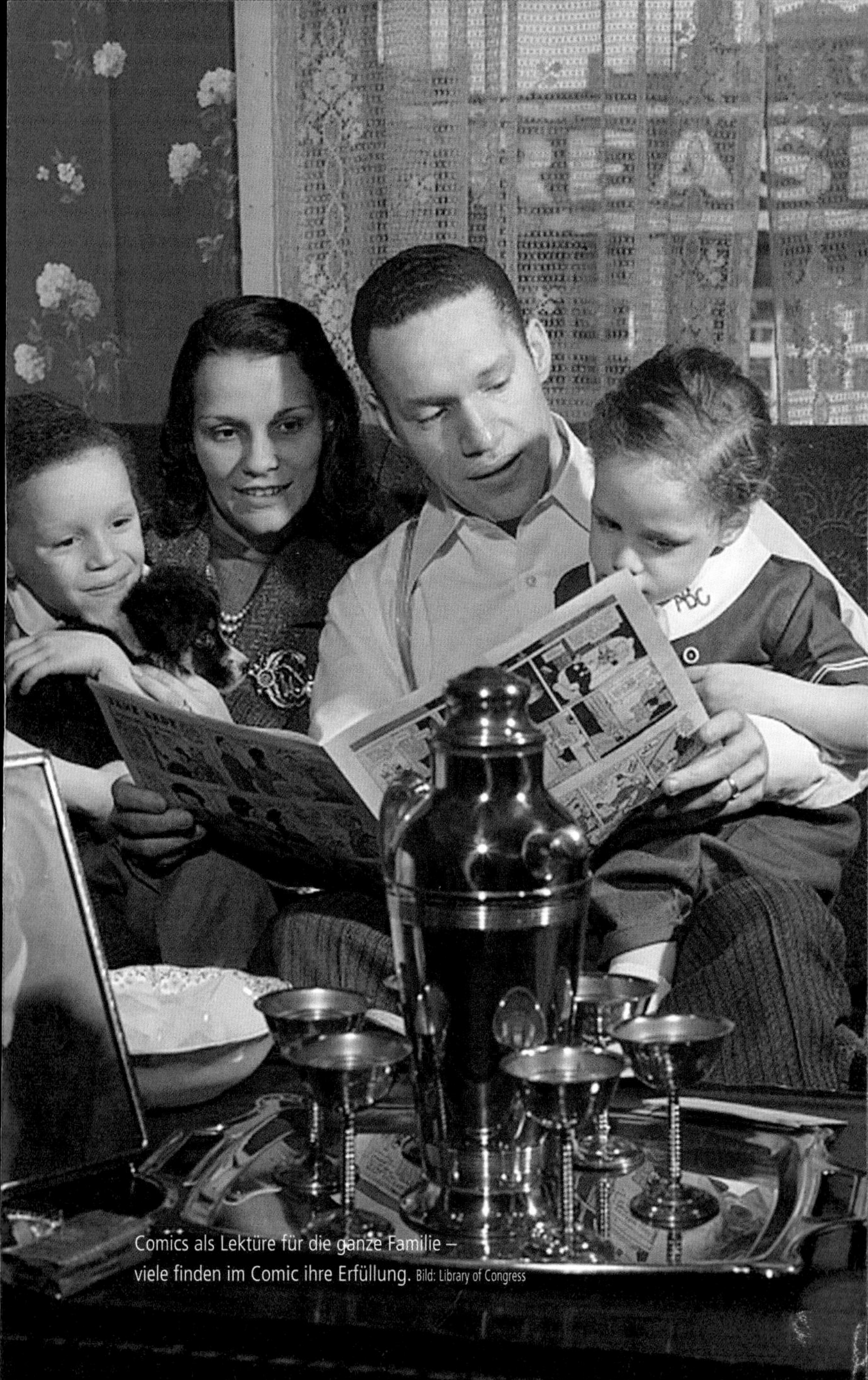

Comics als Lektüre für die ganze Familie –
viele finden im Comic ihre Erfüllung. Bild: Library of Congress

Michael Dörflinger

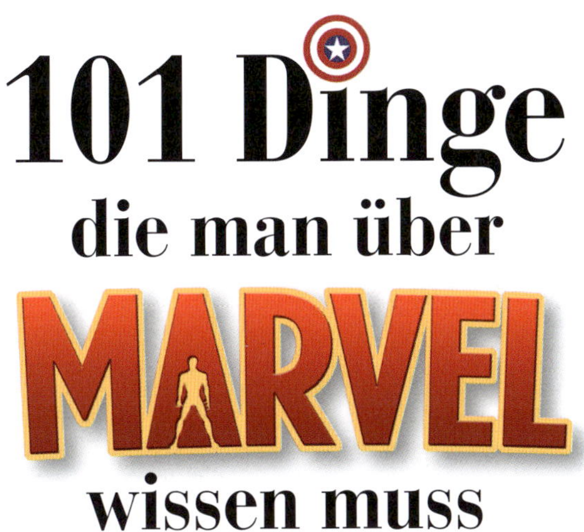

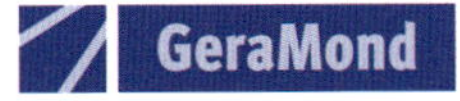

Inhalt

Vorwort

Brauchen wir heute Superhelden? Wenn wir die Kinder und Jugendlichen fragen, erhalten wir ein einhelliges »Ja!«. Wir brauchen sie im Comicheft, im Kino – und im Alltag. In Zeiten, wo einfache Lösungen nicht mehr möglich sind, wo Gerichtsverfahren manchmal Jahre dauern, wo in den Medien dauernd von Verbrechern zu hören und sehen ist, sehnt sich der Normalbürger nach einem aufrechten, edlen und hilfreichen Helden, der mit den Bösewichten kurzen Prozess macht.

Die erfolgreichste Filmserie der Welt, das sind die Superhelden von Marvel. Für viele Ältere erwachen im Kino nostalgische Erinnerungen an die schöne Jugendzeit, als Spider-Man noch »Die Spinne« hieß. Für die Jungen öffnet sich hier eine ganz neue, bunte und actionreiche Welt.

Dieser Band der 101er-Reihe im GeraMond Verlag führt uns in das unermessliche Marvel-Universum mit seinen wichtigsten Gestalten. Er zeigt die Entwicklung des Comics seit der Antike, reißt die Geschichte der amerikanischen Superhelden-Stories an und beschäftigt sich natürlich mit den Marvel-Blockbustern und Filmserien der letzten Jahre, aber auch den älteren Adaptionen der Geschichten fürs Fernsehen. Wer steckt hinter den weltberühmten Gestalten? Wer hat sie im Film verkörpert? Diese und viele andere Fragen werden in diesem Band beantwortet.

Tauchen wir ein in die unvergleichlichen Abenteuerwelten von Spider-Man, Iron Man, den Fantastischen Vier und der Black Widow und ihrem Kampf für eine bessere Welt!

Viel Vergnügen beim Lesen.

Michael Dörflinger

Vom Strip zum Book

1 Zur Geschichte des Comics

Auch wenn die ersten Comic-Hefte, wie wir sie kennen, erst Anfang des 20. Jahrhunderts auf den Markt kamen, kann man die Ursprünge des Comics sehr viel weiter zurückdatieren. Wir schnappen uns unseren Superheldenumhang und fliegen weit zurück in der Zeit zu den Höhlenmenschen der Vorgeschichte. Ihre Wandmalereien gelten als die erste bildliche Darstellung von Tieren und Menschen.

Antike Bildzeugen

In Stein gemeißelt und gemalt finden wir Figurendarstellungen bei den alten Ägyptern oder Römern. Im europäischen Mittelalter wurde die Technik der Bildfolgen angewendet. Eine Handlung vollzieht sich in hintereinander gezeichneten und kolorierten Bildern. Eine besondere Umsetzung dieser Bilderzählung ist der Kreuzweg in den Kirchen, wo in hintereinander angeordneten Bildern die Passion Jesu Christi gezeigt wird. Die Kirche legte sehr viel Wert auf Bilder, denn die wenigsten Menschen konnten damals lesen und schreiben.

Im späten Mittelalter kamen die Moritatensänger auf, die auf eine große Tafel Bilder gemalt hatten, die Ereignisse darstellten, von denen man erwartete, dass die Menschen sich dafür interessieren. Der Vortragende sang seine Verse zu den einzelnen Bildern und zeigte mit einem Stab auf jedes Bild an, wo er sich befand und was dort zu sehen war.

Von der Karikatur zum Comic

In den großen Zeiten der Zeitungen und Journale in der Epoche der Aufklärung und der Französischen Revolution wurden Karikaturen und Bildfolgen zum Allgemeingut. In Bildfolgen wurden Ereignisse dargestellt und kritisch kommentiert.

In Deutschland entstanden im ersten Drittel des 19. Jahrhunderts die Bildgeschichten von »Struwwelpeter« und »Max und Moritz«. Wilhelm Busch schuf eine Vielzahl von Bildgeschichten, die fiktionalen Charakter hatten, sich aber mit der Zeit auseinandersetzten. Diese Praxis schwappte in die Vereinigten Staaten über, wo die Comic Strips um 1900 immer beliebtere Spalten in Zeitungen wurden. Die Themen mochten auch politisch sein, waren aber in der Regel heitere Szenen aus dem Alltag.

In Frankreich und vor allem in Belgien, einem der wichtigsten Länder der Comic-Kultur, ging man noch weiter. Dort wurden nach dem Ersten Weltkrieg Comic-Hefte und -bücher herausgegeben. Jetzt wurden romanhafte Handlungen dargestellt, meist Abenteuergeschichten, die sich auch auf mehrere Hefte erstrecken konnten.

Lehrer, das wissen die älteren Semester unter unseren Lesern noch, lehnten die Comics vehement ab. Umso lieber vertieften sich die Schüler in diese bunten Welten. Es entstanden neue Genres: Tiercomics, Underground- und Erwachsenencomics, in denen es recht blutig zugeht, lustige Geschichten, historische Comics mit ihren frühen Protagonisten Prinz Eisenherz oder später Asterix und Obelix, Comicfassungen von Romanen (z. B. Tarzan, Karl May). Der Comic ist längst über seine Grenzen hinausgetreten. Seine große Nähe zum Medium Film brachte schon recht früh die Macher dazu, Serien zu drehen, die beliebten Comics in laufende Bilder umzusetzen – als Realfilm oder im Zeichentrick. Die enormen Zuschauerzahlen der Marvel-Filme zeigen, wie gut Comicfiguren sich für die Leinwand und den Bildschirm eignen.

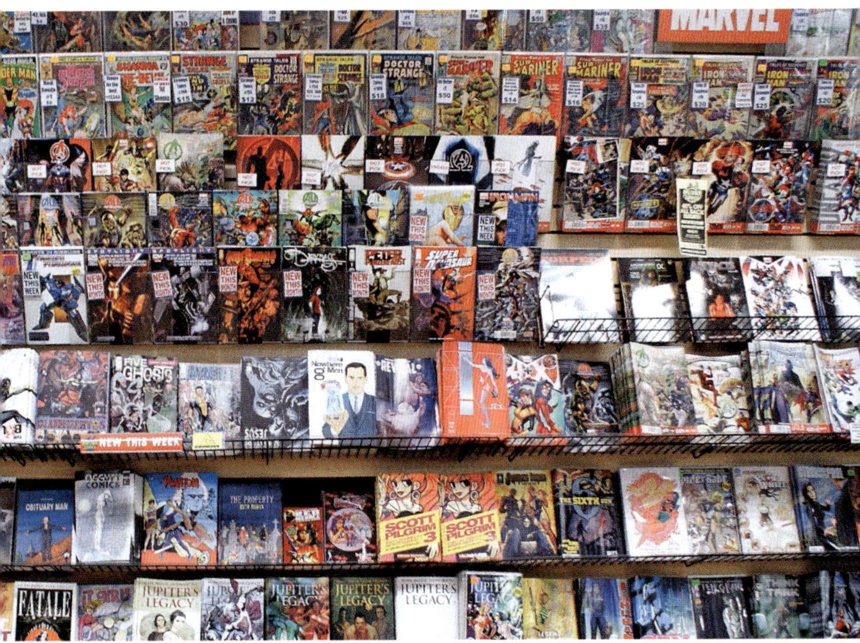

Die Zahl der verschiedenen Comicserien ist fast nicht überschaubar. Bild: Sammlung Michael Dörflinger

Die alten Ägypter

2

Bildfolgen erklären Vorgänge

Deutlich feiner als die sehr kindlich wirkenden Strichzeichnungen der Höhlenmenschen sind die Figuren gezeichnet, die man in historischen Grabstätten Altägyptens gefunden hatte. Diese Darstellungen von verschiedenen Menschen haben eine bestimmte Bedeutung. Sie zeigen Leute bei der Feldarbeit, bei Verwaltungstätigkeiten, rituellen Handlungen oder sie zeigen Pharaos mit ihren Familien. Aber man erkennt auch ägyptische Götter, so den hundeköpfigen Anubis oder den ibisköpfigen Thot.

Erzählte Vergangenheit

Diese Darstellungen folgen manchmal einem Prinzip der Erzählreihenfolge in Stationen. Dazu gaben Hieroglyphen, die Bildsymbolschrift der alten Ägypter, die nötigen Erklärungen. Bedeutende ägyptische Bilddarstellungen sind in vielen Grabmälern, Pyramiden und Tempeln gut erhalten, da sie über Jahrtausende verborgen waren und von Forschern und Archäologen erst ab dem 19. Jahrhundert wieder ausgegraben wurden. Be-

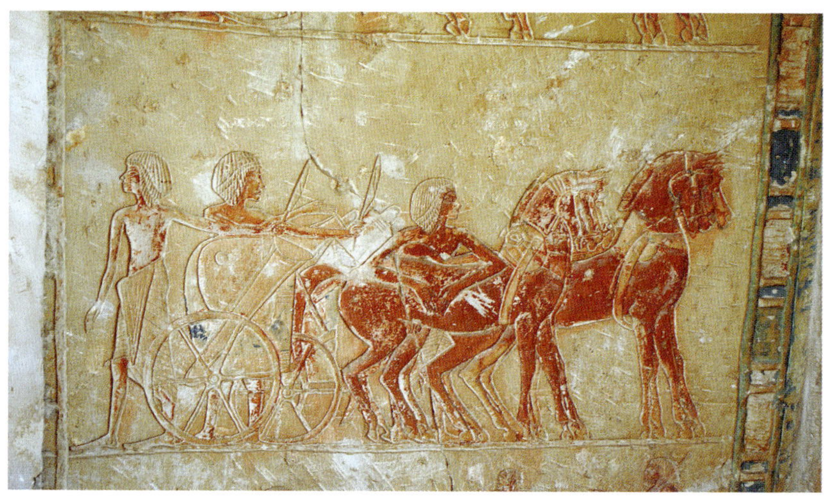

Eine Streitwagenszene im Grab des Haremhab, Sakkara, aus der Zeit des Neuen Reichs, gefertigt in der 18. Dynastie. Bild: Sammlung Michael Dörflinger

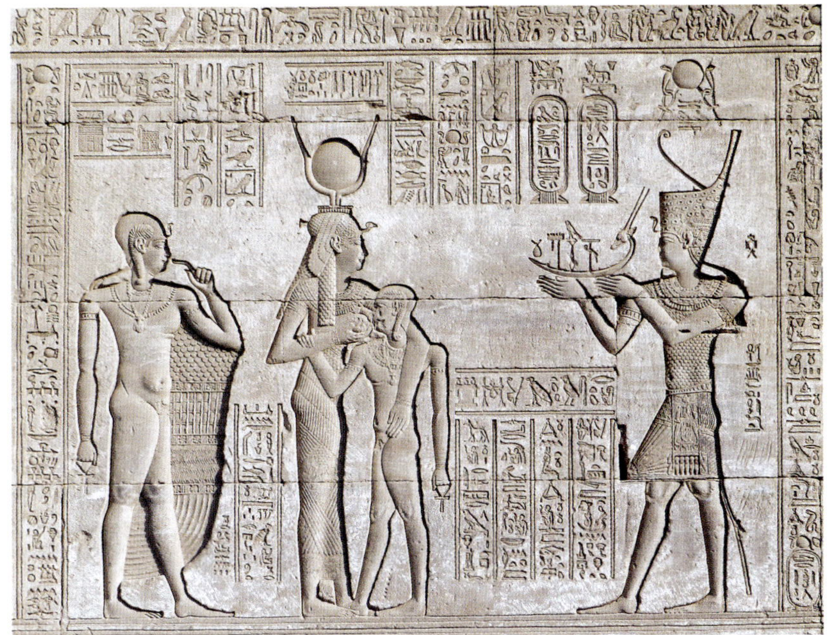

Diese Szene mit der Göttin Isis in der Mitte stammt aus dem Hatschepsut-Tempel in Karnak. Die Hieroglyphen kommentieren die gezeigte Szene. Bild: Sammlung Michael Dörflinger

rühmt ist die Wandmalerei im Grab in Menna, das eine Szenerie bei der Getreideernte zeigt.

Information und Kunstwille

Der Zweck dieser Bilder lässt sich nicht in der Unterhaltung eines Publikums beschreiben. Sie dienten vielmehr der Information oder anders ausgedrückt der Propaganda; meist handelt es sich um künstlerische Formen der Darstellung von Leistungen der begrabenen Herrscher.

Ähnliche Bildmonumente findet man auch in anderen antiken Hochkulturen, zum Beispiel im alten Rom. Hier handelt es sich aber in der Regel um Szenen aus dem Leben in Bildform. Bildfolgen, die eine Handlung abbilden, gab es auch bei den Römern. Das beste Beispiel ist die Trajanssäule in Rom, auf der Schlachten und Legionäre dargestellt werden.

Von echten Comics kann man auf dieser Entwicklungsstufe natürlich überhaupt nicht sprechen. Doch der Gedanke der Szenenfolge und des Kommentierens der gezeigten Darstellung sind bereits ganz wichtige Bestandteile der später entstandenen Bildergeschichten.

Der Teppich von Bayeux

Die Eroberung Englands 1066 im Bild

3

Im Norden Frankreichs, in der fruchtbaren Normandie, liegt eine hübsche kleine Stadt, die bereits die Seeluft des Ärmelkanals verspüren lässt. Abseits vom Trubel der Touristenzentren an der Küste, ist sie dennoch ein Ort, in dem sich viele Reisebusse treffen. Es sind Mittelalterfans, die hier in Bayeux ein faszinierendes Museum besuchen wollen. Nicht weit von der normannisch-gotischen Kathedrale Notre-Dame de Bayeux (früher mal Aufbewahrungsort des Teppichs), hinter einem Krankenhaus steht ein Palais, der ehemalige Bischofshof. Dort hat das »Musée de la Tapisserie de Bayeux«, also das Museum des Teppichs von Bayeux, seine Heimat. In diesem Gebäude wird ein spektakulärer Wandteppich ausgestellt. Er ist sagenhafte 68 Meter lang und rund einen halben Meter hoch. Das ist der berühmte Teppich von Bayeux, der seit 2007 zum UNESCO-Weltkulturerbe zählt. Er ist nicht etwa nur ein dekorativer Wandschmuck, sondern man erkennt darauf 623 Personendarstellungen, 994 Tiere, 438 verschiedene Pflanzen, 41 Schiffe, sowie 37 Gebäude und Festungsanlagen.

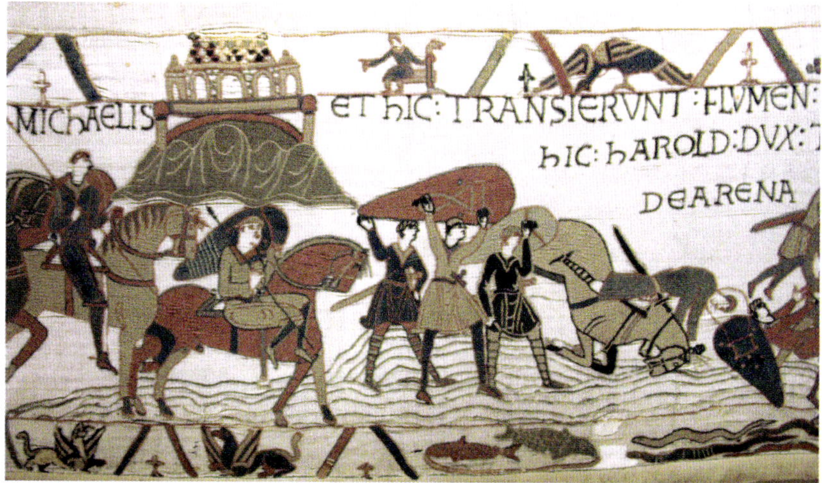

Überquerung des Flusses Couesnon nach dem Besuch des legendären Mont Saint-Michel, den man im Hintergrund erkennt. Bild: Michael Dörflinger

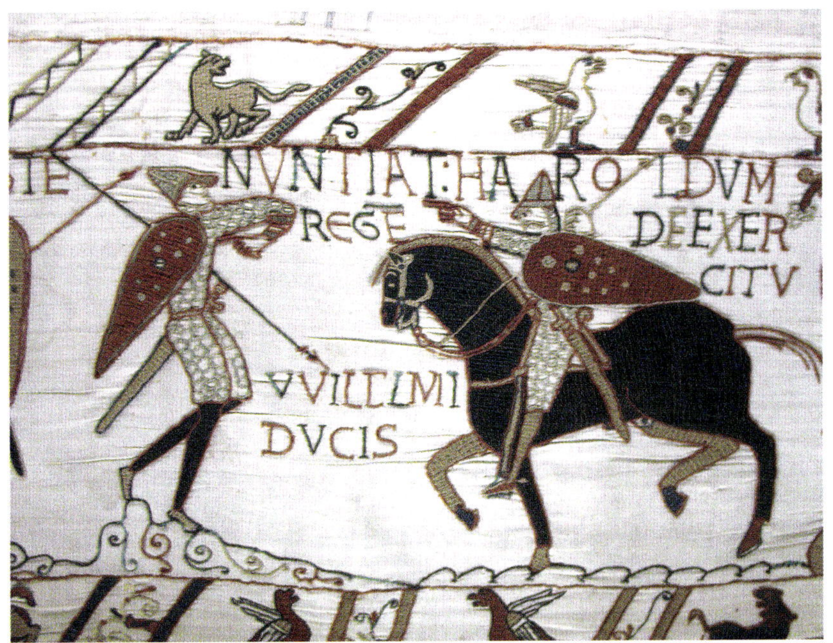

Harold beobachtet die heranrückende Armee der Normannen. Bild: Michael Dörflinger

Dieser Teppich stammt aus der 2. Hälfte des 11. Jahrhunderts, ist also nicht lange nach dem epochalen Ereignis entstanden, das auf dem gestickten Teppich dargestellt wird: die Schlacht von Hastings am 14. Oktober 1066. In 58 einzelnen Szenen wird die Vorgeschichte der Eroberung Englands durch die Normannen und ihren Herzog Wilhelm dargestellt, dann die Überfahrt über den Ärmelkanal und die Schlacht selbst.

Bewegte Bilder und bewegte Zeiten

Der Museumsbesucher kann am Teppich entlangspazieren und sich in die einzelnen Szenen vertiefen, die schon fast wie ein Comic Strip das historische Geschehen zeigen. Eingestickte Texte erklären, wer die Personen sind und was sie tun. Das Museum hat eine DVD herausgegeben, auf der der Teppich animiert wurde, und wie ein Zeichentrickfilm abläuft. Wieder ein schönes Beispiel für die Nähe von Comic und Film.

Entstanden ist der Teppich von Bayeux wohl vor 1082 in Südengland. Ob er wirklich von Wilhelms Ehefrau Mathilde gestickt worden ist? Wer weiß. Jedenfalls wurde sie als Gattin des neuen englischen Königs Wilhelm (der Eroberer) Königin des unterworfenen Landes.

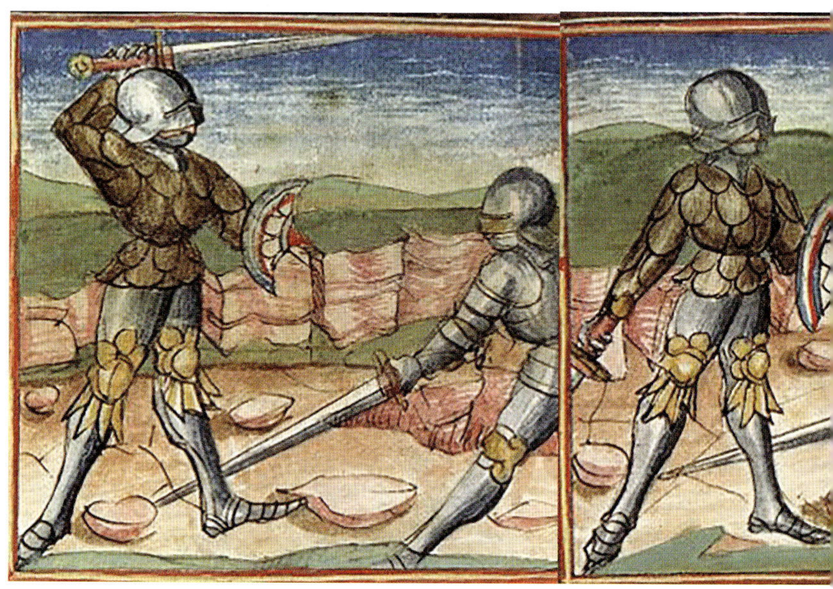

Dietrich von Bern (rechts) im Duell mit dem Riesen Sigenot (links). Bilder: Sammlung Michael Dörflinger

Ritterkämpfe und Abenteuer

4 Mittelalterliche Bilderhandschriften

In den Schreibstuben mittelalterlicher Klöster wurde fleißig gearbeitet. Die Erfindung des Buchdrucks ließ noch lange auf sich warten. Schreiber hatten die wichtige Aufgabe, Bücher zu reproduzieren und sie entweder in der Klosterbibliothek einzuordnen oder die fertigen Codices an Interessierte zu verkaufen – oder an Würdenträger zu verschenken. Die mittelalterlichen Skriptorien waren damals das Gedächtnis der Menschheit. Der Löwenanteil der Bücher fiel auf religiöse Literatur, doch auch fiktionale Werke wurden fabriziert.

Die Buchmalerei

Wenn die Handschriften besonders schön und wertvoll sein sollten, wurden sie von einem eigenen Spezialisten verziert und mit Bildern versehen. Diese Buchmaler konnten es zu beachtlichen Leistungen bringen. Ein schönes Beispiel, wo der Maler fast schon wie bei einem Comic den Handlungsablauf bildlich darstellt, findet man in der Heidelberger

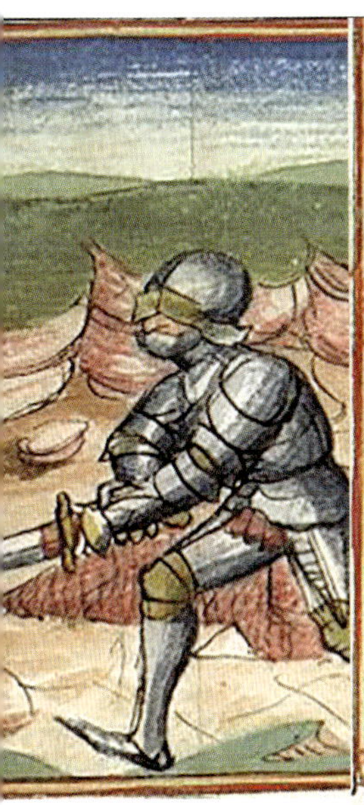

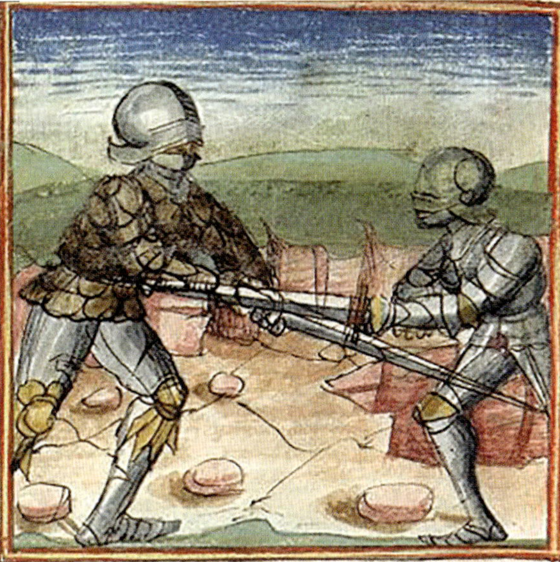

Nu wolt ich rüm an dir begon
Sprach der vngefüge man
Das kumpt mir zu grossem schaden
Das ich nunen wirmen trage han
Ich ward nie von zwen helden an
So sere über laden
Din her wolt mich hon verbrant
Der tüffel uss im glüte
Biss das ich den liste vand
Der kam mir do zu gütte
Mit ringen ich in bezwang
Also muss ich dir och tun
Wiltu es triben lang

Handschrift Cod. Pal. Germ. 67. Der Text beschreibt die spannungsgeladene Geschichte des Riesen Sigenot, der Dietrich von Bern im Zweikampf besiegen kann. Dieser Ritter war im Mittelalter eine der beliebtesten Sagengestalten, über den mehrere Geschichten überliefert sind. Hier ist schon alles da, was hunderte Jahre später eine Superheldenstory ausmacht: Ein sympathischer Held, der erst besiegt wird und dann gerettet werden kann und das Ende des Bösewichts besiegelt. Die beschreibenden Texte stehen unter den Bildern. So kann der Leser der Geschichte in Text und Bild folgen. Ist das schon ein Comic?

Von Töpffer zu Busch

5 Anfänge des modernen Comics

Jetzt ein weiter Flug durch die Geschichte. Den Namen des Genfers Rodolphe Töpffer, der 1799 geboren wurde, kennen heute nur die wenigsten. Dabei war er für die Entstehung des modernen Comics von großer Bedeutung. Töpffer wollte wie sein Vater Maler werden, doch das machten seine Augen nicht mit. So wurde er Lehrer. Das Malen machte er jedoch zu seinem Hobby. Er begann, Bildgeschichten zu zeichnen, in denen er sich über Spießbürger, Politiker oder Wissenschaftler lustig machte.

Handlung in Rahmen gepackt

Ähnlich wie in den mittelalterlichen Bilderhandschriften zeichnete er mehrere Rahmen nebeneinander, in denen eine Handlung gezeigt wurde. Darunter schrieb er seine erklärenden Begleittexte. Die Kreationen wurden gedruckt und erfreuten sich großer Beliebtheit. Auch Goethe lobte die Hervorbringungen Töpffers. Schon bald traten Nachahmer auf. Die Karikaturgeschichte wurde bald zum wichtigen Teil in den aufblühenden Zeitschriften. Da die Geschichten meist witzig waren, bekamen sie im Eng-

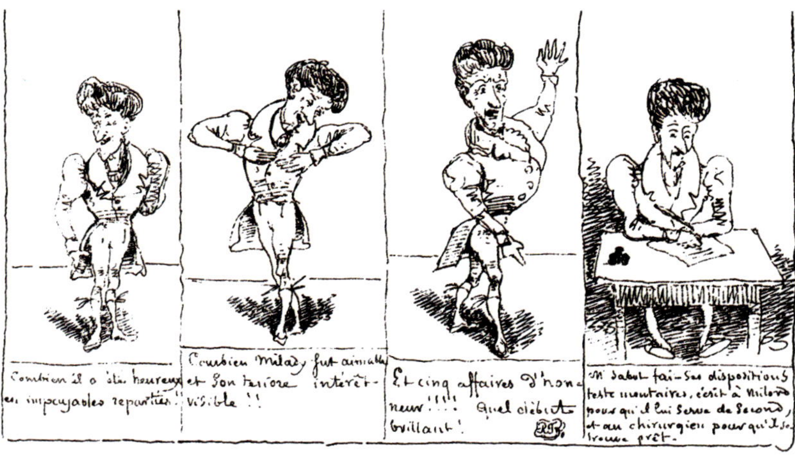

Bei Töpffer sind die aufeinanderfolgenden Handlungsteile in unterschiedlichen Rahmen abgegrenzt. Der Text dazu steht darunter. Bild: Rodolphe Töpffer/Sammlung Michael Dörflinger lischen den Namen »Comic«, also »komisch«.

Bilder mit Gedichten

Auch in Deutschland fanden solche Bildergeschichten eine begeisterte Leserschar. Magazine wie die »Fliegenden Blätter« oder Einseitendrucke wie der »Münchner Bilderbogen« oder der »Neuruppiner Bilderbogen« wurden viel gekauft. Einer der dort vertretenen Zeichner und Texter sollte es zu Weltruhm bringen: der allseits bekannte Wilhelm Busch. Jeder kennt seine beiden Lausbuben Max und Moritz. Buschs Besonderheit waren die gereimten Verse, mit denen er seine Zeichnungen kommentierte.

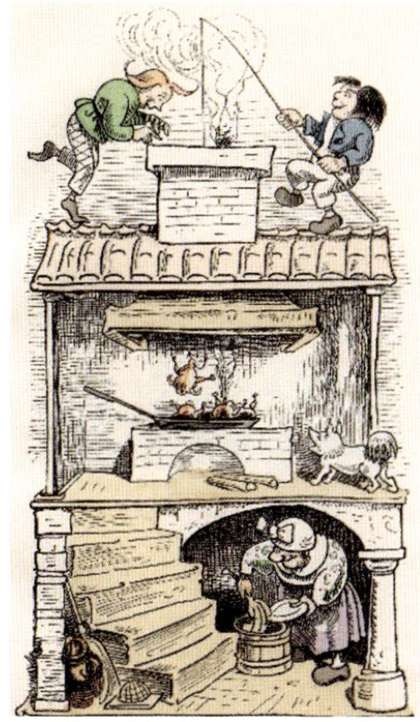

Max und Moritz angeln sich die Hühner aus dem Ofen der Witwe Bolte, während sie sich Sauerkraut aus dem Keller holt.

Bild: Wilhelm Busch/Sammlung Michael Dörflinger

Die Bildergeschichten von Wilhelm Busch machten sich über die Spießbürger und alltägliche Fehler lustig. Er führte Tiere als Hauptfiguren seiner Werke ein, zum Beispiel den Raben Hans Huckebein. Es geht sehr moralisch zu in seinen Bildergeschichten. So erhalten freche oder verbrecherische Taten stets ihre Strafe, Frömmler und Scheinheilige, Wucherer und Halsabschneider tauchen immer wieder auf und müssen leiden. Wilhelm Busch wurde so populär, dass seine Geschichten nicht nur bei Lesern zum Allgemeingut wurden, sondern er auch eine Reihe von Nachahmern gefunden hatten – auch in den USA, wie man im folgenden Kapitel sehen wird.

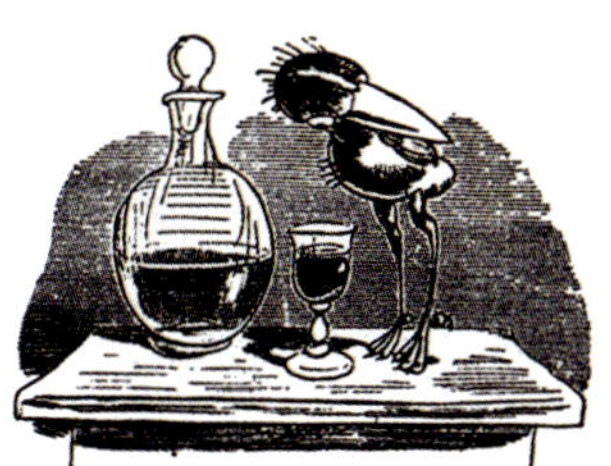

Dem Raben Hans Huckebein passiert 1868/69 in der Stuttgarter Zeitschrift »Über Land und Meer« ein Missgeschick nach dem anderen. Bild: Wilhelm Busch/Sammlung Michael Dörflinger

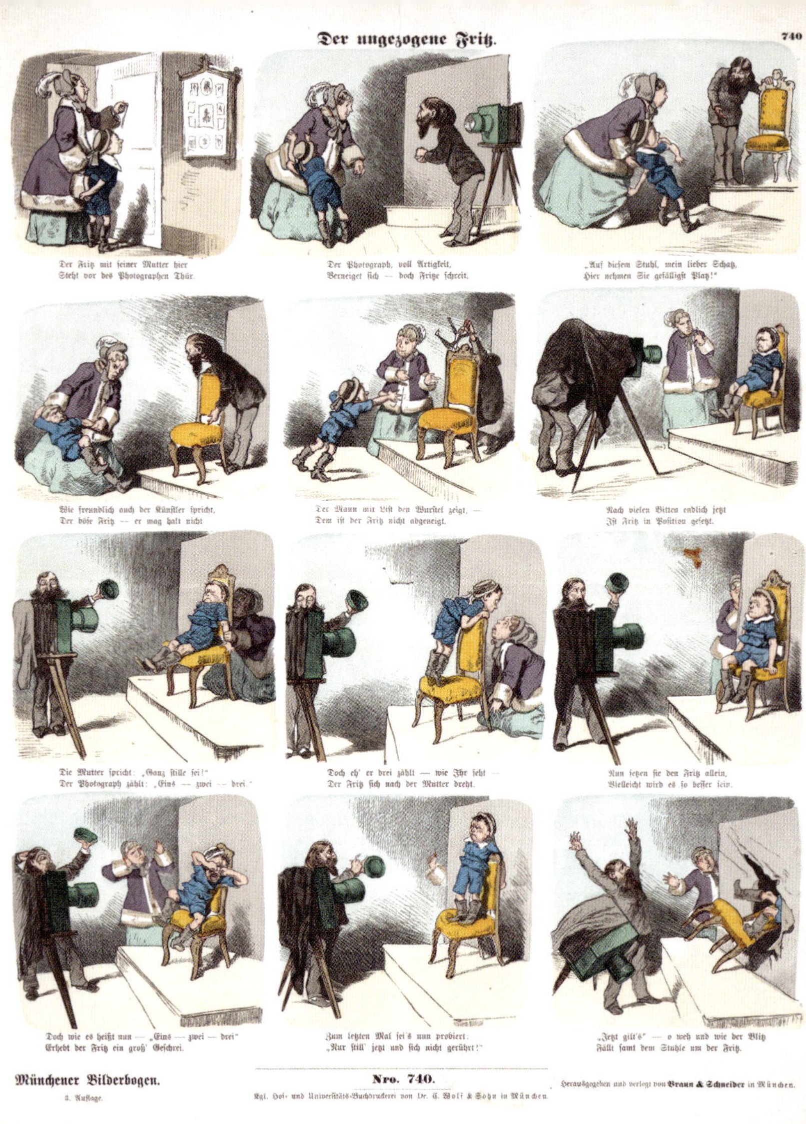

Der Lindauer Maschinenbauer Fritz Steub hatte in eine Verlegerfamilie eingeheiratet und arbeitete für die Zeitschrift des Schwiegervaters, die »Fliegenden Blätter« als Zeichner. Auch die »Münchner Bilderbögen« gehörten diesem Verlag. Die Abbildung zeigt den Bogen Nummer 740. Das Vorbild Wilhelm Busch ist unverkennbar. Bild: Fritz Steub/Library of Congress

Katzenjammer Kids

6

Comic-Strips auf »Denglisch«

Sie heißen Hans und Fritz. 1897 wurden sie in New York geboren, genauer gesagt im New York Journal. Ihr Vater war Rudolph Dirks, ein aus Deutschland eingewanderter Zeichner, der für den Pressemogul Randolph Hearst arbeitete. Der gebürtige Holsteiner war damals gerade mal 20 Jahre alt. Insofern war der Auftrag schon ein Zeichen der Anerkennung.

Amerikanisch-deutsche Jugend

Das Ergebnis war sehr deutsch. Die beiden Hauptfiguren erinnerten stark an Wilhelm Buschs Max und Moritz. Sie lebten in einem Umfeld deutscher Auswanderer, was sich in ihrer Sprache niederschlug, einem witzigen, mit vielen deutschen Begriffen durchsetzten Englisch, das ist echt amüsant zu lesen. Die anderen Gestalten, die immer wieder auftauchen, sind die Mutter, der Captain und der Inspector. Die erste Geschichte erschien am 12. Dezember 1897 in der Wochenendbeilage des New York Journal.

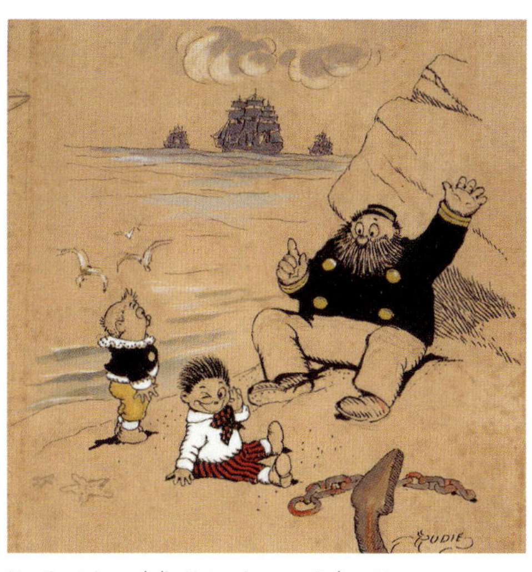

Der Captain und die Katzenjammer-Buben Hans und Fritz am Strand. Bild: King Features Syndicate./Library of Congress

Zu Beginn erzählten die Bilder eine kleine Geschichte, die sich selbst erklärte. Einen Text gab es noch nicht. Doch das sollte sich bald ändern – und zwar richtungsweisend. Denn jetzt fanden die Sprechblasen Einzug in die Comics. Eigentlich gab es die schon lange, bereits im Mittelalter in der Form von Spruchbändern, in modernen Bildergeschichten aber nicht. Jetzt gab es nicht nur den Erzähler wie auf Seite 18, nun sprachen die Figuren selbst. Die Sprechblase darf seitdem in keinem Comic mehr fehlen. Anders als bei Max und Moritz sind die Streiche bei weitem nicht so wild. Manchmal sind es auch nur Missverständ-

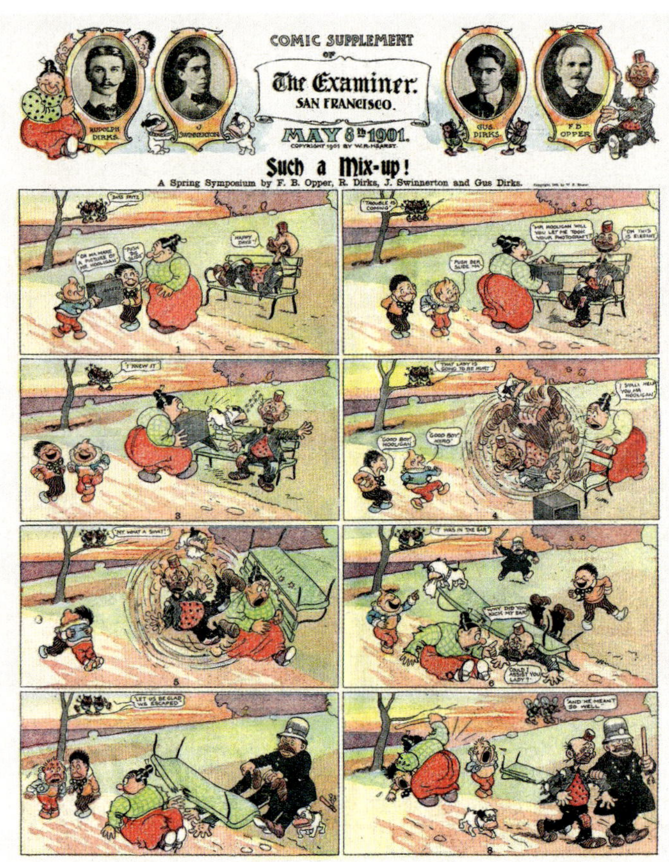

Eine Geschichte vom Mai 1901. Links oben ein Porträt von Dirks. Bild: Sammlung Michael Dörflinger

nisse. 1913 hörte Dirks auf. Die Katzenjammer Kids lebten aus dem Zeichenstift von Harold Knerr weiter. Der Erfinder der Figuren erstritt sich aber vor Gericht das Recht, mit dem gleichen Personal für ein Konkurrenzblatt neue Geschichten herauszubringen. »The Captain and the Kids« hießen diese Comics. So gab es jahrelang zwei parallel erscheinende Serien. Knerr, ein Sohn deutscher Einwanderer, schuf bis zu seinem Tod 1949 regelmäßig neue Geschichten. Bis 2006 sollten noch fünf weitere Autoren folgen.

Dirks zeichnete seine »Captain«-Reihe bis Mitte der 1950er-Jahre, dann übernahm sein Sohn John diese Aufgabe.

Bereits ein Jahr nach der ersten Geschichte gelangten Hans und Fritz auf die Leinwand. Mehrere Stummfilme mit Schauspielern folgten. Später gab

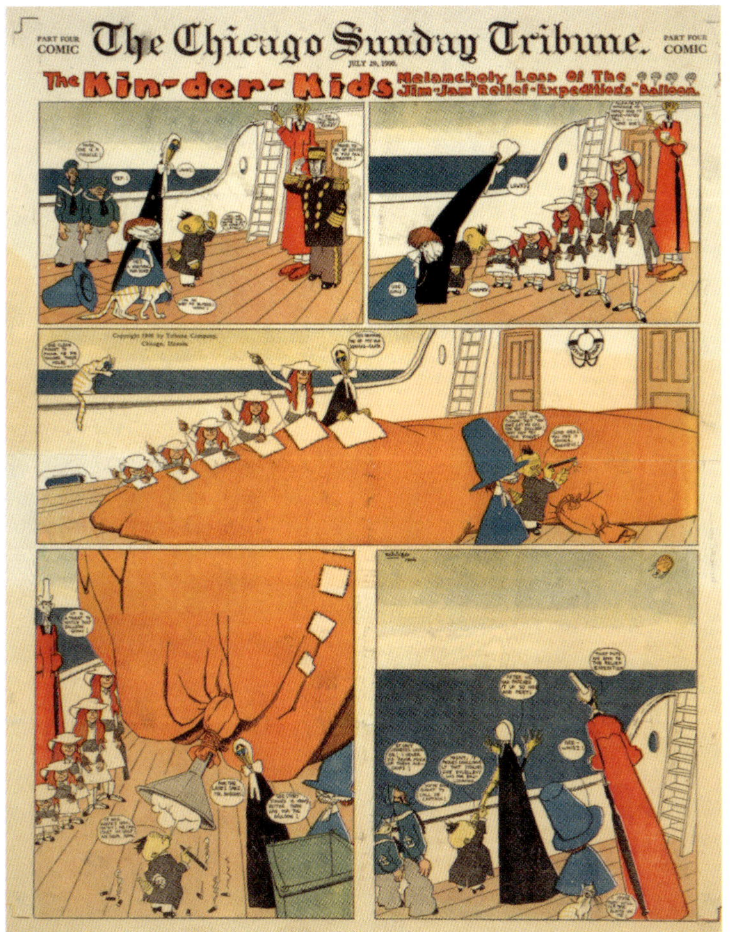

»The Kin-der-Kids« heißt eine »bravere« Konkurrenzserie um 1906, die kein Geringerer als Lyonel Feininger gezeichnet hat. Bild: Lyonel Feininger/Library of Congress

es auch einige Zeichentrickfilme. Comic und Kino – das passt. 1903 wurde sogar ein Theaterstück über die beiden Lausbuben aufgeführt. Die »Katzenjammer Kids« sind die am längsten gelaufene Comicserie der Welt. Erst 2006 wurde das letzte neue Abenteuer gezeichnet. Die Serie wurde auch in mehreren Ländern Europas gedruckt. 1906 lancierte die Chicago Sunday Tribune nach konservativen Protesten eine eigene Serie »Kin-der-Kids«, die auch deutschstämmige Hauptdarsteller hatte.

7 Hergé und das Comic-Heft

Der Vater von »Tim und Struppi«

Den Namen Georges Remi kennt heute kaum ein Mensch. Sein Träger wurde am 22. Mai 1907 in der Nähe von Brüssel geboren. Sein Hobby war Zeichnen. Bereits mit 14 Jahren gelang es ihm, ein eigenes Werk in einer Zeitschrift unterzubringen. Er erfand sich ein eigenes Kürzel mit seinen Initialen, die er dann aber ausschrieb. So bildeten die Buchstaben R für

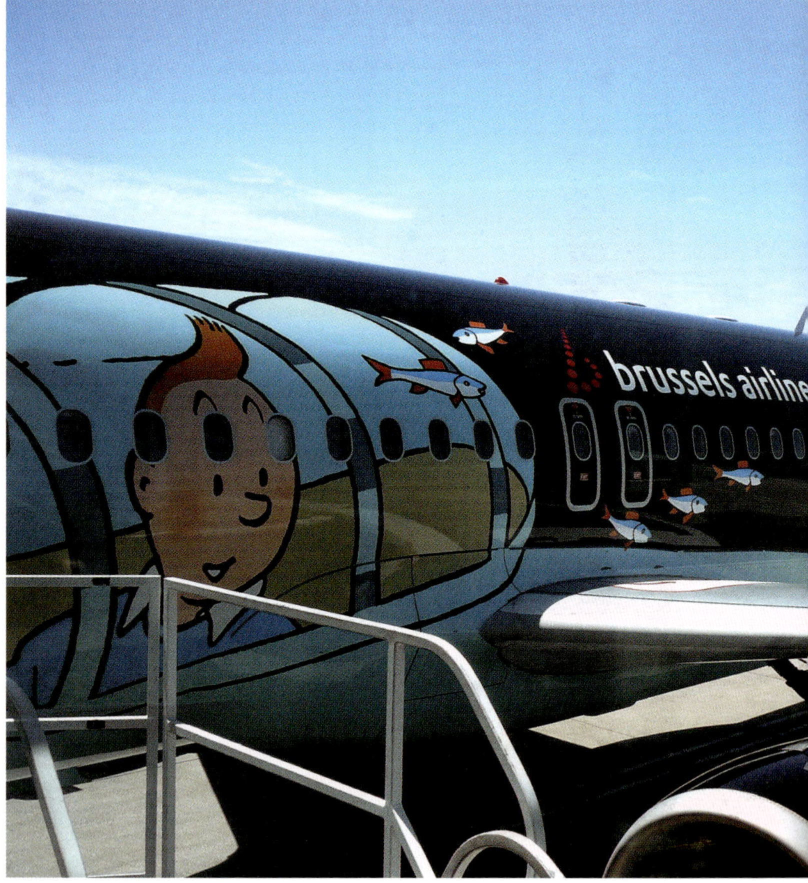

Remi und G für Georges den neuen Namen Hergé. Und diesen Namen wiederum kennen nicht nur die Comicfans in aller Welt.

Hergé ist der Erfinder von Tintin und seinem kleinen Hund, im deutschen Sprachraum sind sie als »Tim und Struppi« allseits bekannt. Die erste Geschichte erschien in Fortsetzungen in einer katholisch gesinnten Zeitung, in der Beilage für die Jugend. Hergés Werk war überaus beliebt. Es geht immer um den belgischen Reporter Tim, der in seinen auf der ganzen Welt spielenden Abenteuern gegen fiese Schurken kämpfen muss. Hergé hat bis zu seinem Tod 1983 Geschichten um Tim und seinen Foxterrier, seine Freunde Kapitän Haddock und Professor Bienlein oder die beiden zwillingshaften, tollpatschigen Detektive Schulze und Schultze gezeichnet.

Ab 1934 sind die Geschichten des sympathischen Reporters in Albumform erschienen. Damit wurde der Comic auf eine neue Ebene gehoben, wenn man so will von der Novelle oder dem Fortsetzungsroman hin zum Roman in Buchform. Das Comic-Book stand am Beginn einer neuen Ära, der goldenen Zeit der Comics. Die Ersten wurden in Belgien und Frankreich veröffentlicht. Die Idee vom Reporter, der das Verbrechen bekämpft, wurde ein paar Jahre später in den USA aufgenommen, allerdings mit einem entscheidenden Unterschied. Während Tim noch ein ganz normaler, aber schlauer Mensch bleibt, kann sich der Journalist Clark Kent in die Rolle eines Superhelden transformieren (siehe Kapitel 13).

Hergé begründete mit seiner besonderen Art des Zeichnens (schwarzer Konturstrich, klare Farbflächen) den Stil der »Ligne claire«. Belgien wurde zu einem Zentrum des Comics, man denke nur an Lucky Luke, Gaston oder die Schlümpfe.

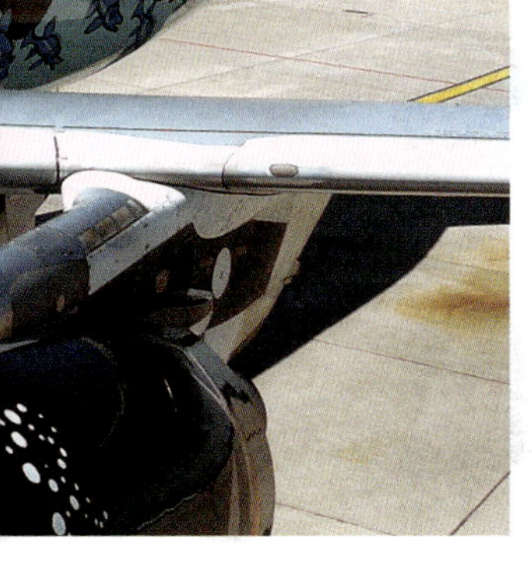

Reporter Tim und die Fliegerei gehören zusammen, wie Brussels Air demonstriert. Bild: Majobas2/C.C. 4.0

Comicland Japan

Das Manga-Universum

8

Was bei uns als Mangas bekannt ist, ist nur eine recht moderne Untergruppe dessen, was man in Japan so bezeichnet. Dort versteht man unter diesem Wort die Comics allgemein. Auch hier gehen die Ursprünge weit zurück ins späte Mittelalter. Erste comichafte Elemente findet man schon in mittelalterlichen Handschriften. Mönche hatten auf Schriftrollen meist satirische Bildfolgen erschaffen. Später kennt man die Zeichnungen von Katsushika Hokusai, viele kennen sicher »Die große Welle vor Kanagawa« (um 1830), deren Zeichenstil schon sehr comichaft anmutet. Hosukai hat auch Bildgeschichten als Holzschnitte herausgegeben.

Bereits vor dem 19. Jahrhundert sind Hefte mit Bildfolgen gedruckt worden. Diese Entwicklungen hatten sich völlig unabhängig von der anderen Welt vollzogen. Japan hatte sich bis in die zweite Hälfte des 19. Jahrhunderts völlig von anderen Völkern abgeschottet. Doch dann entwickelte sich ein langsamer Austausch, und aus dem europäisch-amerikanischen Kulturraum wurde auch der japanische Comic beeinflusst.

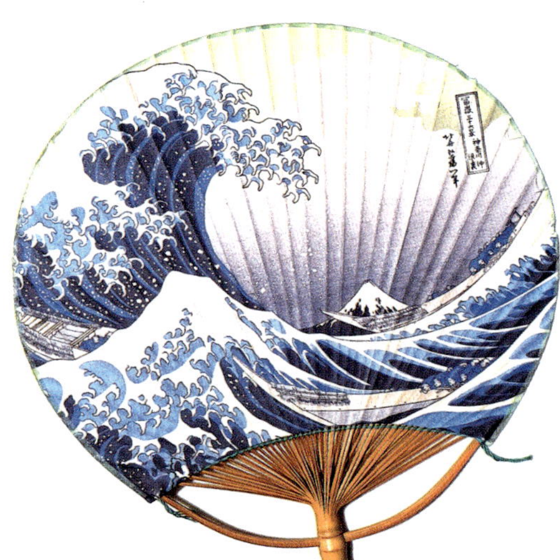

Die berühmte »Große Welle vor Kanagawa« wurde auch als Motiv auf einem japanischen Fächer reproduziert. Bild: Katsushika Hokusai/Michael Dörflinger

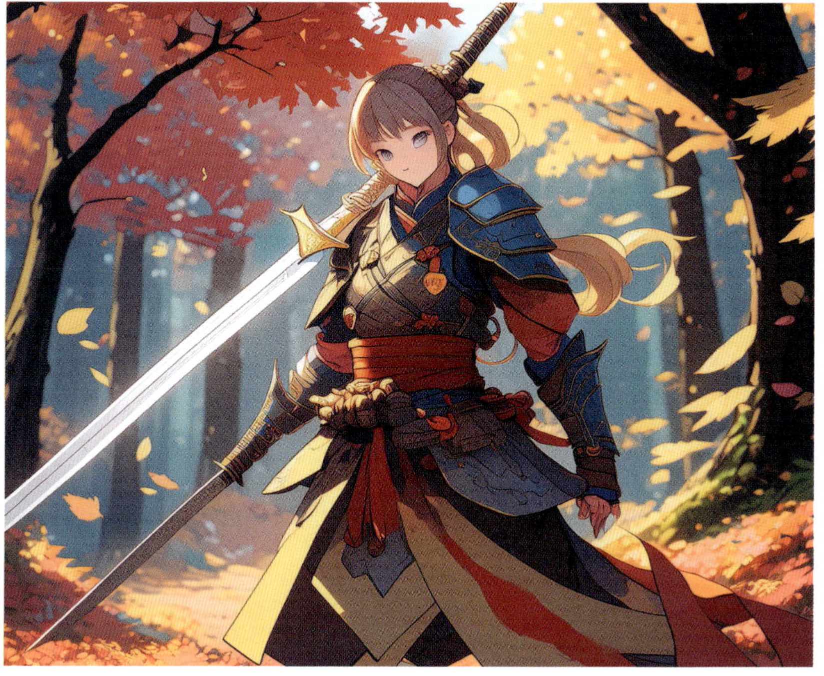

Eine Manga-Figur, die in der Tracht eines Samurai auftritt. Bild: Sammlung Michael Dörflinger

Ein Comic-Universum entsteht

Als Schöpfer des modernen Comics gilt Rakuten Kitazawa mit einem 1902 gezeichneten Werk. Doch das, was wir allgemein als Manga bezeichnen, ist erst viel später entstanden. Nach dem Zweiten Weltkrieg trat Osamu Tezuka mit Comics hervor, darunter dem »Astro Boy« (1952 bis 1968). Diese Gestalt erinnert etwas an die amerikanische Betty Boo und hat schon die großen Kulleraugen. In Deutschland wurde der Astro Boy erst im Rahmen des Manga-Booms bekannt. In Japan etablierte sich in den 1970er-Jahren ein Zentrum der Zeichentrickserien für Kinder. Heute noch beliebte Figuren wie Heidi, die Biene Maja oder Captain Future sind optische Verwandte der Manga-Gestalten Tezukas. Auf die Vielzahl der Erscheinungsformen kann hier nicht eingegangen werden. Für fast jede Bevölkerungsgruppe wurde eine eigene Reihe entwickelt. Auch Gewalt- und Sexgeschichten sind erschienen – und tun es noch. Die Optik der etwas feenhaften Gestalten mit großen runden Augen – das ist, was die meisten bei uns unter Mangas verstehen. Sie handeln oftmals in Fantasy-Welten.

Tarzan und Prinz Eisenherz

9 Heldengestalten im Comic

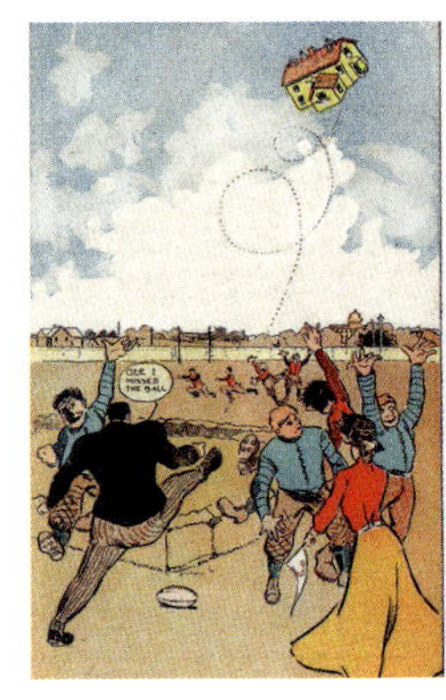

Der erste Superheld trat 1902/03 in der Sonntagsbeilage der Chicago Tribune auf. Hugo Hercules verfügte über Superkräfte, die es ihm sogar möglich machten, Häuser wie einen Fußball wegzubolzen. Sehr viel erfolgreicher waren in der Zeit nach dem Ersten Weltkrieg in Amerika die Geschichten von Helden in exotischer oder historischer Umgebung. In diesem Zusammenhang sei an »Tarzan« und »Prinz Eisenherz« erinnert. Sie stammen aus dem Zeichenstift eines Mannes, des Kanadiers Hal Foster (1892–1982). Der begründete mit seinem 1928 herausgekommenen »Tarzan« ein neues Genre, die Romanadaption im Comic. Sein damals völlig neuer, realistischer und detailreicher Zeichenstil sollte die Zukunft des Comics maßgeblich beeinflussen.

Tarzan ist eine Figur des US-Amerikaners Edgar Rice Burroughs, der diesen Charakter ab 1912 in Fortsetzungsheften und Büchern hat auftreten lassen. Der englische Adlige war als kleiner Junge mit seinen Eltern nach einer Meuterei in Afrika ausgesetzt worden. Vater und Mutter starben früh. Er wurde von einer Affenhorde groß gezogen. Als Erwachsener wurde er zum Hüter des Friedens im Dschungel. Immer neue Abenteuer wurden erfunden. Die Tarzan-Comics fanden nach dem Zweiten Weltkrieg auch in Deutschland begeisterte Leser. Doch Tarzan ist bei den Fans eher ein Filmthema.

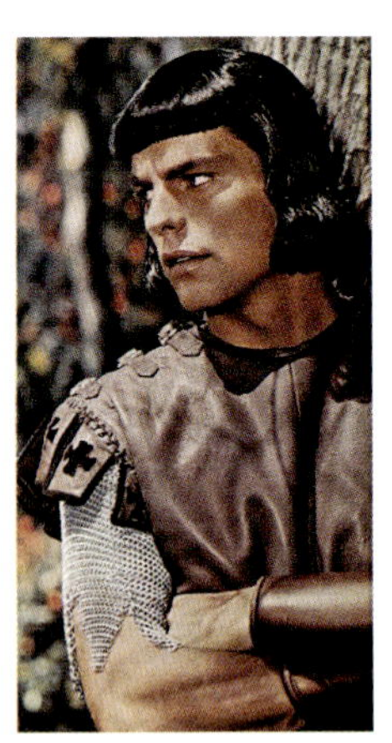

Fosters zweites Meisterstück sind die Geschichten um »Prince Valiant«, der 1937 das Licht der Welt erblickte und bei uns als »Prinz Eisenherz« berühmt wurde. Noch mit 78 Jahren hat Foster neue Folgen erschaffen. Insgesamt wurden es fast 1.800 Seiten. Prinz Eisenherz ist ein Ritter der Tafelrunde. Er stammt aus Thule. Seine Abenteuer führen ihn bis nach Afrika, Asien und sogar Amerika. Immer kämpft er für Gerechtigkeit. Eisenherz gewinnt die Liebe der Königin Aleta. Diese Comics beeinflussen in ihrer Bildsprache sehr stark die bald danach erscheinenden Superhelden-Comics.

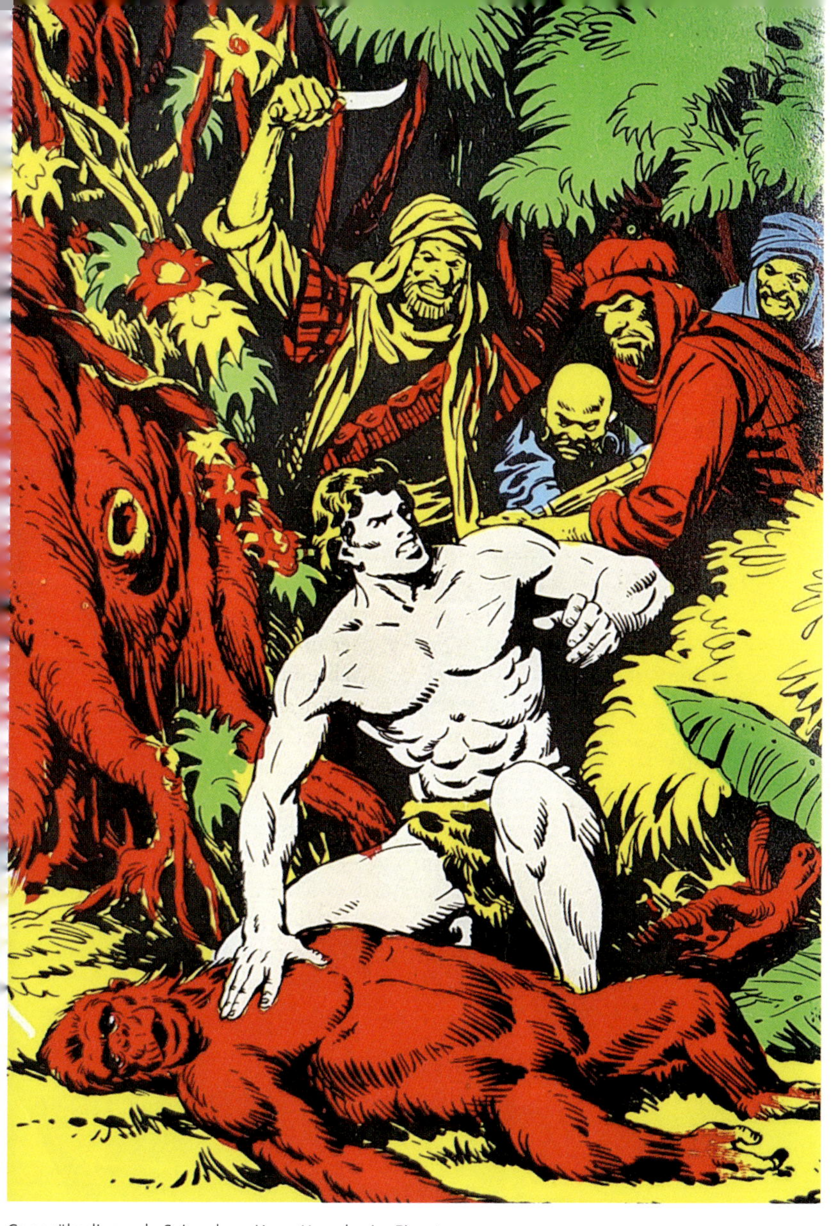

Gegenüberliegende Seite oben: Hugo Hercules im Einsatz. Bild: Wilhelm Heinrich Detlev Körner
Unten: Robert Wagner als Prinz Eisenherz in einem Spielfilm von 1953. Bild: Frank Powolny
Oben: Tarzan mit seiner ausgeprägten Muskelzeichnung war vorbildhaft. Bild: Sammlung Michael Dörflinger

Micky Maus und Co.

10

Walt Disney begründet ein Imperium

Die Walt Disney Company feierte 2023 ihren hundertsten Geburtstag. Grund genug zum Feiern gab es allemal, denn seit dem ersten Micky-Maus-Film »Steamboat Willy« von 1928 ging es steil nach oben. Bis heute einsamer Rekord sind die 26 Oscars, die Walt Disney einheimsen konnte. Einer davon war für den 1937 in die Kinos gekommenen ersten abendfüllenden Zeichentrickfilm »Schneewittchen und die sieben Zwerge«.

Comics, Filme und Disneyland

Die frühesten Micky-Maus-Comics sind erst zwei Jahre nach dem Zeichentrickfilm erschienen. Das erste Abenteuer hieß »Micky Maus im Tal des Todes«. Die kleine, schlaue Maus eroberte sofort die Herzen der

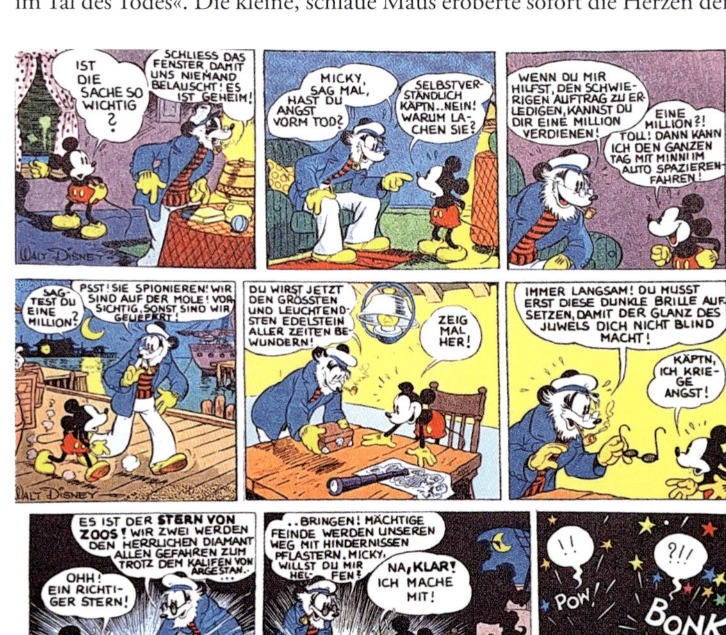

Menschen. Micky erlebte tolle Abenteuer, in denen er es immer wieder mit dem bösen Kater Karlo zu tun hatte und in denen er auch Figuren aus der Kulturgeschichte traf. Zeichnungen und Ideen stammten von Floyd Gottfredson, der bis 1975 für Disney Micky-Maus-Comics zeichnete. Die Texte und die Reinzeichnungen übernahmen in der Regel andere Künstler.

Walt Disney setzte 1955 seinen Traum um und eröffnete in Anaheim südlich von Los Angeles das Disneyland, einen Freizeitpark, der von Gestalten seiner Filme bevölkert ist, und wo man sich bei vielerlei Attraktionen seinem Vergnügen hingeben kann.

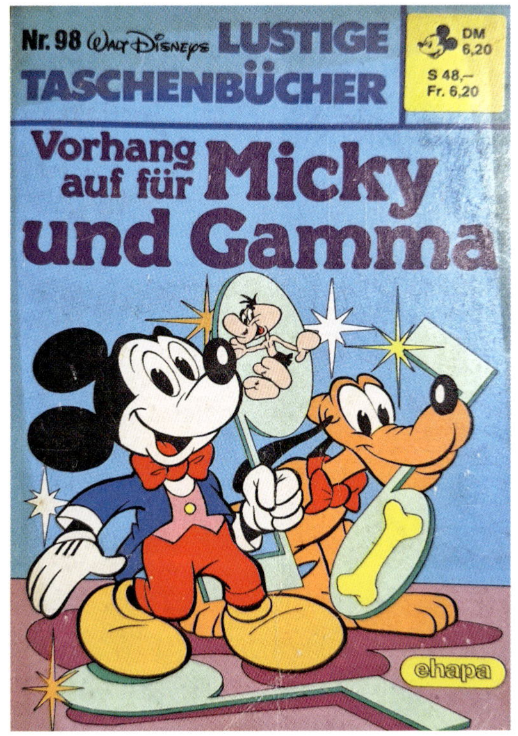

Anders als man meint, stammen »Walt Disneys Lustige Taschenbücher« aus Italien. Bild: Sammlung Michael Dörflinger

Große Kinofilme in den 1990ern

In den 1990ern wurden wieder viele ungemein erfolgreiche Zeichentrickfilme produziert. »Arielle, die Meerjungfrau«, »Der König der Löwen« oder »Tarzan« waren noch klassische Zeichentrickfilme. Doch bereits in dieser Zeit begann man mit der Computeranimation, die ja heute als das Nonplusultra der Trickfilmbranche gilt. »Toy Story« feierte Triumphe. Disney hatte aber immer wieder auch Filme mit realen Schauspielern in die Kinos gebracht. Mehr zu Disney und seiner unglaublichen Expansion liest man in Kapitel 24.

Gegenüberliegende Seite: »Micky Maus im Lande des Kalifen« stammt aus dem Jahr 1936. Story und Skizzen stammten von Gottfredson, die Reinzeichnung von Ted Thwaites. Bild: Sammlung Michael Dörflinger

Western und Romanadaptionen

Einige Jahre voll im Trend

11

Der Wilde Westen wurde schon in Büchern beschrieben, als er noch real existierte. Die ersten Indianergeschichten, die das Genre prägten, waren die »Lederstrumpf«-Romane von James Fenimore Cooper. In Deutschland prägten die Werke von Karl May um Old Shatterhand und Winnetou ganze Lesergenerationen.

Kein Wunder, dass sich auch Comics mit diesen Heldengestalten beschäftigten. Es war die große Zeit der amerikanischen Westernfilme und der Karl-May-Filme. Wieder sind Comic und Film eng verknüpft. Auf der Western-Welle ritten auch bekannte Comic-Serien wie »Lucky Luke« oder »The Lone Ranger«. Dieser trug immer eine Maske wie Zorro und hatte einen indianischen Blutsbruder namens Tonto. Die Westerncomics sind Heldengeschichten, sie bleiben in der Regel realistisch. Auch die Bewaffnung oder die Kampftechniken bleiben auf dem Boden der Tatsachen.

Andere Comics sind vor allem an Jugendliche gerichtet, denen man die Inhalte von Romanen oder Dramen der Weltliteratur nahebringen will. Ein schönes Beispiel ist der »Robin Hood« (siehe Abbildung unten). Dieser Comic zeigt sich stark vom Spielfilm »Robin Hood – König der Vagabunden« (1938) inspiriert. Robin Hood ähnelt sehr stark dem Schauspieler Errol Flynn. Bei Romanadaptionen werden in der Tat vor allem abenteuerliche Stoffe ausgewählt.

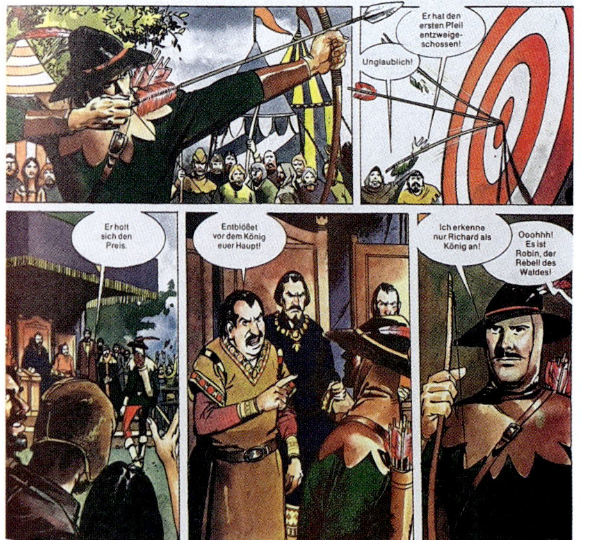

Die Nähe zum Robin-Hood-Spielfilm wird hier deutlich.

Bild: Sammlung Michael Dörflinger

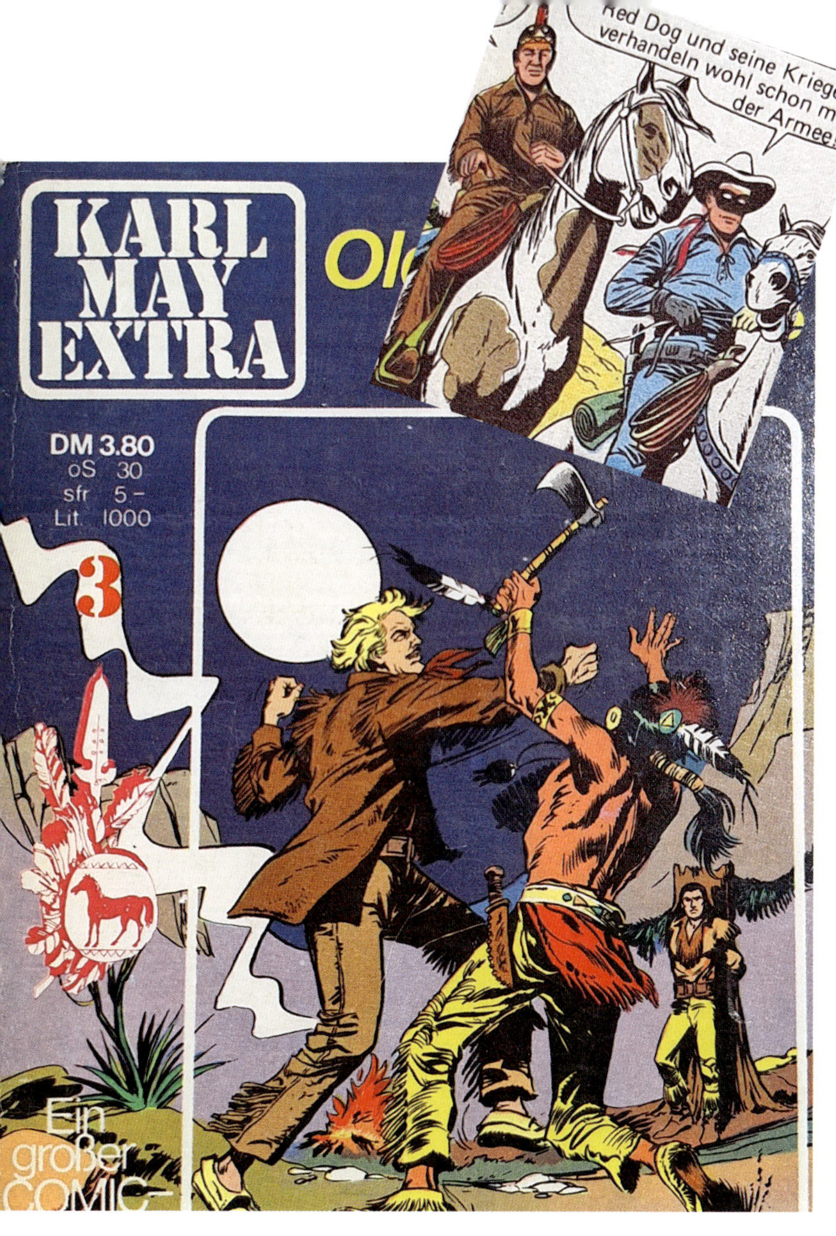

Es gab mehrere Comic-Adaptionen von Karl May. Dieser Band bringt »Old Surehand«. Im kleinen Bild der Lone Ranger mit seinem indianischen Blutsbruder. Bilder: Sammlung Michael Dörflinger

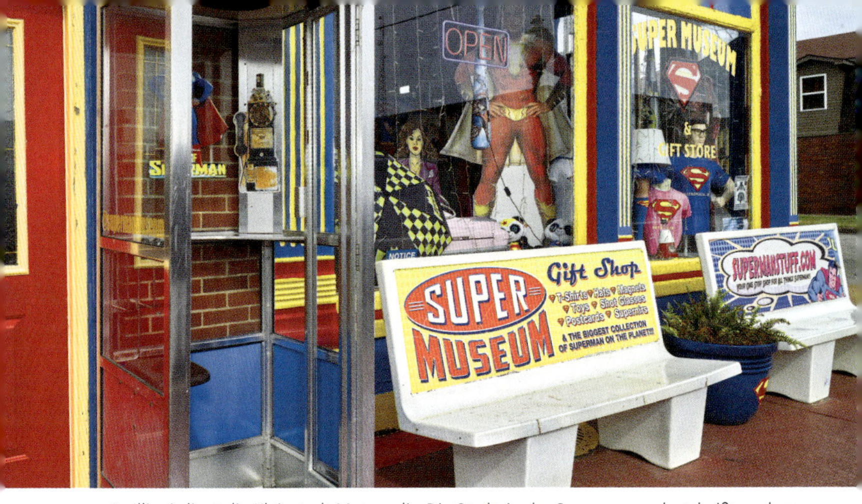

In Illinois liegt die Kleinstadt Metropolis. Die Stadt, in der Superman wohnt, heißt auch so, deshalb wurde hier ein Superman-Museum eingerichtet. Bild: Carol M. Highsmith/Library of Congress

12 Superman Clark Kent

Der typische Superheld

Der Begriff Superman ist schon älter. Er stammt aus einer Übersetzung des Nietzscheschen Begriffs »Übermensch« in dem Theaterstück »Man and Superman« von George Bernard Shaw. Andere zogen die Bezeichnung »Overman« vor. Die Diskussion um den »neuen Menschen« wurde um die Jahrhundertwende im englischen Sprachraum oft mit dem »Superman« geführt. Doch dieses Konzept hat mit der Comicfigur nichts zu tun.

Die Zeit um 1935 war geprägt von Aggression und Gewalt. Die Weltwirtschaftskrise wurde langsam überwunden. In Europa herrschten Diktaturen: Deutschland, Italien, die Sowjetunion, Spanien, um nur die größten zu nennen. In Asien breitete sich Japan aus wie eine Krake. Die Amerikaner ahnten, dass dies alles nicht gut ausgehen kann. Die Sehnsucht nach einem Retter und Erlöser wuchs. In dieses Zeitklima platzte im Juni 1938 das erste Heft der »Action Comics«. Sein Held war Superman. Mit ihm hielt der erste megaerfolgreiche Superheld Einzug in die Welt. Seine Schöpfer waren Jerry Siegel als Autor und Joe Shuster als Zeichner. Die beiden, Jahrgang 1914, kannten sich schon aus der Schule und waren zusammen bei National Publications beschäftigt, wo sie verschiedene Comicserien gestalteten.

Als für die »Action Comics« ein Stoff gesucht wurde, griff der Verlag auf die schon länger vorgeschlagene Superman-Idee der beiden zurück. Das erwies sich als Geniestreich!

Die ersten Hefte gingen weg wie warme Semmeln. Glücklich, wer von seinem Opa eines dieser Magazine geerbt hat, denn bei Versteigerungen kann man dafür über drei Millionen Dollar erzielen.

Der neue »Superman« kam alle drei Monate heraus und war der König der »Action Comics« mit fast zwei Millionen Auflage. Man produzierte eine eigene Trickfilmserie. In Deutschland musste man lange auf Superman warten. Erst 1966 startete hierzulande die Heftserie. Superman war der unermüdliche Kämpfer für Gerechtigkeit. Für viele war er der perfekte Amerikaner. Dank seiner Superkräfte und seiner besonderen Fähigkeiten gelang ihm der Sieg auch über die abgefeimtesten Schurken.

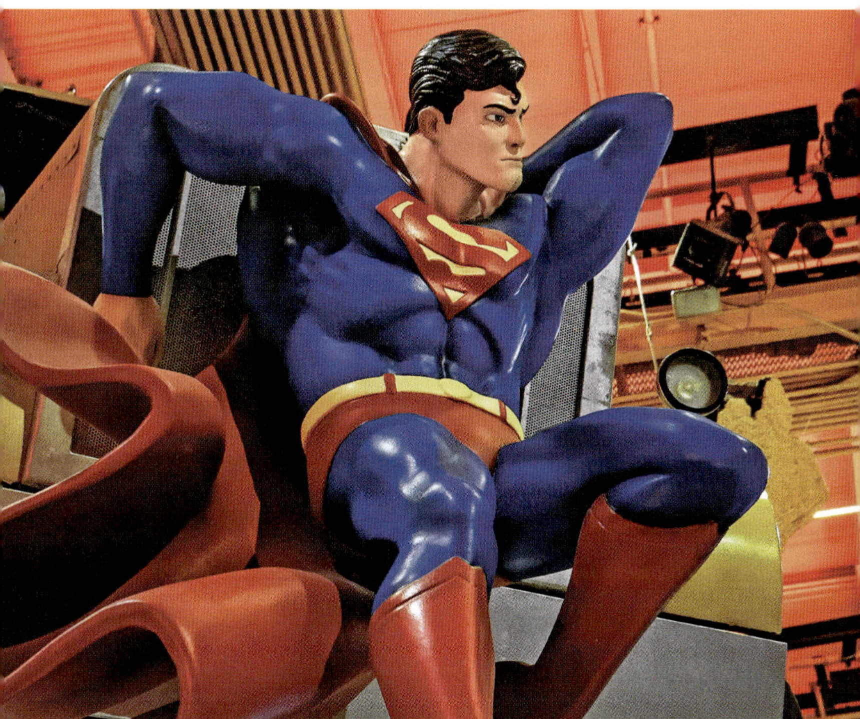

Die Superman-Figur mit der typischen Tolle, dem S-Logo auf der Brust und den roten Stiefeln hat wirklich eindrucksvolle Muskelproportionen. Bild: Sammlung Michael Dörflinger

Die Heimat von Superman

National Publications und DC Comics

13

1934 wurde in New York ein Comicverlag gegründet, der zu einem Meilenstein werden sollte. National Publications veröffentlichte Comics verschiedener Genres: Tiere, Detektive, Western, Schurkengeschichten. Nach wilden Anfangsjahren kam 1938 eine Serie heraus, die unter dem Label »Action Comics« verkauft wurde. Hauptfigur war ein verkleideter Muskelberg namens Superman. Ein Riesenerfolg! Bald folgten andere solche Figuren, die ebenfalls bunte Spandex-Anzüge trugen, darunter Batman und Wonder Woman. National Publications traf mit diesen Stories den Zeitgeist mitten ins Herz. Allerdings gab es mit Phantom bereits 1936 den ersten Superhelden bei King Features.

Superhelden-Teams und Rettung der Welt

Und dann kam noch die Idee einer Gemeinschaft von Superhelden, der Justice Society of America. So konnten auch die gefährlichsten Verbrecher besiegt werden. Zugleich hatte man natürlich den Vorteil, dass die Fans der einzelnen Helden diese Magazine auch kaufen würden und vielleicht das Interesse für andere Superhelden geweckt wird – oft wurden neu eingeführte Figuren auf ihre Beliebtheit getestet. Die Society startete mit ihrem Anführer Superman, dazu gehörten Batman, Wonder Woman, Green Lantern oder The Flash. Die Besetzung des Teams wechselte. Die beste Zeit hatte es im Zweiten Weltkrieg, wo es aktiv am Kampf gegen die Feinde Amerikas beteiligt war. Nach dem Krieg waren viele Leser der Helden überdrüssig. Das Programm wurde eingedampft, andere Themen rückten in den Fokus. Doch die Superhelden kehrten wieder zurück. In den 1950ern halfen ihnen die Krisen der Zeit im Ost-West-Konflikt und der Entkolonialisierung zu neuen Erfolgen.

Unter dem Dach von Warner

1969 kam der Verlag zu den Warner Brothers, 1976 wurde aus National Publications »DC Comics«. Das Universum der Comic-Superhelden wuchs zu einer unüberschaubaren Größe. 2011 wurde das Programm neu aufgestellt und 52 neue Serien aus der Taufe gehoben. DC ist der größte Konkurrent von Marvel bei den Superhelden-Comics. Bei filmischen Umsetzungen ist DC samt Warner allerdings längst ins Hintertreffen geraten, vor allem seit Disney bei Marvel am Ruder steht.

Superman im Film

14

Christopher Reeve ist der perfekte Superheld

Das Guinness-Buch der Rekorde nennt Superman als den im Fernsehen am häufigsten anzutreffenden Superhelden. Das begann schon früh. 1941 flimmerte ein Zeichentrick-Superman über die Mattscheibe. 1948 begann eine Serie mit dem Schauspieler Kirk Alyn als Hauptdarsteller. Es sollten andere Sendungen folgen. In Deutschland war das alles nicht zu sehen. Deshalb war bei uns 1978 der Film »Superman – Der Film« eine ganz besondere Sensation. Regie führte Richard Donner, der zwei Jahre zuvor mit »Das Omen« Filmgeschichte geschrieben hatte. Für das Drehbuch wurde Mario Puzo gewonnen, der Verfasser des berühmten »Paten«.

Die Namen der Darsteller lesen sich wie eine Shortlist für den Oscar: Gene Hackman, Marlon Brando, Glenn Ford, Ned Beatty, Maria Schell, Larry Hagman oder der »kleine Storch« Jackie Cooper. Doch die Hauptrolle wurde von einem völlig unbekannten Mimen gespielt: Christopher Reeve. Für ihn wurde der Superman die Rolle seines Lebens. In insgesamt vier Filmen verkörperte er den Superhelden. Leider meinte es das Schicksal nicht gut mit ihm. 1995 erlitt er einen Reitunfall und war dann vom Hals abwärts gelähmt.

Es war rührend, mit anzusehen, wie Reeve sich ins Leben zurückkämpfte. Doch letztlich unterlag er doch und starb mit nur 52 Jahren.

Zum Soundtrack der Komponistenlegende John Williams flog Superman dank damals völlig neuen Spezialeffekten durch die Wolkenkratzerstraßen von Metropolis.

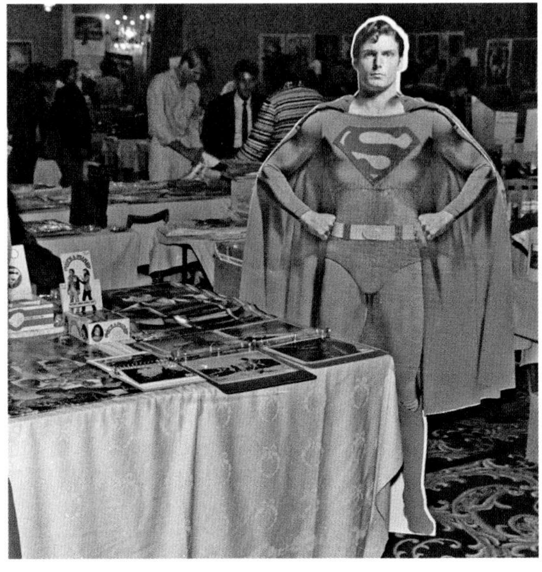

Christopher Reeve als Superman-Aufsteller. Bild: Alan Light

»Superman« war der Beginn der bis heute andauernden Superheld-Blockbuster. 1984 kam aus England »Supergirl« mit Helen Slater, 1989 folgte »Batman« mit der Filmmusik von Prince. Seit 2002 kommt jedes Jahr mindestens ein Film aus dem DC-Universum in die Kinos, darunter 2004 »Catwoman« mit Halle Berry. »Green Lantern« aber wurde 2011 ein Mega-Flop. Marvel sollte es besser machen ...

15 Von Asterix bis Horror

Jugendliche und Erwachsene lesen Comics

Der Comic ist so vielfältig wie Prosa. Es gibt unendlich viele Genres: kurze Strips, dicke Comic-Bücher, Serien, Einzelhefte, Abenteuer, Romantisches, Lustiges, Menschen und Tiere, Historisches, Science Fiction, Comic-Adaptionen von Slapstick-Filmchen, Romanadaptionen, Comics nach Filmen, Detektivcomics, Erwachsenencomics mit Sex und Gewalt, Horrorcomics, didaktische Comics. Man kann das gar nicht alles aufzählen. Diese Seiten zeigen ein Potpourri einiger bekannter und unbekannter Comic-Genres.

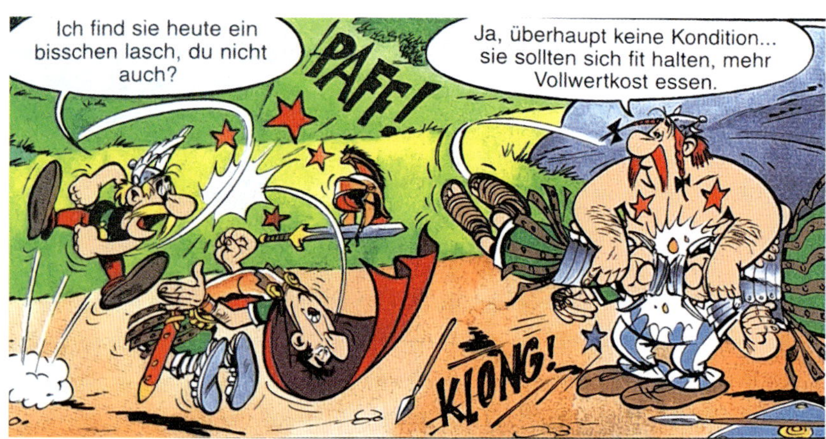

Asterix und Obelix, die beiden gallischen Comic-Helden von Goscinny und Uderzo, sind mit ihren Prügeln für die Römer auch heute noch Kult.
Gegenüberliegende Seite unten: »Professor Globe« (Professeur Planète) des Belgiers Gauthier Dosimont ist ein didaktischer Comic für Kinder. Bilder: Sammlung Michael Dörflinger

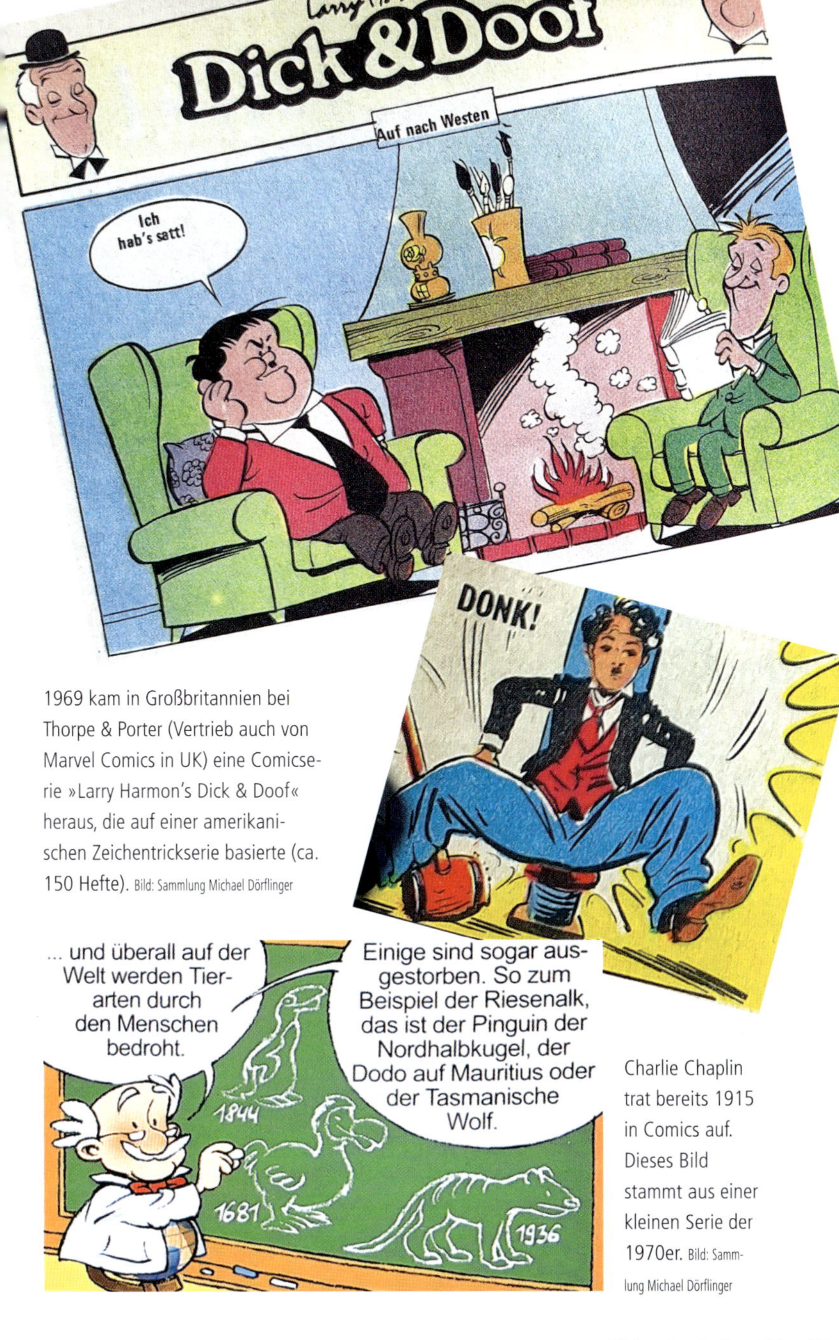

1969 kam in Großbritannien bei Thorpe & Porter (Vertrieb auch von Marvel Comics in UK) eine Comicserie »Larry Harmon's Dick & Doof« heraus, die auf einer amerikanischen Zeichentrickserie basierte (ca. 150 Hefte). Bild: Sammlung Michael Dörflinger

Charlie Chaplin trat bereits 1915 in Comics auf. Dieses Bild stammt aus einer kleinen Serie der 1970er. Bild: Sammlung Michael Dörflinger

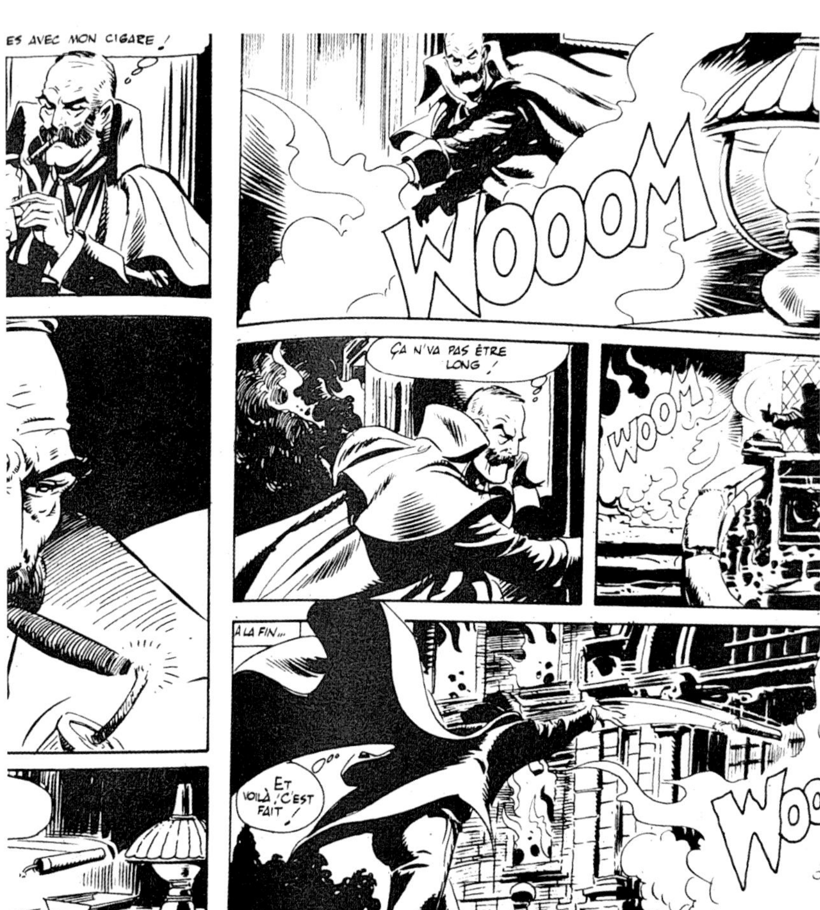

Oben: Die Italiener Rubine Ventura, J. Gander und Leone Frollo schufen in den 1970ern die »Schreckliche Geschichte des jungen Dracula« mit dem oben gezeigten Helden Inspektor Pfenninger in der französischen Fassung der Horrorcomic-Serie »L'Infernal B.D«, der sich in Draculas Gruselschloss gegen schreckliche Verbrecher höchst explosiv durchsetzen muss.
Gegenüberliegende Seite oben: Underground-Comic »Maus« von Art Spiegelman. Der Amerikaner bekam für seine Comicdarstellung der Shoah den Pulitzer-Preis. Die Juden sind als Mäuse dargestellt, die Deutschen als Katzen und die Polen als Schweine.
Gegenüberliegende Seite unten: In der französischen Comic-Serie »Rebels« findet man die Serie um die Polizistin Scorpia von den Japanern Yuu und K. Kazuya. Die Reihe um die gebeutelte und immer wieder ausgezogene Polizistin spielt in New York City. Wie man sieht, geht es sehr blutig zu. Bilder: Sammlung Michael Dörflinger

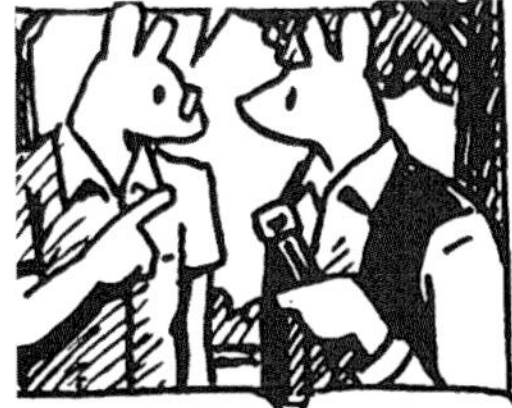

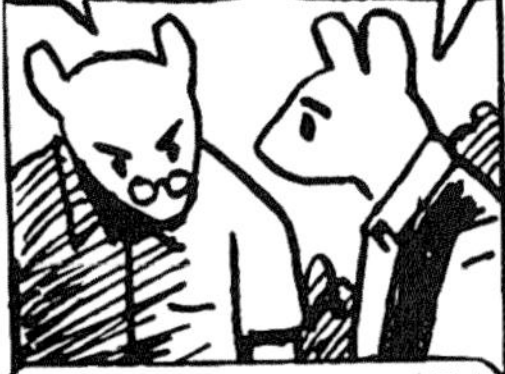
NICHT SO WIE MIT MALA. DIE RAUSKLAUT MEIN GELD! —
AUSCHWITZ, PAPA. ERZÄHL MIR VON AUSCHWITZ.
AUSCHWITZ IST GEWESEN IN EIN STADT, WAS HAT GEHEISSEN OSWIECIM. VOR DEM KRIEG BIN ICH HIER OFT GEKOMMEN, ZU VERKAUFEN MEINE TEXTILIEN...
UND JETZT ICH

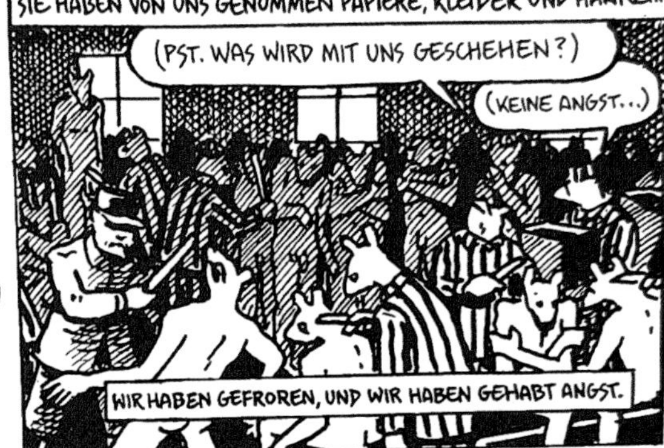
SIE HABEN VON UNS GENOMMEN PAPIERE, KLEIDER UND HAARE...
(PST. WAS WIRD MIT UNS GESCHEHEN?)
(KEINE ANGST...)
WIR HABEN GEFROREN, UND WIR HABEN GEHABT ANGST.

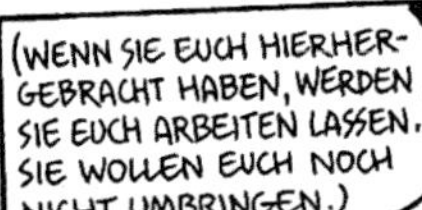
(WENN SIE EUCH HIERHERGEBRACHT HABEN, WERDEN SIE EUCH ARBEITEN LASSEN. SIE WOLLEN EUCH NOCH NICHT UMBRINGEN.)

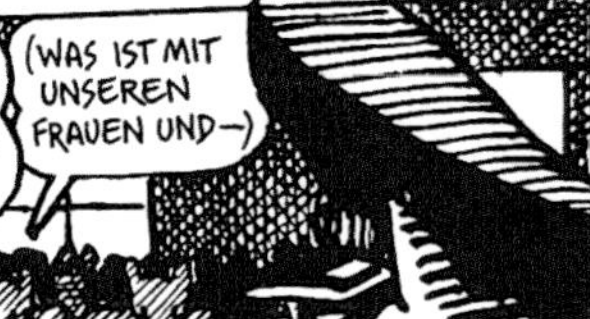
(WAS IST MIT UNSEREN FRAUEN UND—)

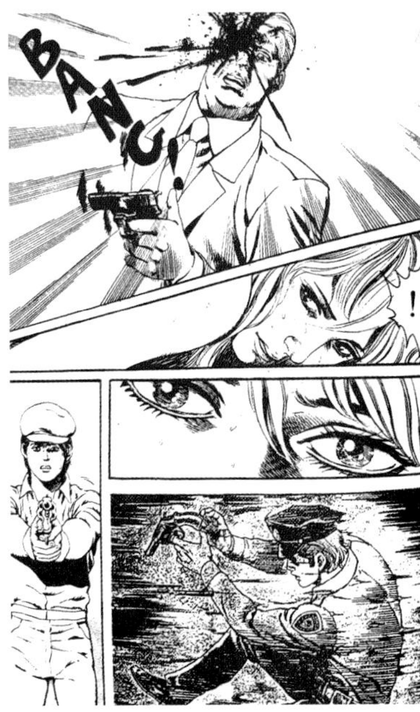
BANG!
!!

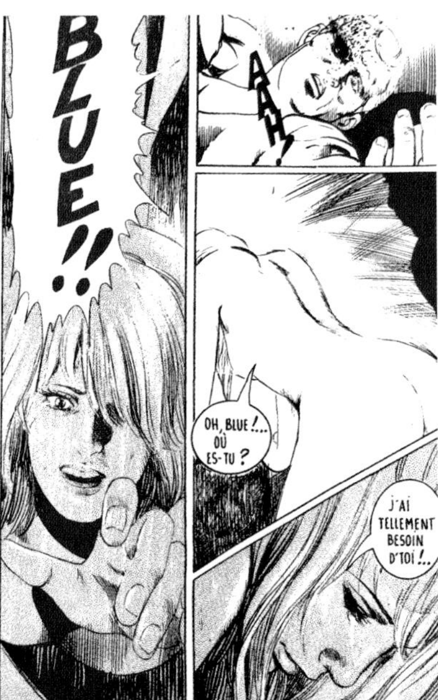
BLUE!!
AAAH!
OH, BLUE!... OÙ ES-TU?
J'AI TELLEMENT BESOIN D'TOI!..

Timely und Marvel

16

Kleine Chronik des großen Verlags

Der Erfolg von Superman hat andere Verleger dazu gereizt, eigene Unternehmen zu gründen. 1939 trat Timely Publications in den Comic-Markt ein. Captain America wurde ab 1941 der wichtigste Superheld des Verlags. Im gleichen Jahr wurde der Verlag in Timely Comics umbenannt. Das Ende des Zweiten Weltkriegs traf Timely hart, denn Superhelden waren nun out. Doch es sollte noch schlimmer kommen! In der aufgeheizten McCarthy-Ära gewannen die Sittenstrengen in den USA die Oberhand. Viele Comics passten gar nicht, Gewalt und Sex – Pfuiteufel!

So kam es dazu, dass der dafür gegründete Verband der Comic-Verlage (Comics Magazine Association of America) sich im vorauseilenden Gehorsam selbst Regeln gab, um seine Produkte aus der Schusslinie zu nehmen. Das Ergebnis war der »Comic Code«, ein Benimmcodex für Comic-Autoren. Für Timely gab es da bittere Pillen zu schlucken. Verbrecher mussten absolut böse sein, sodass beim Leser keine Sympathie mit einem Schurken aufkommen konnte. Ihre Gewalttaten durfte man nicht mehr im Bild zeigen. Die Figuren mussten treu, hetero und clean sein. Nackte Brüste waren tabu – und somit auch Sexdarstellungen. Das war für viele Comics der Todesstoß, doch die Branche überlebte und trotzte allen gegnerischen Vorwürfen. In den 1980ern wurden diese Beschränkungen weitgehend erst umgangen, dann aufgehoben.

Anfang der 1960er-Jahre kehrten die Superhelden wieder zurück mit ganz neuen

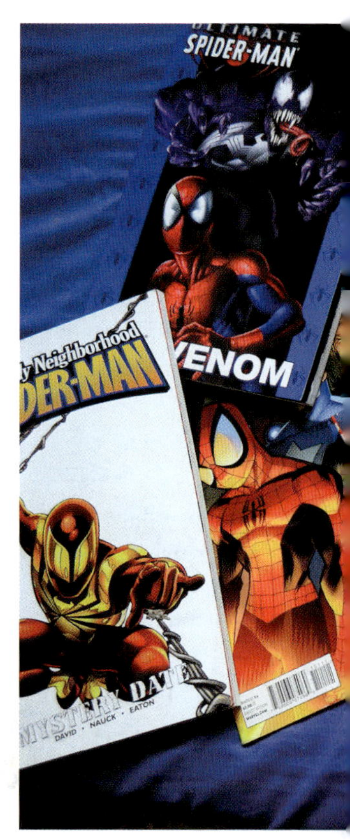

Covers von Marvel-Comics sind bunt, wild und dynamisch, wie die Fans es lieben. Bild: Ralph Leonard Poon

Figuren, darunter die legendären Spider-Man, Iron Man, Hulk oder die Fantastischen Vier. Jetzt begann die große Zeit der Marvel-Comics. Der Verlag Timely hatte nämlich 1961 zum Relaunch der Superhelden diesen Namen angenommen, den es schon lange für eine Comicserie nutzte. In den 1970ern wurden neue Figuren eingeführt, wichtig war auch ein Facelift der X-Men, die dadurch zum Umsatzchampion wurden, Eine bemerkenswerte Entwicklung! Einige Comics wurden nun wieder »erwachsener«.

In den 1990ern kam es zu einer regelrechten Titel-Inflation. Doch das ging nicht lange gut. Marvel stand finanziell am Abgrund. Unter neuer Führung gelang ein Umschwung, vor allem, weil man mit der Ultimate-Serie alte Helden zeitgemäß neu auftreten ließ. Jetzt wurden auch Kinofilme mit den Marvel-Superhelden gedreht. 2009 wurde Marvel Comics von Disney gekauft und steht nun besser da als je zuvor.

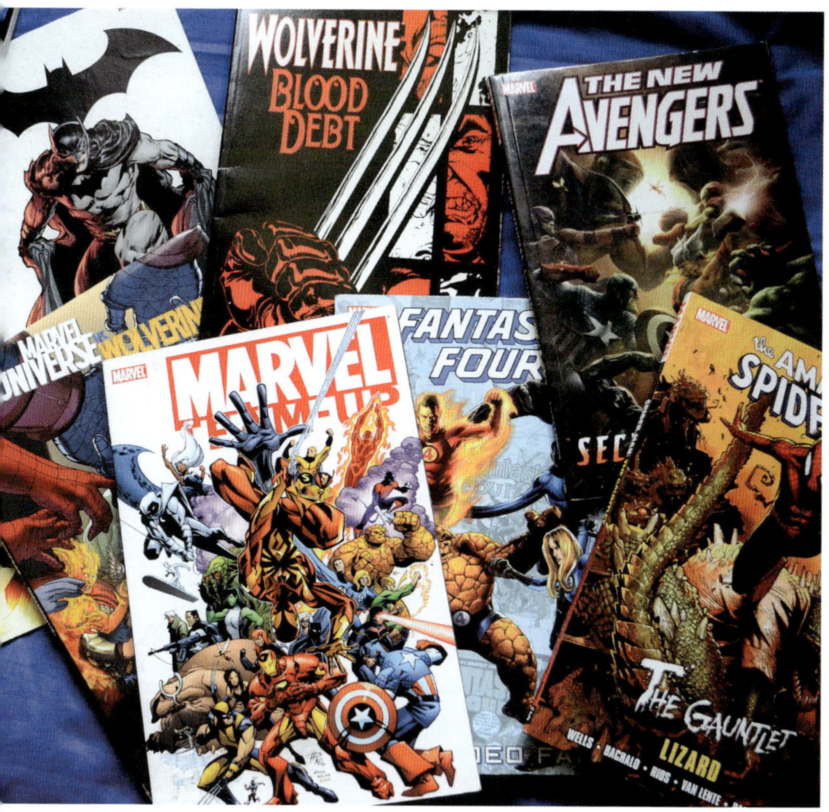

17 Der Superheld

Eigenschaften, Auftreten, Charakter

Was ist nun genau ein Superheld? Was unterscheidet ihn von einem Asterix oder einem Prinz Eisenherz? Ein Superheld ist in der Regel gleich optisch zu erkennen. Er trägt ein Kostüm, das eine Rüstung sein kann oder ein eng anliegender Anzug mit Umhang, die meisten haben gut sichtbare, austrainierte Muskeln und oft ein persönliches Logo auf der Heldenbrust. Herausragendes Merkmal sind die besonderen Fähigkeiten, die bei den einzelnen Helden sehr unterschiedlich sein können. Einige beherrschen das Fliegen, andere können sich unsichtbar machen oder problemlos Fassaden hochklettern. Oder sie haben einen Laserblick, können ihre Hände in Waffen

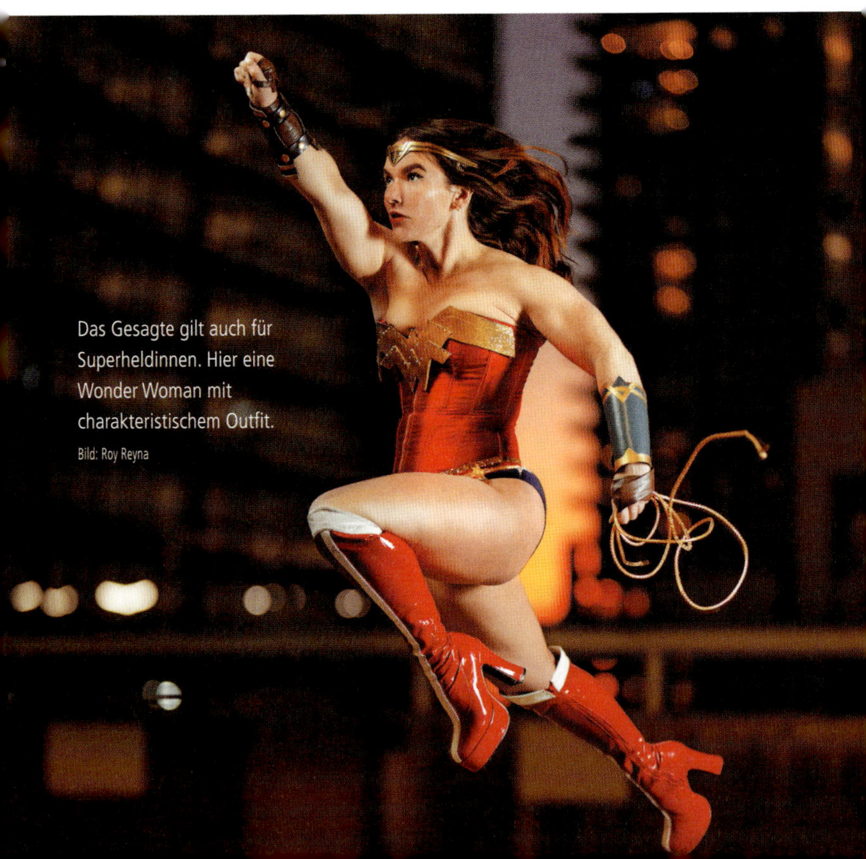

Das Gesagte gilt auch für Superheldinnen. Hier eine Wonder Woman mit charakteristischem Outfit.

Bild: Roy Reyna

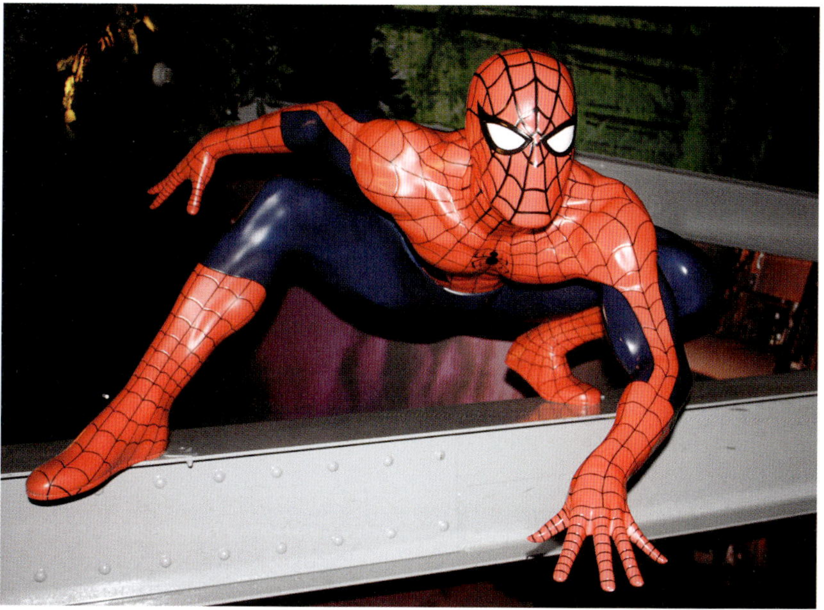

Spider-Man ist ein Kletter-Ass. Der Anzug passt zu seinem Namen. Bild: Sammlung Michael Dörflinger

verwandeln, haben hypnotische Fähigkeiten und vieles mehr. Oft nützen sie auch eine überlegene Technik.

Nicht ganz perfekt

Viele Superhelden haben eine mittelmäßige bürgerliche Existenz und verwandeln sich erst für ihren Einsatz in den Helden. So ist der Iron Man eigentlich ein Unternehmer, Spider-Man der unscheinbare Peter Parker. Superhelden haben einen tadellosen Charakter und einen ausgeprägten Beschützerinstinkt. Ihre Feinde haben eine kleine Siegeschance, denn abgesehen von ihrer universalen Überlegenheit leiden die Superhelden oft an einem geheimen Defekt oder einer Schwäche – ähnlich wie die Ferse des Achilles, wegen der der griechische Sagenheld besiegt werden konnte. Nicht jeder Superheld ist bereits moralisch einwandfrei geboren. Es gibt Beispiele, wo sich ein Bösewicht zum Guten bekehrt.

Den Begriff »Super Hero«, also Superheld, haben sich DC und Marvel 1981 gemeinsam schützen lassen. Damit dürfen nur diese beiden Verlage Superhelden erschaffen. Superhelden agieren in einer fiktionalen Gegenwart. Sie können aber auch in der Zukunft oder auf anderen Planeten tätig sein. Wesentlich ist, dass sie die Welt retten.

18 Die Bösewichte

Scheusale, Gangs und Ungeheuer

Die ultimative Herausforderung für Superhelden sind die mit enormen Fähigkeiten ausgestatteten Superschurken. Sie sind negative Spiegelbilder der Helden, charakterlich verdorben, voller Aggression und Zerstörungswut. Oft ist Gier ein entscheidender Antrieb. Superschurken können auch gegen unterschiedliche Superhelden antreten. Große Vorteile besitzen sie, wenn sie die geheime Schwäche des Gegners kennen. Die bürgerliche Identität der Helden decken sie in aller Regel nicht auf.

Riesige Herausforderungen

Andere gefährliche Gegner für Superhelden können fiese Aliens, Ungeheuer oder ganze Banden sein. Spektakulär sind Kämpfe gegen Naturkatastrophen. Captain America und andere Helden traten in den 1940ern gegen gezeichnete Nazis an. Wichtig ist, dass die Bösewichte sehr mächtig sind, um die Herausforderungen möglichst extrem zu gestalten. So schafft man die ultimative Spannung.

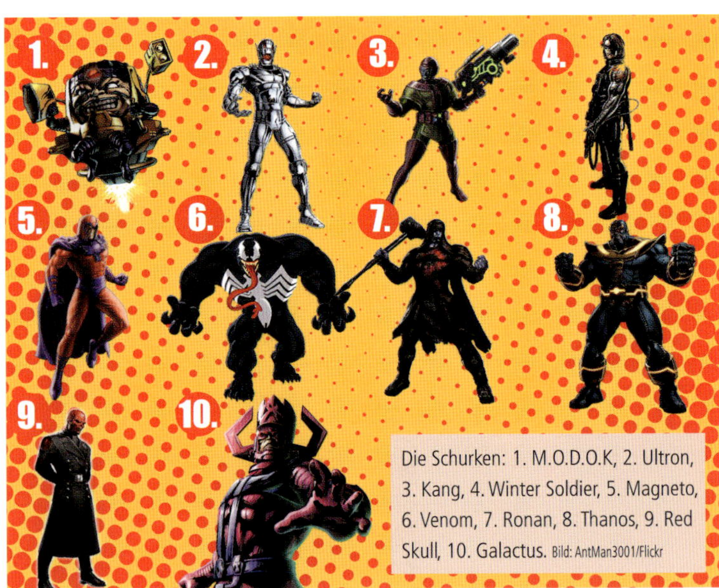

Die Schurken: 1. M.O.D.O.K, 2. Ultron, 3. Kang, 4. Winter Soldier, 5. Magneto, 6. Venom, 7. Ronan, 8. Thanos, 9. Red Skull, 10. Galactus. Bild: AntMan3001/Flickr

19

Waffen und Superkräfte

Zwischen Mythos und Technik

Der Physiker Doktor Bruce Banner – ein Name mit zwei gleichen Anfangsbuchstaben ist seit Micky Maus ein typisches Comic-Merkmal – wollte einen Jungen retten, der in ein Forschungsareal gelangt war. Dort wurde eine innovative Gamma-Bombe entwickelt. Doch es kam zu einem Unfall. Eine Megadosis Gammastrahlen verseuchte seinen Körper. Das Resultat dieser massiven Verstrahlung war nicht etwa Krebs und ein schmerzhafter Tod, sondern eine besondere Fähigkeit: Bruce Banner verwandelt sich, wenn er in Wut gerät, in ein riesiges grünes Monster mit übermenschlichen Kräften.

Spider-Man wurde geboren, als eine radioaktive Spinne den schüchternen Peter Parker biss.

Iron Man konnte dank einer hochtechnischen Rüstung zum Superhelden werden. Dabei ist er in der Lage, Plasmastrahlen abzuschießen. Wunderwaffen gibt es schon in der Antike, im Mittelalter die legendären Schwerter, später Winnetous Silberbüchse und Old Shatterhands Henrystutzen. Besonders im Zweiten Weltkrieg wurde viel von Wunderwaffen gesprochen. In der Tat gab es einige spektakuläre Waffen, so den Düsenjet, moderne Kampfpanzer, Maschinenpistolen, Raketengeschosse und vor allem die Atombombe. Wunderwaffen gehörten zum geistigen Repertoire der Zeit zwischen 1940 und 1970.

Superkräfte kamen dem Wunsch nach einem mächtigen Retter aus der trüben Gegenwart entgegen. Für die Leser sind Waffen und Superkräfte ein wichtiger Anreiz zur Lektüre.

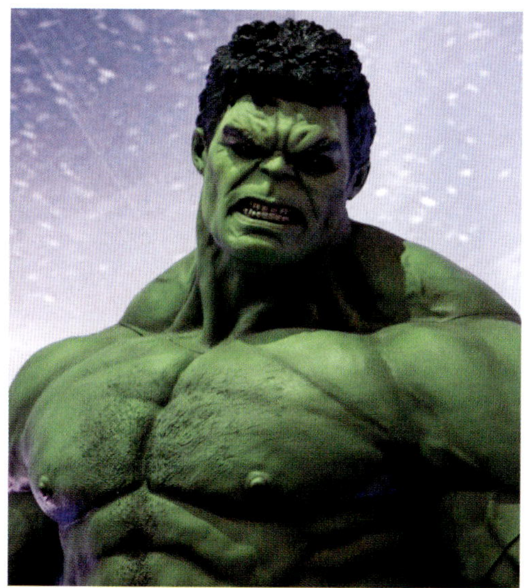

Hulk. Bild: Sammlung Michael Dörflinger

Zeichner Jack Kirby

Ein Superhelden-Meister

20

Jacob Kurtzberg wurde am 28. August 1917 in New York City geboren, am Geburtstag von Johann Wolfgang von Goethe. Für seine Karriere als Comiczeichner änderte er seinen Nachnamen in Kirby. Schon mit 18 Jahren war er Mitarbeiter bei der Produktion von Popeye-Zeichentrickfilmen. Später lernte er Joe Simon kennen, mit dem zusammen er Captain America erfand. Mit diesem ersten Superhelden für Timely begann seine große Karriere. Der Superkämpfer für Gerechtigkeit bekam es in den Heften immer wieder mit den Nazis zu tun.

Dann ging Kirby selbst in den Zweiten Weltkrieg. 1943 wurde er eingezogen und war bei der Landung der Alliierten in der Normandie dabei. Als Zeichner bekam er den gefährlichen Auftrag, in Erkundungstrupps an

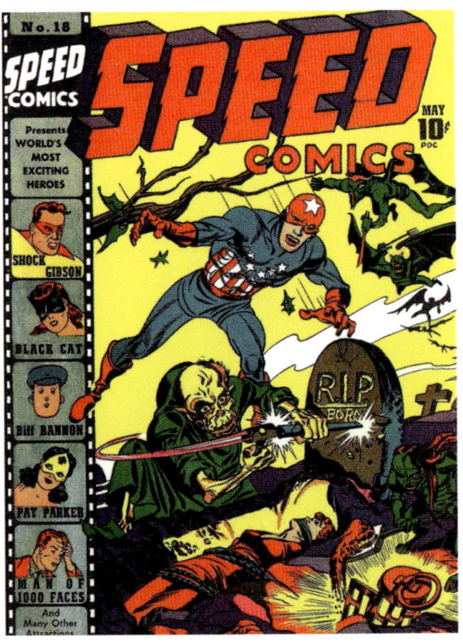

Für Speed Comics schuf Kirby Covers für »Captain Freedom«, einen Doppelgänger von Captain America. Das Heft kam im Mai 1942 heraus. Bild: Joe Simon/Jack Kirby/Al Avison

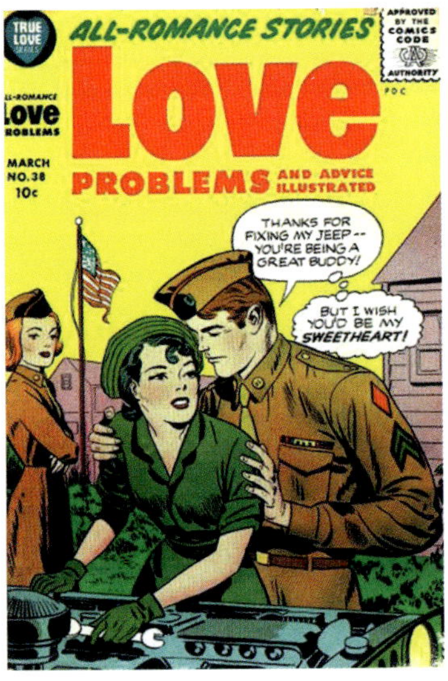

Die Serie »True Love« mit dem Heft »Love Problems and Advice Illustrated« Nr. 38 vom März 1956. Rechts oben am Heft erkennt man das Signet, das bestätigt, dass das Heft dem Comic Code entspricht. Bild: Jack Kirby

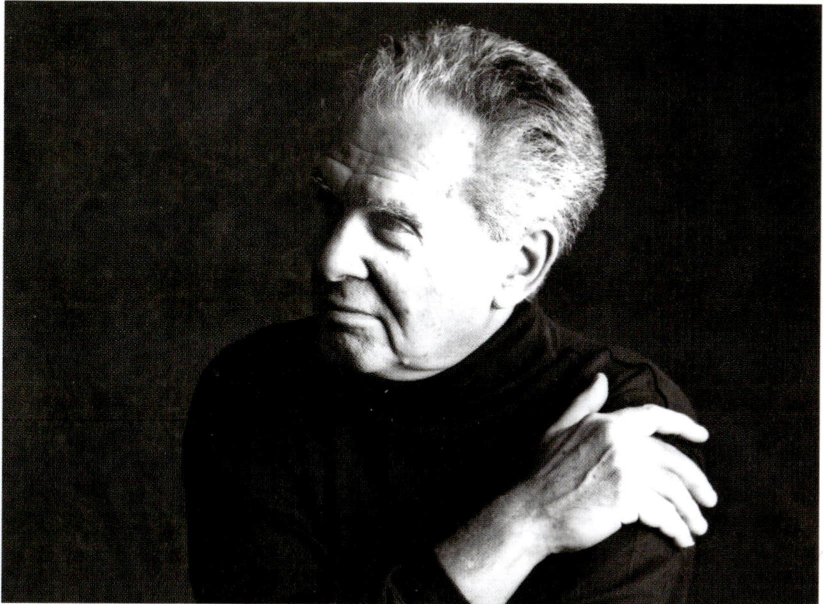

Der 75-jährige Comic-Star Jack Kirby im Jahr 1992 bei ihm zuhause in Thousand Oaks, Kalifornien. Bild: Susan Skaar/Jack Kirby Museum/C.C. BY 3.0

die Frontlinie zu gehen, um Karten und Zeichnungen für den Stab anzufertigen. Nach dem Krieg arbeitete Kirby für verschiedene Comic-Verlage. Der Zeichner gestaltete aber nicht nur Superhelden, sondern schuf auch in anderen Genres, sogar Liebescomics. Erst Mitte der 1950er-Jahre lieferte er wieder Arbeiten für Atlas Comics, den Nachfolger von Timely.

Der Vater vieler Superhelden

Dann begann die zweite große Zeit der Superhelden. Im nun in Marvel umbenannten Verlag erschien von ihm im November 1961 das erste Heft der »Fantastic Four«, die bei uns als »Die Fantastischen Vier« bekannt sind. Das war der Beginn des glorreichen silbernen Zeitalters der Superhelden-Comics. Kirbys Zeichenstil, der viele Kinoelemente übernahm und dessen Strich Hal Foster verpflichtet war, prägte ganze Generationen von Comiczeichnern. Für Marvel zeichnete er später unter anderem die X-Men, Iron Man, Hulk, Thor, Black Panther und viele Bösewichte wie etwa Doctor Doom.

In den 1970ern wechselte er einige Zeit zu DC, kehrte aber dann wieder zu Marvel zurück. Kirby starb 1994 in Kalifornien.

21 Stan Lee

Der Anführer der Marvel-Revolution

Wie Jack Kirby war auch Stanley Martin Lieber ein waschechter New Yorker. Er wurde dort am 28. Dezember 1922 geboren. Fast 96 Jahre später, am 12. November 2018, segnete er in Los Angeles das Zeitliche. Unter dem Künstlernamen Stan Lee ist er den Comicfans als der Mann legendär, der Marvel in den Olymp gehoben hat.

Lee im goldenen Superhelden-Zeitalter

Doch der Reihe nach! Stan Lee war bereits mit 17 Jahren für Timely als Redakteur tätig. Mit 17! Verleger Martin Goodman hatte mit dieser Besetzung den richtigen Riecher. Lee konnte nicht nur selbst zeichnen, sondern er war ein hervorragender Texter und vor allem bewies er ein herausragendes konzeptionelles Verständnis. Sein erster Geniestreich war die

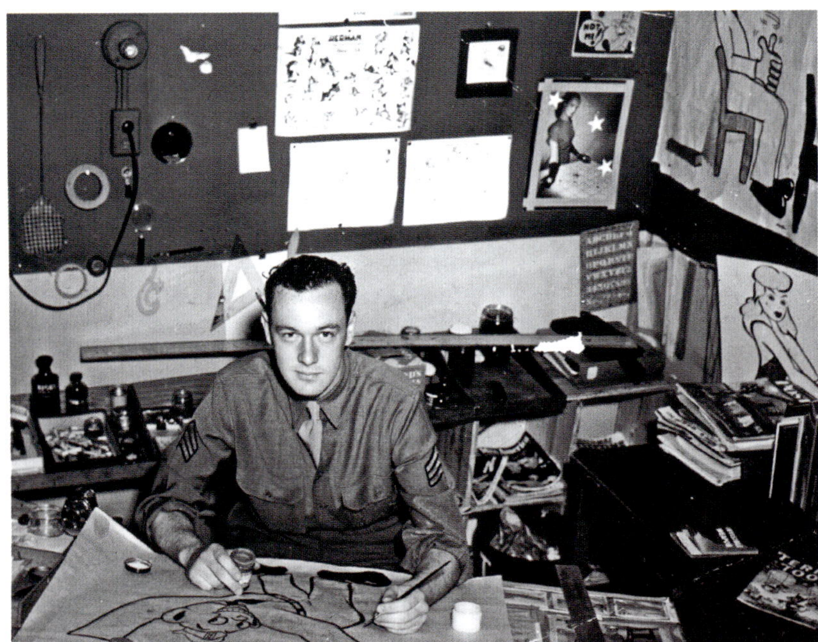

Stan Lee im Krieg, um 1943. Auch hier lassen ihn die Comics nicht los. Bild: U.S. Army

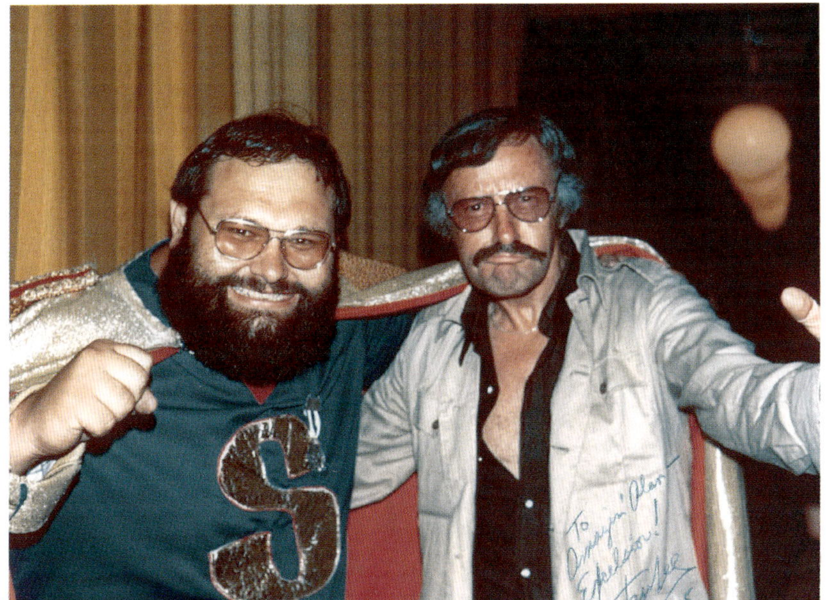

Stan Lee (rechts) mit »Captain Sticky« (der Superhelden-Identität des amerikanischen Geschäftsmanns Richard Pesta) auf der ComicCon 1975 in San Diego. Bild: Alan Light/C.C. BY 2.0

Figur des Captain America, die er zusammen mit Jack Kirby entwickelt hatte. Dieser patriotische Superheld traf den Geist der Zeit. Captain America begeistert aber noch heute die Massen.

Auch Lee wurde im Zweiten Weltkrieg Soldat. Anders als Kirby, der an vorderster Front seinen Dienst tat, bekam er ein hübsches Büro und konzipierte Ausbildungsfilmchen, machte Werbung oder unterhielt die Truppe mit witzigen Zeichnungen. Für ihn war das nur eine Unterbrechung seiner Tätigkeit für Timely. Er sollte dem Verlag immer treu bleiben, machte alle Umbenennungen und Eigentümerwechsel mit, ja er wurde so etwas wie »Mister Marvel«.

Lee im silbernen Superhelden-Zeitalter

Stan Lee war maßgeblich dafür verantwortlich, dass aus dem Verlag, der jetzt mit dem neuen Namen Marvel auftrat, Anfang der 1960er-Jahre ein einzigartiges Erfolgsmodell wurde. Wir sind am Beginn der silbernen Ära der Superhelden. Der erste Streich waren die zusammen mit Kirby entwickelten Fantastischen Vier. Nun folgten innerhalb weniger Monate weitere Heldengestalten, allen voran Spider-Man, den Lee und Steve Ditko

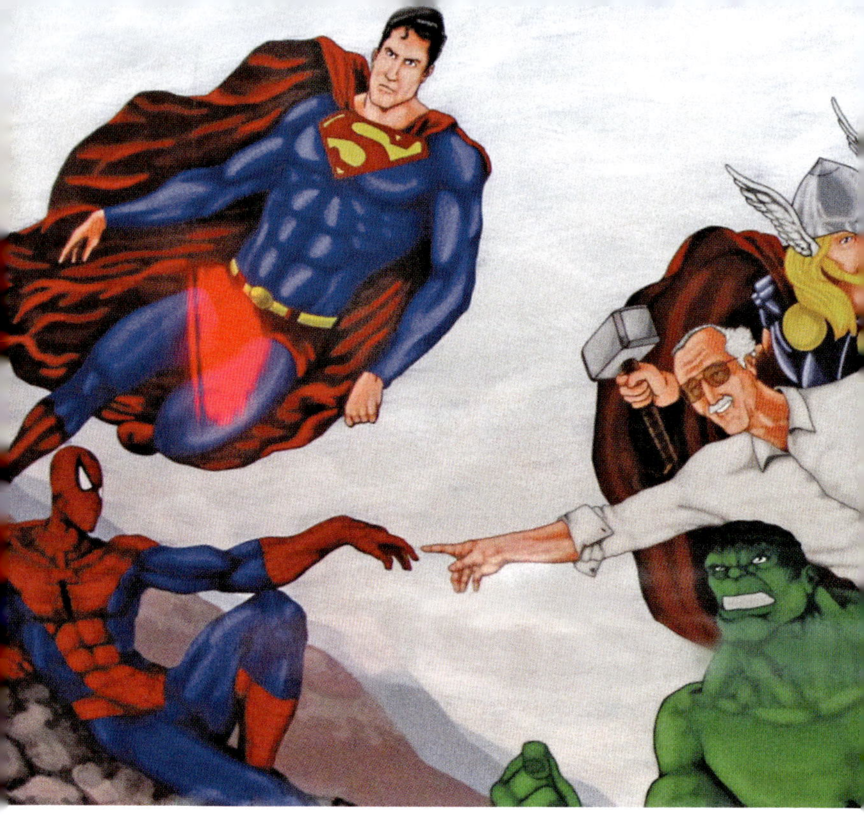

Die Sixtinische Comic-Kapelle frei nach Michelangelo in dem Comicbuch-Laden Akira Comics in Madrid mit Stan Lee als Gott, der Spider-Man belebt. Bild: picture alliance / dpa / Diego Garcia

(siehe Kapitel 22) auf die Welt brachten. Spider-Man war sehr schnell der »Dritte im Bunde« neben Superman und Batman von der Konkurrenz National Publications. Bis heute ist er wahrscheinlich der wichtigste Superheld von Marvel. Zusammen mit Jack Kirby entwickelte er Figuren wie Iron Man, Hulk und die X-Men. Mit dem Zeichner Bill Everett entstand unter anderem die Figur des Daredevil.

Die große Leistung von Stan Lee, der in der Regel die Handlungsverläufe der Geschichten entwickelte, war es, aus den klinisch reinen Gestalten Figuren zu schaffen, die wie ihre Leser Sorgen und Probleme haben, die auch Fehler begehen und Emotionen zeigen. Die Charaktere durften sich weiterentwickeln. Bei den Teams gab es zwischenmenschliche Differenzen. Er

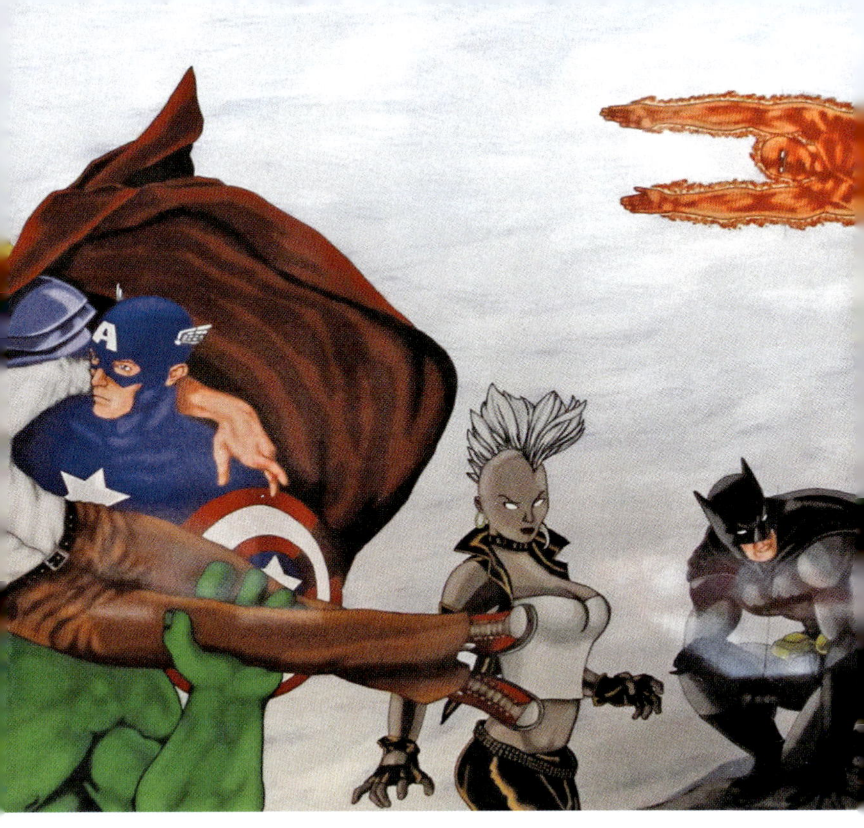

war der erste im Comicbereich, der ganze Biografien erfand und die Figuren der Hefte aufeinander abstimmte.

Effizientes Arbeiten

Die enorme Verbreiterung des Portfolios im silbernen Zeitalter machte es doppelt nötig, möglichst effektiv zu arbeiten. Lee stand in enger Verbindung mit seinen Zeichnern. Seine Textblasen befüllte er erst im letzten Arbeitsschritt ins fertige Layout. Das hatte den Vorteil, dass die Textlänge praktisch vorgegeben ist und man sich eine anstrengende Kürzungsarbeit sparen kann. Eventuelle Autoren unter den Lesern können bestätigen, wie anstrengend das ist. Manchmal haben auch gleich die Zeichner schon passende Dialoge erfunden. Ein anderer Vorteil ist es, dass der Verfasser Motive des Gezeichneten aufnehmen kann. Diese Marvel-Comic-Schreibe (»Marvel-Style of comic scripting«) erlaubte es Lee und Marvel, einen beeindruckenden Output zu erzielen.

Als das Gesicht des Verlages Marvel tauchte Stan Lee auf Comic-Conventions auf und begann in den 1980ern in Hollywood als Produzent von Marvel-Filmen. Legendär sind seine kleinen Auftritte in den großen Kinofilmen mit Marvel-Helden, aber auch in Fernsehproduktionen – sogar noch in seinem letzten Lebensjahr. Über 75 sind es seit 1989 insgesamt geworden (die meisten findet man auf YouTube). Witzig zum Beispiel, wie Tony Stark ihn mit Hugh Hefner verwechselt. Lees Stimme ist auch in verschiedenen Marvel-Videospielen zu hören, ja er wurde im Computerspiel »The Amazing Spider-Man« sogar eine Figur, die man spielen konnte.

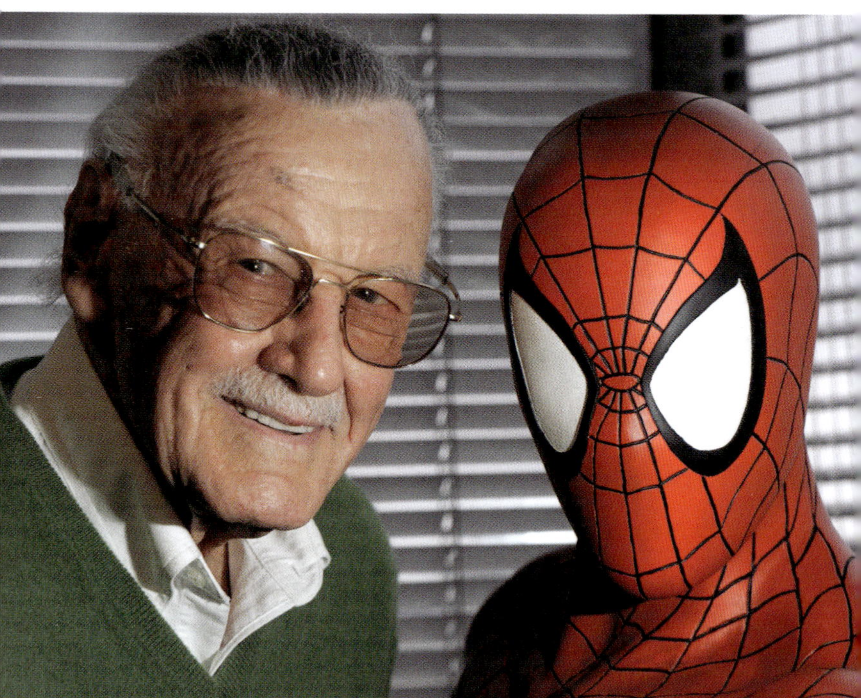

Stan Lee und Spider-Man kannten sich gut. Bild: picture alliance / ZUMAPRESS.com / Ringo Chiu

Gegenüberliegende Seite: The Thing Nr. 12 vom Februar 1954 war das erste Comicheft, das von Steve Ditko veröffentlicht wurde. Diese Charlton-Serie bewegte sich im Bereich der Spannung und des Horrors. Unten kann man seinen Namen lesen. Bild: Steve Ditko

Steve Ditko

Der Schöpfer von Spider-Man

Ein anderer Comiczeichner, auf den wir hier unbedingt noch eingehen müssen, ist der am 2. November 1927 im US-Bundesstaat Pennsylvania geborene Steve Ditko. Steve war in der goldenen Zeit der Superhelden aufgewachsen. Seine ersten Lorbeeren erntete er als Zeichner für Charlton Comics. Die meisten Comicfans kennen die berühmten Gestalten des Verlags: Familie Feuerstein und Popeye. Das Portfolio umfasste vor allem auch Horror-, Krimi- und Superhelden-Comics. Der Verlag wurde übrigens 1983 von DC gekauft.

Ditko arbeitete später noch für Charlton, als er bereits bei Marvel den Spider-Man mitentwickelt hatte. Diese Gestalt war zweifellos sein Meisterwerk. Doch auch Dr. Strange darf man nicht vergessen, der 2016 verkörpert durch Benedict Cumberbatch ins Kino kam.

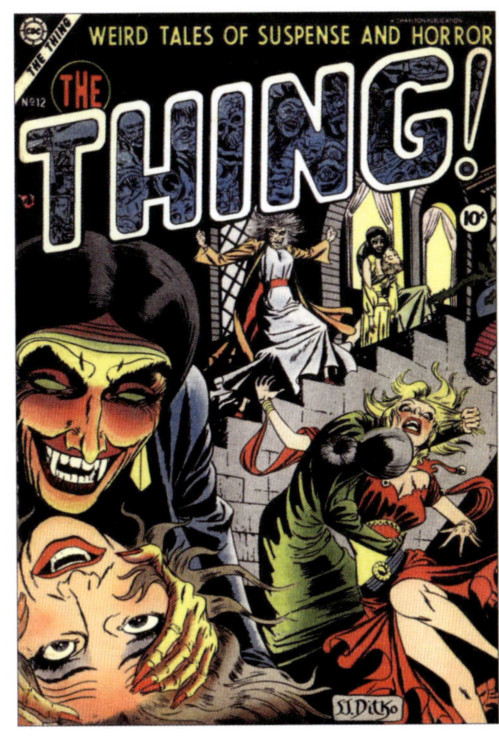

Steve Ditko siedelte in den 1950ern nach New York City um, wo er 60 Jahre später sterben sollte. Dort lernte er bei dem Batman-Zeichner Jerry Robinson auf der »Cartoonist and Illustrators School«. 1953 arbeitete er für Jack Kirby und Joe Simon. Dann kam sein »Spider-Man« heraus. Doch bereits 1966 kehrte Ditko Marvel den Rücken. Zusätzlich seinem Standbein Charlton kamen nun Aufträge von DC. Doch nie wieder sollte ihm ein Triumph wie Spider-Man gelingen. Anders als Miterfinder Stan Lee, der das Rampenlicht liebte, lebte Ditko sehr zurückgezogen.

23

Marvel im Kino

Vom Comic-Heft auf die große Leinwand

Die erste Marvel-Serie wurde bereits 1944 verfilmt: Captain America. Bis zum nächsten Film »Spider-Man« sollte es dann 33 Jahre dauern. Zwischen 1977 und 1981 wurden einige Superhelden auf die Leinwand gebracht. Seit 1998 wurden angefangen mit »Nick Fury« und »Blade« praktisch jährlich mindestens ein neuer Film gedreht. Hier die Liste der Filme bis 2009 (siehe Seite 57):

Jahr	Film
1944	Captain America*
1977	Spider-Man – Der Spinnenmensch**
1977	Der unglaubliche Hulk**
1978	Dr. Strange**
1978	Spider-Man schlägt zurück**
1979	Captain America**
1979	Captain America II: Death Too Soon**
1981	Spider-Man gegen den gelben Drachen**
1982	Conan der Barbar
1984	Conan der Zerstörer
1985	Red Sonja
1986	Howard – Ein tierischer Held
1988	Die Rückkehr des unheimlichen Hulk**
1989	Der unheimliche Hulk vor Gericht**
1989	The Punisher
1990	Der Tod des unheimlichen Hulk**
1990	Captain America
1994	The Fantastic Four
1996	Generation X**
1997	Men in Black
1998	Blade

Jahr	Film
1998	Agent Nick Fury – Einsatz in Berlin**
2000	X-Men
2002	Men in Black II
2002	Blade II
2002	Spider-Man
2003	Daredevil
2003	X-Men 2
2003	Hulk
2004	The Punisher
2004	Spider-Man 2
2004	Blade: Trinity
2005	Elektra
2005	Fantastic Four
2005	Marvel's Man-Thing**
2006	X-Men: Der letzte Widerstand
2006	Blade: House of Chthon**
2007	Ghost Rider
2007	Spider-Man 3
2007	Fantastic Four: Rise of the Silver Surfer
2008	Iron Man***
2008	Der unglaubliche Hulk***
2008	Punisher: War Zone
2009	X-Men Origins: Wolverine

* Serie ** Fernsehfilm *** Marvel Cinematic Universe (siehe Seite 56)

Unter dem Dach von Disney

Das Disney-Universum kauft Marvel

24

Die Walt Disney Company (siehe Kapitel 10) hat sich seit den Tagen von Walt Disney zu einem Unterhaltungsgiganten entwickelt. Immer mehr Unternehmen wurden übernommen. So gehören zu Disney die amerikanischen Ikonen 20th Century Fox, ABC und National Geographic. Disney kann es sich durch seine Megagewinne leisten, immer mehr aufzukaufen. Unter anderem auch 2011 Lucasfilm. Zu Disney gehören seit 2009 auch die Marvel Studios und der Comic-Verlag, die mit ihren Superhelden-Streifen die erfolgreichste Filmserie aller Zeiten stellen. Dank der Übernahme Marvels durch die Disney Company explodierte die Produktion von »Marvel«-Veröffentlichungen geradezu, alles begleitet von Serien, Animationsserien, Computerspielen und jeder Menge Marketing. Durch den Aufbau des Streamingkanals Disney+ wurde es nötig, genügend Material bereitzustellen, dass es sich lohnt, den Dienst zu abonnieren. Marvel ist dabei eine wichtige Säule.

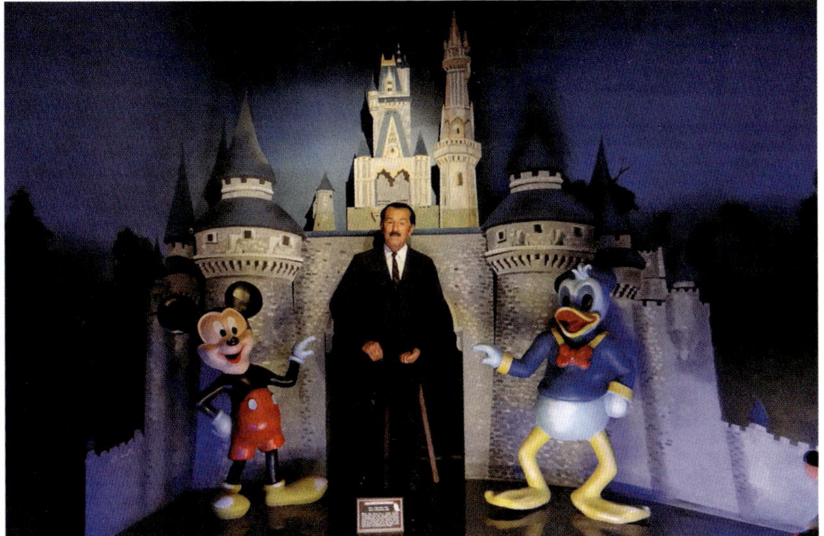

Micky Maus und Donald Duck präsentieren Walt Disney, den Gründer des Unterhaltungsgiganten. Disney ist bereits 1966 gestorben. Bild: Sammlung Michael Dörflinger

Marvel Cinematic Universe

Superhelden-Filme aus einer Hand

25

2008 wurde das Marvel Cinematic Universe (MCU) aus der Taufe gehoben. Mit diesem Franchise bündelten die Marvel Studios ihre Filmaktivitäten. Inzwischen gibt es fünf sogenannte Phasen. Dabei werden die ersten drei Phasen als »Infinity Saga« bezeichnet, die beiden folgenden als »Multiverse Saga«. 2013 wurde die erste Fernsehproduktion gezeigt: »Agents of S.H.I.E.L.D.« Nach der Übernahme baute Disney das Programm massiv aus – vergleichbar mit dem »Star Wars«-Universum, das unter der Ägide von Disney kaum noch zu überblicken ist. In den Kapiteln 88 und 89 sind die Serien und Filme aufgelistet, die sich mit Figuren aus den Marvel-Comics beschäftigen. Man erkennt sofort, wie sich die Zahl der Serien seit 2013 massiv erhöht hat.

Ähnliches gilt auf der gegenüberliegenden Seite für die Kinofilme. Die Tabelle zeigt auch Marvel-Filme außerhalb des Universe. Seit der Gründung des MCU und der Übernahme durch Disney hat sich die Anzahl der Kinofilme massiv erhöht. Dank der großen finanziellen Macht kann es sich der Konzern leisten, immer mehr Filme, Serien und Comics auf den Markt zu werfen. Marvel hatte vor Gründung des Marvel Cinematic Universe für die Verfilmungen jeweils Lizenzen an Filmstudios verkauft, dabei aber

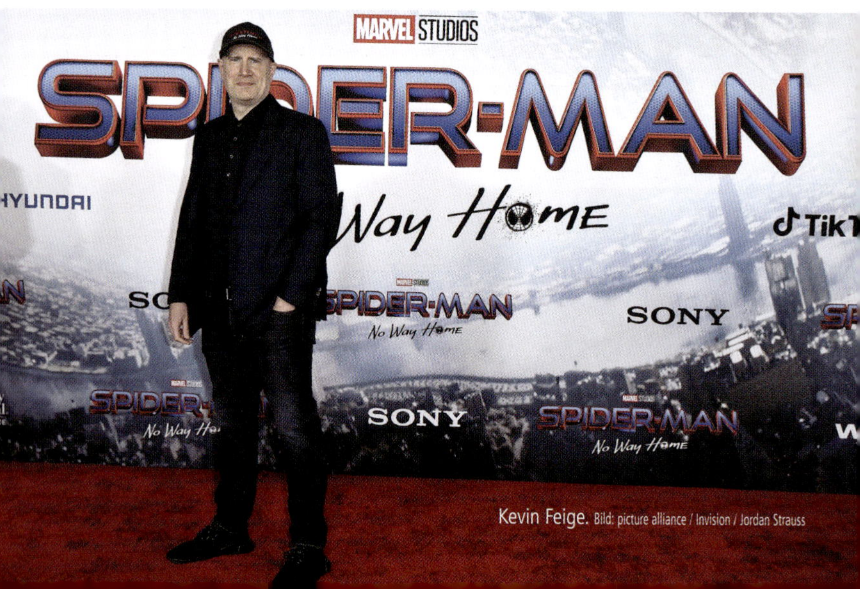

Kevin Feige. Bild: picture alliance / Invision / Jordan Strauss

ahr	Film
010	Iron Man 2
010	Kick-Ass*
011	Thor
011	X-Men: Erste Entscheidung*
011	Captain America – The First Avenger
012	Men in Black 3*
012	Ghost Rider: Spirit of Vengeance*
012	Marvel's The Avengers
012	The Amazing Spider-Man*
013	Iron Man 3
013	Thor – The Dark Kingdom
013	Wolverine: Weg des Kriegers*
013	Kick-Ass 2*
014	The Return of the First Avenger
014	The Amazing Spider-Man 2: Rise of Electro*
014	X-Men: Zukunft ist Vergangenheit*
014	Guardians of the Galaxy
015	Kingsman: The Secret Service*
015	Avengers: Age of Ultron
015	Ant-Man
015	Fantastic Four*
016	Deadpool*
016	The First Avenger: Civil War
016	X-Men: Apocalypse*
016	Doctor Strange
017	Kingsman: The Golden Circle*
017	Logan – The Wolverine*

Jahr	Film
2017	Guardians of the Galaxy Vol. 2
2017	Spider-Man: Homecoming
2017	Thor: Tag der Entscheidung
2018	Black Panther
2018	Avengers: Infinity War
2018	Deadpool 2*
2018	Ant-Man and the Wasp
2018	Venom*
2019	Men in Black: International*
2019	Captain Marvel
2019	Avengers: Endgame
2019	X-Men: Dark Phoenix*
2019	Spider-Man: Far From Home
2020	The New Mutants*
2021	Black Widow
2021	Shang-Chi and the Legend of the Ten Rings
2021	Venom: Let There Be Carnage*
2021	Eternals
2021	Spider-Man: No Way Home
2022	The King's Man: The Beginning*
2022	Morbius*
2022	Doctor Strange in the Multiverse of Madness
2022	Thor: Love and Thunder
2022	Werewolf by Night*/**
2022	Black Panther: Wakanda Forever
2023	Ant-Man and the Wasp: Quantumania
2023	Guardians of the Galaxy Vol. 3
2023	The Marvels
2024	Deadpool & Wolverine

* nicht Teil des Marvel Cinematic Universe

** Fernsehfilm

nicht so sehr viel verdient. Das wollte man mit der eigenen Produktionsfirma nun ändern. Der erste Film des Marvel Cinematic Universe war »Iron Man« (siehe noch Seite 54). Nicht zum MCU gehören die »X-Men-Reihe«, die ersten Spider-Man-Filme, Reihen wie »Kick-Ass«, »Kingsman« und »Men in Black«. Chef des Marvel Cinematic Universe ist bis heute Kevin Feige, der das Universe zu einer veritablen Gelddruckmaschine entwickelte.

26 Ein Marvel-Lexikon

Official Handbook of the Marvel Universe

1982 kam der damalige Chefredakteur von Marvel, Jim Shooter, auf die Idee, ein Handbuch herauszugeben, das wie ein Lexikon die verschiedenen Gestalten der Marvel-Comics präsentiert und mit Daten unterfüttert. Sehr häufig waren nämlich Leserbriefe mit Fragen nach solchen Fakten oder der gezeigten Technik in der Postabteilung gelandet. Das Handbuch sollte Mark Gruenwald betreuen. Ganze Biografien der Figuren wurden zusammengestellt. Ja, manchmal waren sogar Informationen enthalten, die über die Comics hinausgingen.

Weitere Auflagen

Zwischen 1982 und 1984 kam eine 15-bändige Ausgabe des »Official Handbook of the Marvel Universe« heraus. Im letzten Band ging es speziell um Waffen und Zubehör der Superhelden.

1985 bis 1988 kam eine Deluxe-Edition heraus, die 20 Bände umfasste. Es gab auch eine Paperbackausgabe dieser Edition, bei der jeweils zwei Bände zusammengebunden waren. 1989 folgte ein achtbändiges »Update«, in das auch Nicht-Superhelden aufgenommen worden waren.

Ein Jahr später folgte die 36-bändige »Master Edition«. Ab 2004 wurden Themenbände extrahiert, der erste ging über die X-Men.

Diese Bände sind nicht vollständig auf Deutsch erhältlich, man kann aber englischsprachige Ausgaben auch hierzulande immer noch kaufen.

27 www.marvel.com

News und Datenbank

Wie es sich für ein modernes Unternehmen gehört, betreibt auch Marvel eine eigene Website. Sie ist zwar auf der Homepage stark von Werbung für Neuerscheinungen geprägt, doch wer ein bisschen tiefer eindringt, erhält umfangreiche Infos zu den Figuren von Heft und Film. Alles natürlich höchst professionell bebildert und zum Teil mit kleinen Präsentationsvideos versehen. Hinter der Website steckt eine gigantische Datenbank zum großen Marvel-Universum.

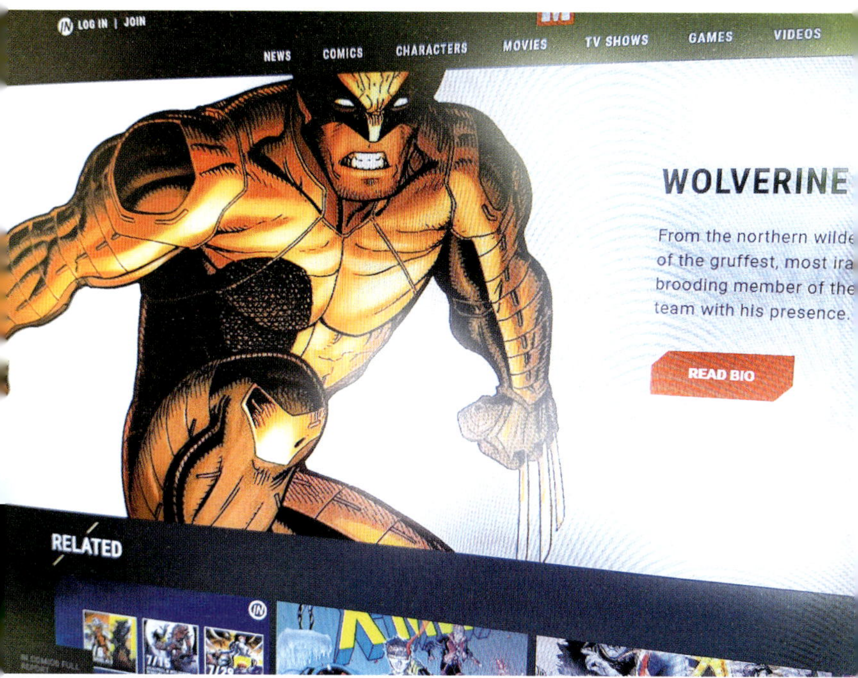

Die Internetseite von Marvel. Hier sieht man die Startseite für die Informationen über Wolverine, der in unseren Tagen zu den beliebtesten Superhelden gehört. Bild: Michael Dörflinger

Mit einem Klick kann man alles über die speziellen Fähigkeiten seines Helden erfahren, seine Feinde (mit Direktverlinkung), Verbündeten und ob er in einem Team mitwirkt. Außerdem zeigt die Datenbank, in welchen Heften, Filmen oder Computerspielen die Figur auftritt.

Recherchieren mit Spaßfaktor

Man kann auch bei den Comics munter mit der Maus spielen. Zu dem angeschauten Heft liefert Marvel alle wichtigen Daten, wie Erscheinungsdatum, wer den Comic gezeichnet und getextet hat. Wer Mitglied bei »Marvel Unlimited« wird, kann das Heft sogar online lesen.

Zu den Filmen gibt es über die gewünschte Info hinaus auch noch Trailer und andere Videos. Die Gefahr, dass man dann eine DVD oder BlueRay kaufen will, ist da natürlich groß. Weitere Infos gibt es über Computerspiele und TV-Shows. Einen besonderen Zugang gibt es speziell zu den verschiedenen Videos. www.marvel.com sei jedem Leser empfohlen, der sich noch tiefer in die Materie versenken will.

Namor the Sub-Mariner

Die ersten Timely-Superhelden

28

Marvel Comics Nr. 1, das erste Comic-Heft des Verlagshauses Timely, ist im Oktober 1939 erschienen. Es stammt aus dem Stift von Bill Everett. »Marvel Comics« erschien bis 1957 in 159 Exemplaren. Bis 1949 waren Superhelden darin vertreten, in den letzten Jahren wurden Horrorgeschichten verbraten, denn die Superhelden waren beim Publikum uninteressant geworden. In dieser ersten Nummer feierte Namor McKenzie alias Namor, the Sub-Mariner seine Premiere. Zweifellos ist das Vorbild dieser Figur der römische Meeresgott Neptun. Namor besitzt als Waffe einen Dreizack, wie der antike Gott. Sein Reich, das er beherrscht, heißt Atlantis – wie die sagenumwobene untergegangene Stadt. Dank einer Genmutation kann Namor nicht nur unter Wasser leben, sondern sogar wie der Götterbote Hermes fliegen. Er hält extremste Temperaturen aus, ist ungeheuer schnell und hat telepathische Fähigkeiten. Feinde traktiert er gern mit Elektroschocks. Da er charakterlich gelinde gesagt etwas diffizil ist, gilt er auch als der erste Antiheld unter den »Superheros«. In der Tat tritt er im silbernen Zeitalter als Konkurrent der Fantastischen Vier auf.

Im deutschsprachigen Raum ist Namor hauptsächlich als Mitglied verschiedener Teams bekannt geworden, etwa bei den Fantastischen Vier, mit denen er sich versöhnt, oder den X-Men. 2022 feierte er in »Black Panther: Wakanda forever« einen Filmauftritt. Dort trat er aber eher als Gegner auf. Dieser Namor ist von der Originalfigur zu unterscheiden. Sub-Mariner erinnert natürlich auch an die Submarines, die U-Boote. Im Ersten und dann im Zweiten Weltkrieg waren diese Unterwasserfahrzeuge eine gefürchtete Waffe. Namor hat mit deren Bekämpfung (siehe Abbildung links) weniger Probleme als die verbündeten Westmächte in den beiden Kriegen.

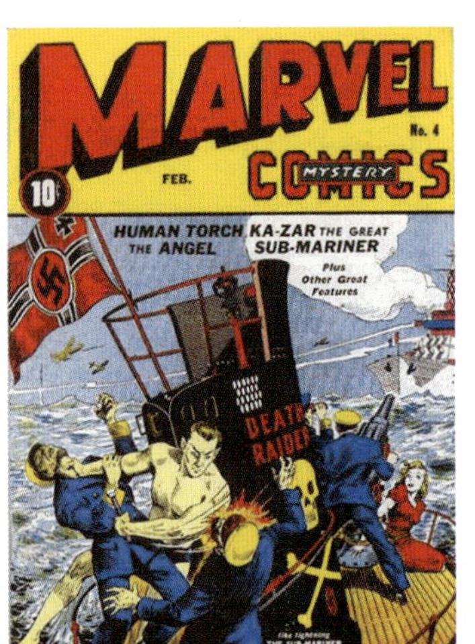

In Heft Nr. 4 der Marvel Mystery Comics bekommt es Namor mit deutschen U-Booten zu tun, die er effektiv bekämpft. Bild: Sammlung Michael Dörflinger

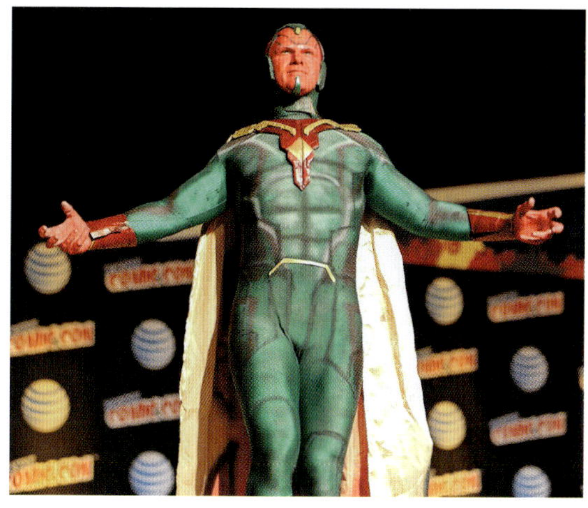

The Vision bei der New York Comic Convention 2015.

Bild: Richie S./CC-BY 2.0

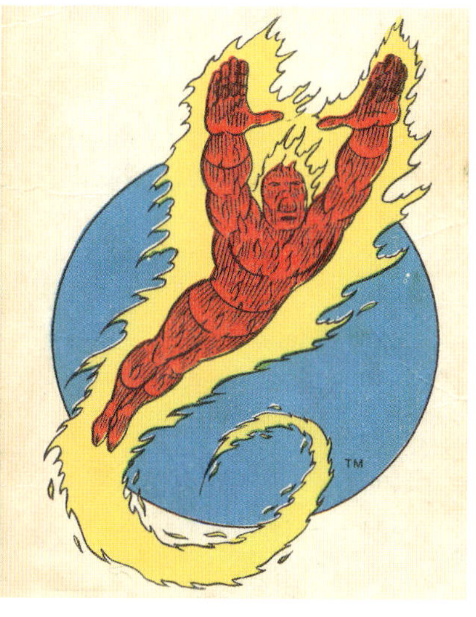

Human Torch auf einer Spielkarte aus dem Jahr 1978.

Bild: Mark Anderson/ CC-BY 2.0

Neben Namor trat im ersten Marvel-Heft eine weitere Gestalt auf: Human Torch alias Jim Hammond. Diese Figur wurde vom Zeichner Carl Burgos entworfen, der später den ersten Captain Marvel für die Konkurrenz gestalten sollte.

Human Torch oder deutsch »Menschliche Fackel« war ein Mann, der zu brennen schien. Er wurde einer der großen drei Superhelden der »goldenen Ära« bei Timely. Als 1961 das erste Heft der Fantastischen Vier erschien, gehörte ein wiederbelebter Human Torch diesem Superhelden-Team an. Storm hatte seine Superkräfte durch eine massive kosmische Strahlung erhalten. Er kann fliegen und beherrscht das Feuer. Außerdem kann er alles tun, wofür man Feuer braucht. Human Torch sollte in Heft 587 der originalen Reihe sterben. Mehr zu ihm in Kapitel 32. Kurz erwähnt werden soll die Figur »The Vision«. In der goldenen Ära gab es diesen Superhelden kurzzeitig schon. Doch erst 1968 sollte er in etwas gewandelter Gestalt wieder auftauchen und ist seitdem immer wieder, auch im Film, zu sehen. Vision war als Feind der Avengers auserkoren worden, doch tritt er schnell in dieses Team ein.

Captain America

29

Er verkörpert die Werte der USA

Es war der erste große Geniestreich von Jack Kirby und seines Kollegen-Freunds Joe Simon. Im deutschsprachigen Raum war Captain America lange ziemlich unbekannt. Das lag sicher vor allem daran, dass er sich sehr gerne mit Nazis des Hitlerreichs herumschlug. Solchen Stoffen wurde hierzulande nach dem Krieg bis in die 1990er-Jahre hinein gern ausgewichen. Berühmtestes Beispiel ist sicher die »Nazi-Folge« von »Raumschiff Enterprise«: »Schablonen der Gewalt«, deren Existenz man lange nur aus Gerüchten kannte. Erst 1999 flimmerte sie auf den deutschen Bildschirmen im Pay-TV.

Captain America war in seiner ersten Zeit einer der wirkungsmächtigsten Superhelden. Sein Stars-and-Stripes-Outfit zeigt bereits den Patriotismus, der sein Handeln bestimmt. Seine Aufgabe ist die Rettung des Vaterlandes vor finsteren Feinden. Timely gründete für ihn eine eigene Serie. Heft 1 kam am 20. Dezember 1940 heraus. Die USA lebten noch im Frieden, doch im Rest der Welt tobte längst der Zweite Weltkrieg. Bis 1949 sollten 77 weitere Hefte folgen. Dann schickte man den Patrioten in den verdienten Ruhestand. Doch mit dem neuen Superhelden-Boom gab es ab 1964 wieder gefährliche Aufgaben für ihn. Bis heute bringt Marvel regelmäßig neue Abenteuer heraus.

Captain America fügte sich 1940 in die Politik ein, die auch vor Hollywood nicht Halt machen sollte. Der US-Bürger sollte begreifen, wer der Feind ist – und

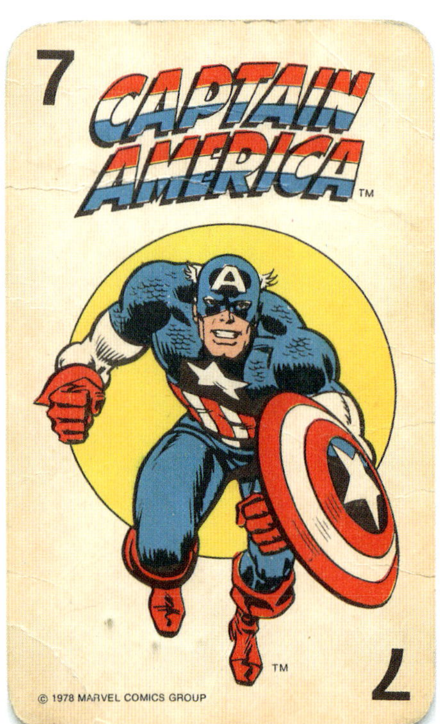

Captain America auf einer Spielkarte aus dem Jahr 1978. Bild: Mark Anderson/CC-BY 2.0

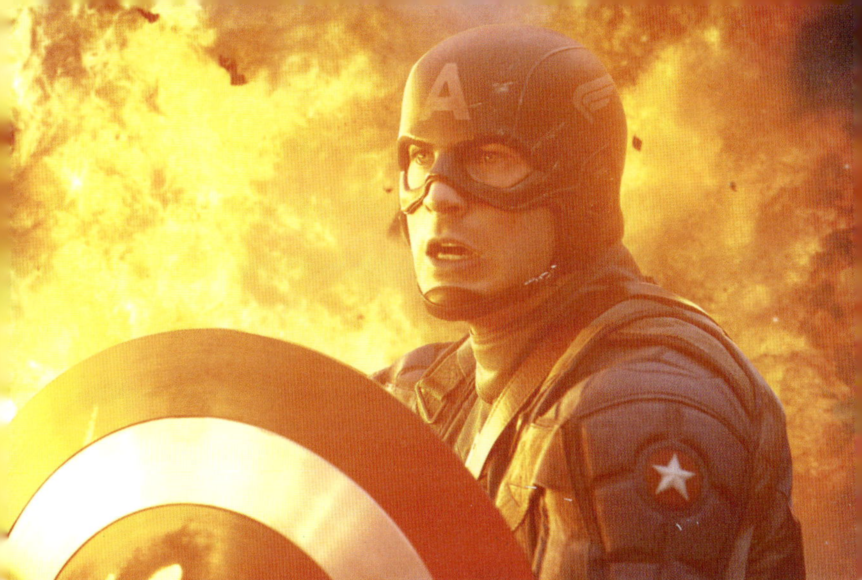

Chris Evans als Titelheld in »Captain America: The First Avenger« aus dem Jahr 2011 im heißen Kampf. Bild: picture alliance / Mary Evans/AF Archive/Marvel Stu / AF Archive

warum. So schlägt sich der Superheld mit dem Stern auf der Kleidung schon in Nr. 1 mit Nazis herum, die die Vereinigten Staaten infiltrieren. Steve Rogers, so sein bürgerlicher Name, erhielt seine Superkräfte durch ein »Infinity Formula«-Serum, Frucht eines Geheimprojekts zur Schaffung von Supersoldaten. Immer hat er seinen runden Schild dabei. Im Laufe der Jahre kam es allerdings zu einer Reihe von Wechseln, denn in der Maske des Captains traten mehrere Personen auf, unter anderem übernahm Bucky Barnes, sein Helfer und Freund à la Robin die Rolle des Captain America. Steve Rogers wiederum schlüpfte in andere Superhelden-Kostüme. 2007 kam schließlich ein Heft heraus, in dem Steve Rogers alias Captain America im Auftrag seines Intimfeindes Red Skull ermordet wird. Rogers war im Heldenhimmel, aber es gab ja noch Bucky: Captain America lebt weiter!

Von nationaler Bedeutung

Captain America sorgte für eine Flut von Figuren in den Comics anderer Verlage, die dem Helden zum Teil täuschend ähneln. In den USA gehört diese Comicfigur zu den ganz wichtigen. Sein Tod 2007 war zu einer Angelegenheit nationaler Bedeutung geworden. Bei den stets beliebten Listen der besten und wichtigsten Comic-Helden belegt er in Amerika immer sehr gute Plätze.

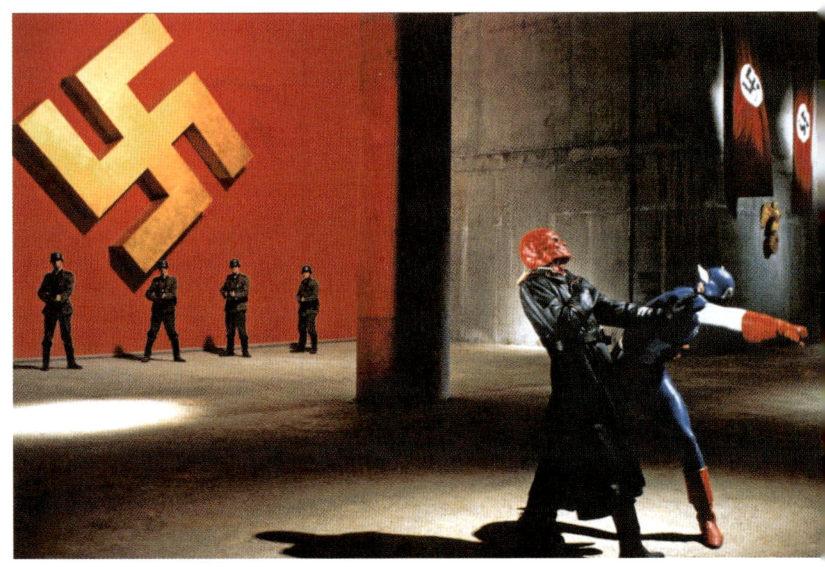

Captain America bekommt es immer wieder mit den Nazis und Red Skull zu tun, hier im Film »Captain America« von 1990. Bild: picture alliance / Mary Evans/AF Archive/Marvel Ent / AF Archive

30 Der politische Superheld

Captain America kämpft gegen die Nazis

Bereits im ersten Heft muss der Superheld Nazis maßregeln. Auf der Titelseite verprügelt er Adolf Hitler, der offensichtlich die USA erobern will. Der eigentliche Hauptgegner und Dauerrivale taucht bereits in dieser Ausgabe auf: Red Skull (Der rote Schädel). Er ist ein Schützling von Hitler und soll helfen, dessen Eroberungspläne durchzusetzen. Im ersten Heft wurde sein Passname noch als George Maxon angegeben. Sein richtiger Name aber ist Johann Shmidt (im Deutschen Schmidt), was aber erst 1984 bekannt wurde. Sein Beiname kommt von der roten Maske, die er anfangs trug. Nach einem Kampf mit Captain America wird er aber so missgestaltet, dass er keine Maske mehr braucht.

Es gibt einen zweiten Red Skull, einen Sowjetagenten namens Albert Malik. Dieser Schurke hat die Eltern von Spider-Man ermordet, endet aber als Opfer Shmidts, der der einzige Red Skull sein wollte. Nazis sind auch in dem Film »Captain America« von 1990 die Feinde des Superhelden. Die Qualität dieses Streifens geht allerdings eher Richtung Trash.

Serie und Blockbuster

Captain America in Fernsehen und Kino

31

Bereits 1944 sicherte sich Republic Films die Rechte an der Figur für eine Serie. Insgesamt entstanden 15 Folgen. Dieses Filmstudio hatte die bekannten Filme »Dick Tracy«, »Lone Ranger« oder die »Abenteuer des Captain Marvel« produziert und war für seine Cliffhanger-Serien bekannt. Viele kennen diese Serien mit John Wayne, Gene Autry oder Roy Rogers noch aus »Western von gestern«. Captain America heißt hier in echt Grant Gardner. Es geht nicht um Nazis, sondern um eine mysteriöse Selbstmordserie. Das Ganze hatte mit den Comics nicht allzu viel zu tun. Zudem hat der Titelheld eine Pistole, aber keinen Schild. Von dem 1990er-Film war bereits im vorigen Kapitel die Rede.

2011 wurde im Rahmen des Marvel Cinematic Universe »Captain America: The First Avenger« gedreht. Chris Evans verkörperte den Helden im Kampf gegen Red Skull. Drei Jahre später gab es eine Fortsetzung: »The Return of the First Avenger«. Der Winter Soldier, im Comic eigentlich sein Freund Bucky, wird zum Gegenspieler.

Captain America Chris Evans gehört auch zu den Avengers in vier Filmen, die zwischen 2012 und 2019 entstanden sind. In einer Zeichentrickserie von 1994 bis 1998 taucht der Captain als Kampfgenosse von Spider-Man auf.

Chris Evans hatte 2005 als Human Torch in »Fantastic Four« sein Debüt als Superheld gegeben, er verkörperte die Figur auch in der Fortsetzung. Den Captain America spielte er zudem in vielen anderen Marvel-Filmen – oft in einer kleineren Rolle.

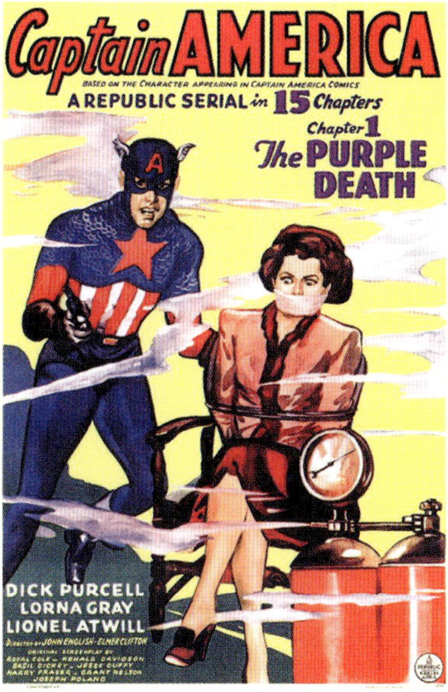

Plakat für die Serie »Captain America« von 1944. Bild: Republic Pictures

Die Fantastischen Vier

Eine legendäre Supergroup

32

Im November 1961 begann für Marvel das silberne Zeitalter der Superhelden. Wobei es für Marvel eigentlich ein goldenes war, denn in diese Zeit fallen die berühmtesten Gestalten des Comic-Universums dieses Verlags. Die erste neue Serie hieß »The Fantastic Four«.

Fantastisches Heldenquartett

Eine Figur des Teams war ein alter Bekannter: Human Torch, die menschliche Fackel, der nun aber einen anderen Echtnamen hat: Jonathan Lowell Spencer »Johnny« Storm. Er passt perfekt in die Konzeption, jedem des Teams ein Element zuzuweisen. Feuer, Wasser, Erde, Luft. Der Anführer der Gruppe ist Dr. Reed Richards, ein genialer Wissenschaftler, der unter dem Namen Mr. Fantastic (Mr. Fantastisch) auftritt. Er kann seinen Körper beliebig dehnen und strecken, womit er das Element Wasser symbolisiert. Wie Barbapapa kann er sich in alle möglichen Hilfsmittel verwandeln. Er wird die Frau im Team heiraten: Susan Storm, das Invisible Girl, das dann die Invisible Woman wird, im Deutschen »Die Unsichtbare«. Der Name sagt es: sie kann sich (und später auch andere) unsichtbar machen. Sie ist die Schwester von Johnny Storm Human Torch. Der war 1961 noch ein Jugendlicher. Der vierte im Bunde ist Ben Grimm, The Thing (»Das Ding«). Sein Körper ist versteinert, was ihn zu einem unverwundbaren Scheusal macht. Er sym-

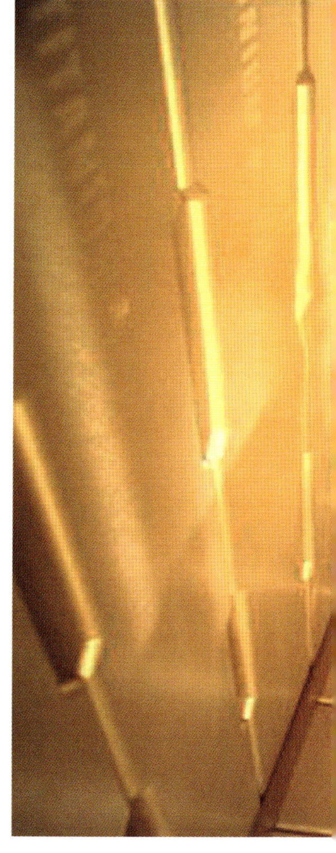

Chris Evans als Human Torch in dem Film »Fantastic Four« (2005). Bild: picture-alliance / Mary Evans Picture Library bolisiert folgerichtig die Erde. Ihre Zustände resultieren aus einer Überdosis kosmischer Strahlen. Sie hatten nach den Plänen von Dr. Richards ein Raumschiff gebaut, mit dem sie ins Weltall fliegen wollten. Das misslang leider und stattdessen war ein Sowjetbürger der erste Mensch im Weltall.

Hochkarätige Gegner

Als Superhelden werden sie von der Bevölkerung geliebt. Sie sorgen für Recht und Ordnung, wobei sie es mit Superschurken zu tun bekommen. Die wichtigsten sind Dr. Doom (siehe folgendes Kapitel), der Maulwurf Mole Man (der Gegner schon im ersten Heft), die außerirdischen Skrull mit Kl'rt, der ebenfalls Außerirdische Impossible Man, der furchterregende Galactus und die Frightful Four (»Die furchtbaren Vier«) mit Chef Wizard und dem Sandman. Hinzu kommen noch Pastepot Pete

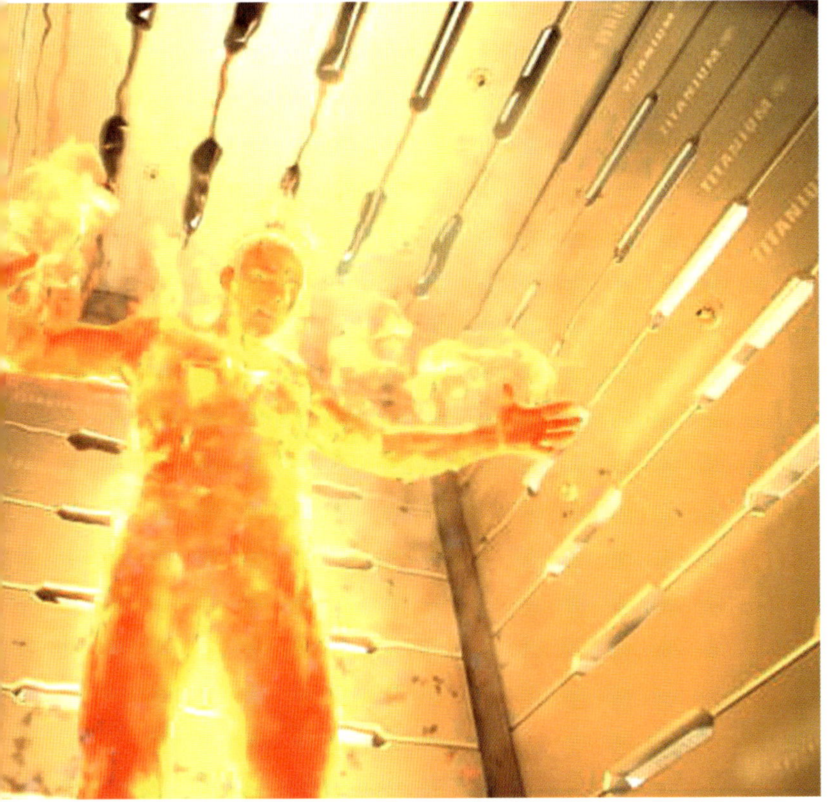

(Kleisterpeter) und Medusa. Sie waren eine Art negativer Gegenentwurf zu den Fantastischen Vier. Man sieht in ihnen das erste Superschurkenteam der Welt. Ein alter Bekannter aus der goldenen Zeit taucht auch wieder auf: Namor, der Sub-Mariner. Eine Zeit lang schwärmt die Unsichtbare für ihn, doch es gibt mit Namor immer wieder Ärger.

Eine durchdachte Struktur

Bei den Fantastischen Vier setzten Kirby und Lee zum ersten Mal auf eine Story, die sich über mehrere Folgen hinzieht und wo sich die Gestalten entwickeln. Die vier sind keine glänzenden Stars. Jeder – und jede – hat mit persönlichen Problemen zu kämpfen und zeigt Schwächen. So ist das Ding verzweifelt über sein scheußliches Aussehen. Dank der Ausgestaltung der Serien auf eine gemeinsame Basis war es möglich, dass andere Superhelden mit den Fantastischen Vier zusammenarbeiten können. So ist Spider-Man ein enger Freund des Teams. Andere Gestalten – wie der Black Panther oder Ant-Man – standen ihnen ebenfalls schon zur Seite. 1990 bildete sich die Gruppe der New Fantastic Four mit alten Bekannten: Spider-Man, Hulk, Wolverine und der Ghost Rider formierten sich zu einem Ersatzteam.

Die Fantastischen Vier erleben bis heute neue Abenteuer in inzwischen hunderten von Heften.

Die Fantastischen Vier auf Bildschirm und Leinwand

Ins Kino kam das Quartett erst recht spät. Doch im Fernsehen war in den USA bereits 1967 eine Zeichentrickserie in 20 Folgen zu sehen. Den ersten Versuch einer Kinoverfilmung machte der deutsche Produzent Bernd Eichinger 1994, eigentlich nur, um die Filmrechte zu behalten. Das Opus kam nie in die Lichtspielhäuser. Im gleichen Jahr begann eine 26-teilige Zeichentrickserie in den US-Fernsehern zu laufen. Die Kinogeschichte begann 2005 mit »Fantastic Four«. Wie bereits erwähnt, war Chris Evans die Fackel, die Unsichtbare wurde mit Jessica Alba prominent besetzt. Die Rolle des Mr. Fantastic bekam der Waliser Ioan Gruffudd. Das Ding war Michael Chiklis. 2007 kam mit den gleichen Darstellern »Fantastic Four: Rise of the Silver Surfer« in die Kinos.

2015 folgte in neuer Besetzung ein dritter Teil. Bei Redaktionsschluss war der vierte Teil noch nicht herausgekommen, wieder muss man sich auf neue Hauptdarsteller einstellen.

Die Fantastischen Vier sind gern verwendete Figuren in Video- und Computerspielen. Sogar die LEGO®-Adaption der Vier kann man auf Spielkonsolen durch eine Computerwelt steuern.

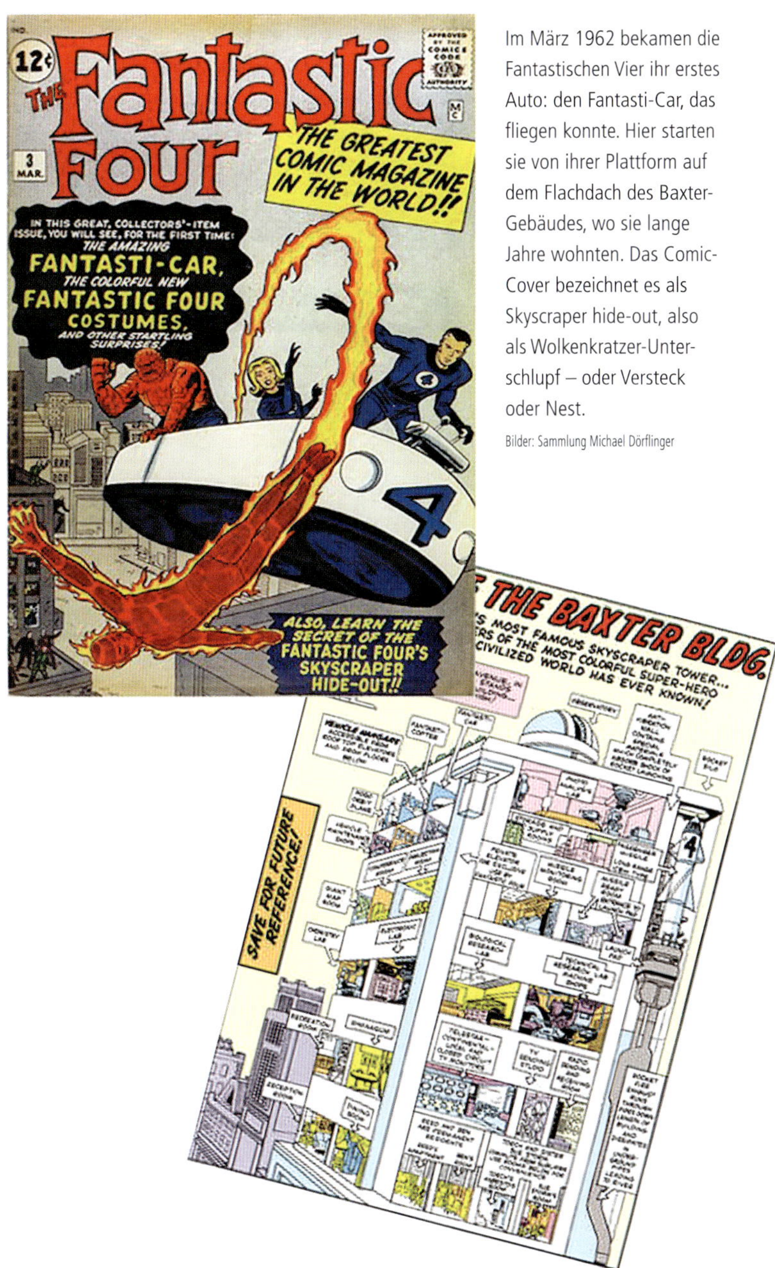

Im März 1962 bekamen die Fantastischen Vier ihr erstes Auto: den Fantasti-Car, das fliegen konnte. Hier starten sie von ihrer Plattform auf dem Flachdach des Baxter-Gebäudes, wo sie lange Jahre wohnten. Das Comic-Cover bezeichnet es als Skyscraper hide-out, also als Wolkenkratzer-Unterschlupf – oder Versteck oder Nest.

Bilder: Sammlung Michael Dörflinger

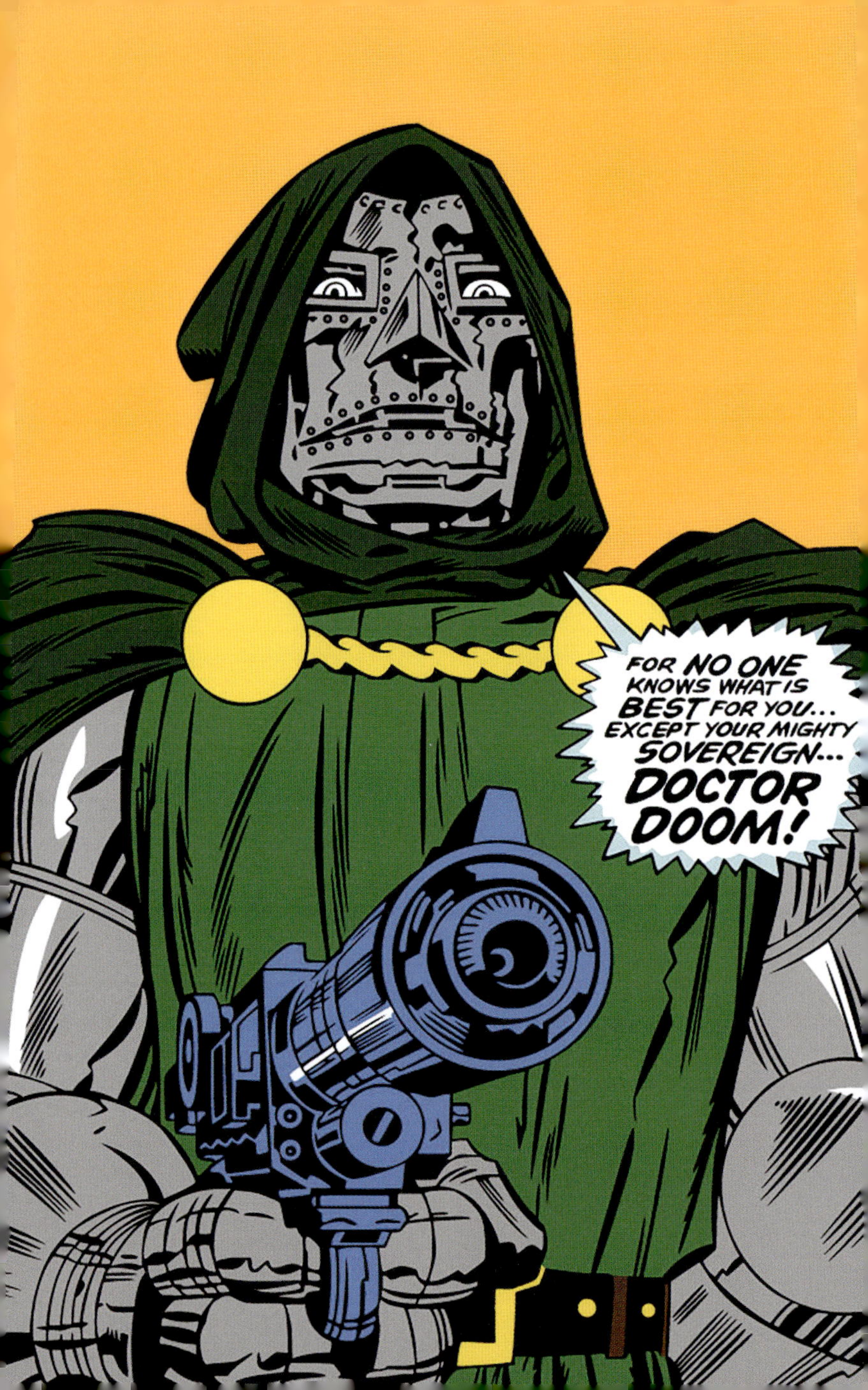
FOR NO ONE KNOWS WHAT IS BEST FOR YOU... EXCEPT YOUR MIGHTY SOVEREIGN... DOCTOR DOOM!

Doctor Doom

33

Doktor Unheil oder Doktor Untergang

Victor von Doom ist der Sohn eines Zigeunerpaars, der sich zum Herrscher eines Kleinstaats auf dem Balkan aufgeschwungen hat. Sein Steckenpferd ist die Wissenschaft. Er hat es da weit gebracht, denn seine Rüstung ist echtes High-Tech. Mit seinem grünen Kapuzenumhang und der Stahlmaske, hinter der er sein nach einem Unfall entstelltes Antlitz verbirgt, wirkt er wie ein moderner Sensenmann. Sein Erfinder Jack Kirby hat aber einmal erklärt, Doom hätte unter der Maske nur eine kleine Narbe. Doch diese Narbe ist für ihn persönlich etwas Entwürdigendes, Erniedrigendes. Er verbirgt sein Gesicht vor sich selbst und hat, ganz ein Paranoiker, nichts anderes im Sinn, als die anderen Menschen zu unterwerfen. Doctor Doom, der in älteren deutschsprachigen Ausgaben Doctor Unheil oder Doktor Untergang heißt, ist ein Dauerfeind der Fantastischen Vier. Zum ersten Mal tauchte er in Heft Nr. 5 im Juli 1962 auf. Er spielt auch in den Kinofilmen den Hauptgegner.

Einer der beliebtesten Superschurken

Doctor Dooms Staat, in dem er eine absolute Herrschaft ausübt, heißt Latveria. Immer wieder werden in vielen Folgen Staatsstreiche, politische Machinationen und Dooms Rückkehr zur Macht gezeigt. Spektakulär ist die kurzzeitige Machtübernahme von Dr. Richards und den Fantastischen Vier. Doom ist in diesem Land omnipräsent. Die Hauptstadt wurde nach seiner Machtergreifung in Doomstadt umbenannt; es gibt auch die Orte Doomsburg, Doomsdale, Doomsvale, Doomswood, außerdem die Burg Doom, die Doom Falls, den Flughafen Doomport. Doom ist ein ganz extremer Narzisst.

Zwischen 1975 und 1980 bekam Doctor Doom seine eigene Serie. Zusammen mit dem Sub-Mariner ist er die Hauptfigur von »Super-Villain Team-Up«. Später gesellen sich Red Skull und Magneto zum Diktator Doctor Doom. Der balkanische Diktator fordert auch Spider-Man heraus. Ebenso die Superhelden Iron Man, Doctor Strange, den Black Panther, die X-Men und die Avengers. Er ist in der Tat ein vielbeschäftigter Bösewicht. In verschiedenen Rankings liegt er unter den bedeutendsten Comic-Bösewichten stets in den Top Drei.

Doctor Doom mit seinem grünen Kapuzenumhang bietet einen furchterregenden Anblick, seine großkalibrige Faustfeuerwaffe natürlich auch.

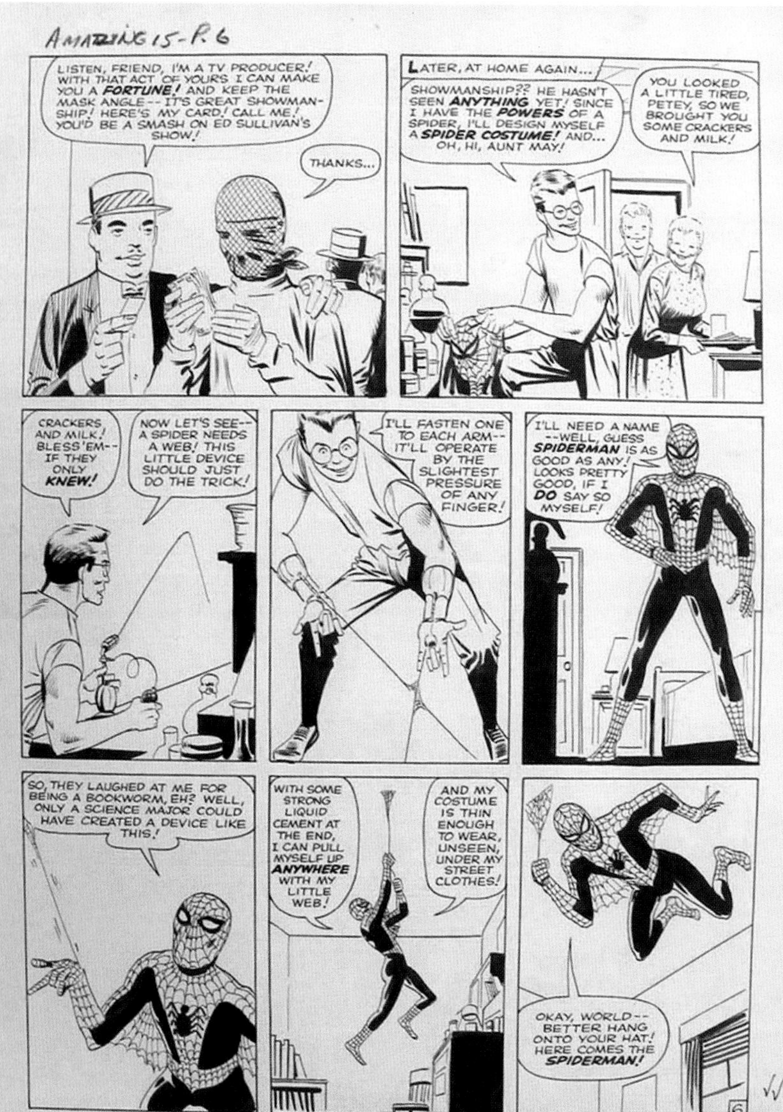

Eine Originalzeichnung von Steve Ditko für das erste Abenteuer von Spider-Man. Peter entwickelt seine Netzdrüsen und hat ein Kostüm entworfen. Diese seltene Originalzeichnung für das erste Spider-Man-Abenteuer wurde der Library of Congress gespendet. Bild: Library of Congress

Spider-Man, die Spinne 34

Der wichtigste Marvel-Superheld

Als Spider-Man in Deutschland zum ersten Mal auftauchte, trug er den Namen »Die Spinne«. Spider-Man wurde er hierzulande erst später benamst, was auf die ersten Verfilmungen zurückzuführen ist. Am 16. Juni 1978 kam »Spider-Man – Der Spinnenmensch« in die deutschen Kinos.

Auch bei diesem Superhelden steht am Anfang eine Katastrophe: Es war der Biss einer radioaktiv verstrahlten Spinne, der bei dem schüchternen Waisen Peter Parker besondere Fähigkeiten hervorgerufen hat. Peter wächst bei seiner Tante Mary und seinem Onkel Ben auf und geht zur Schule, als er in der Nr. 15 der Heftreihe »Amazing Fantasy« 1962 zum ersten Mal auftaucht. Stan Lee hatte anfangs mit Kirby diese Figur realisieren wollen, aber sich dann später für Ditko (siehe Seite 53) entschieden, der die gewünschte Fragilität dieser Figur besser traf. Das Cover des Heftes stammt allerdings von Jack Kirby.

Ein interessanter Charakter

Spider-Man ist kein strahlender Held wie Superman, sondern er wird von Zweifeln und Ängsten geplagt – und von Schuldgefühlen. Und das kam so: Er begegnete einem flüchtenden Dieb, den er aber nicht stellte. Er hätte es tun sollen, denn genau dieser Mensch hat kurz darauf seinen Onkel ermordet. Peter Parker entschließt sich, seine besonderen Kräfte und Eigenschaften fortan der Verbrechensbekämpfung zu widmen.

Und davon gibt es genug! So viele, dass Spider-Man eine eigene Heftreihe bekam, die im März 1963 an den Start ging: »The Amazing Spider-Man«. Bis heute kommen aus dem Stift verschiedener Zeichner neue Abenteuer mit Spider-Man heraus. 2022 konnte in den USA das 900. Heft gefeiert werden.

Seine Geschichten gehören zu den meistverkauften Comics. Als schüchterner Teenager ist er für viele junge Leser eine willkommene Identifikationsfigur. Stan Lee hatte genau das beabsichtigt. Peter Parker hat in der Schule ähnliche Probleme wie seine Leser. Doch er besteht sein Abi und immatrikuliert sich an der Empire State University, einer fiktiven Universität in New York City. Er knüpft Freundschaften. Später wird er sogar Lehrer an dieser Universität und heiratet. Einige Jahre darauf tritt sogar seine Tochter als Superheldin Spider-Girl auf.

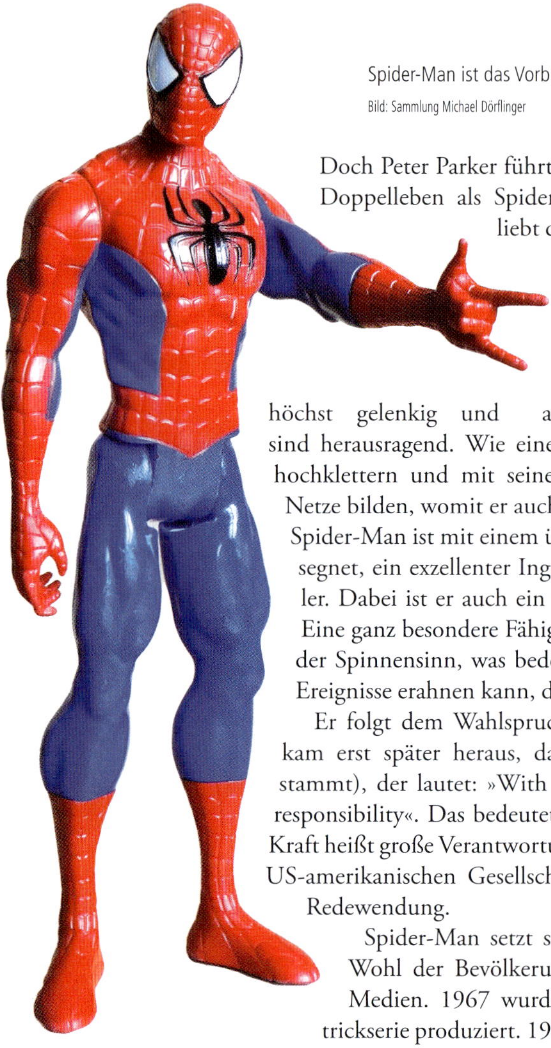

Spider-Man ist das Vorbild für verschiedene Spielfiguren.

Bild: Sammlung Michael Dörflinger

Doch Peter Parker führt in dieser ganzen Zeit ein Doppelleben als Spider-Man. Die Bevölkerung liebt den Verbrecherbekämpfer. In seiner Identität als Superheld nutzt er seine Superkräfte. Er besitzt übermenschliche Kräfte, ist blitzschnell, höchst gelenkig und ausdauernd. Seine Reflexe sind herausragend. Wie eine Spinne kann er überall hochklettern und mit seinen Netzdrüsen Seile und Netze bilden, womit er auch Gegner einfangen kann. Spider-Man ist mit einem überragenden Intellekt gesegnet, ein exzellenter Ingenieur und Wissenschaftler. Dabei ist er auch ein hervorragender Kämpfer. Eine ganz besondere Fähigkeit ist sein Spider-sense, der Spinnensinn, was bedeutet, dass er Dinge oder Ereignisse erahnen kann, die in der Zukunft liegen.

Er folgt dem Wahlspruch seines Onkels Ben (es kam erst später heraus, dass der Spruch von ihm stammt), der lautet: »With great power comes great responsibility«. Das bedeutet etwa so viel wie »Große Kraft heißt große Verantwortung«. Dieser Satz ist in der US-amerikanischen Gesellschaft eine häufig genutzte Redewendung.

Spider-Man setzt seitdem seine Kräfte zum Wohl der Bevölkerung ein, auch in anderen Medien. 1967 wurde erstmals eine Zeichentrickserie produziert. 1977 gab es sogar zwei Fernsehserien: eine amerikanische und eine aus Japan (siehe Seite 79). Mit dem Film »Spider-Man« von 2002 begann dann sein weltweiter Siegeszug auf der großen Leinwand. Dazu später mehr. Auch in Computerspielen ist Spider-Man ein gern gesehener Superheld.

Zwischen 1933 und 1943 erschien im New Yorker Verlag Popular Publications die Heftromanserie »Spider«. Die Geschichten drehen sich um einen Millionär, der in unterschiedlichsten Verkleidungen Verbrecher jagt. Stan Lee hat später erzählt, dass dieser Spider für seine Figur eine Inspira-

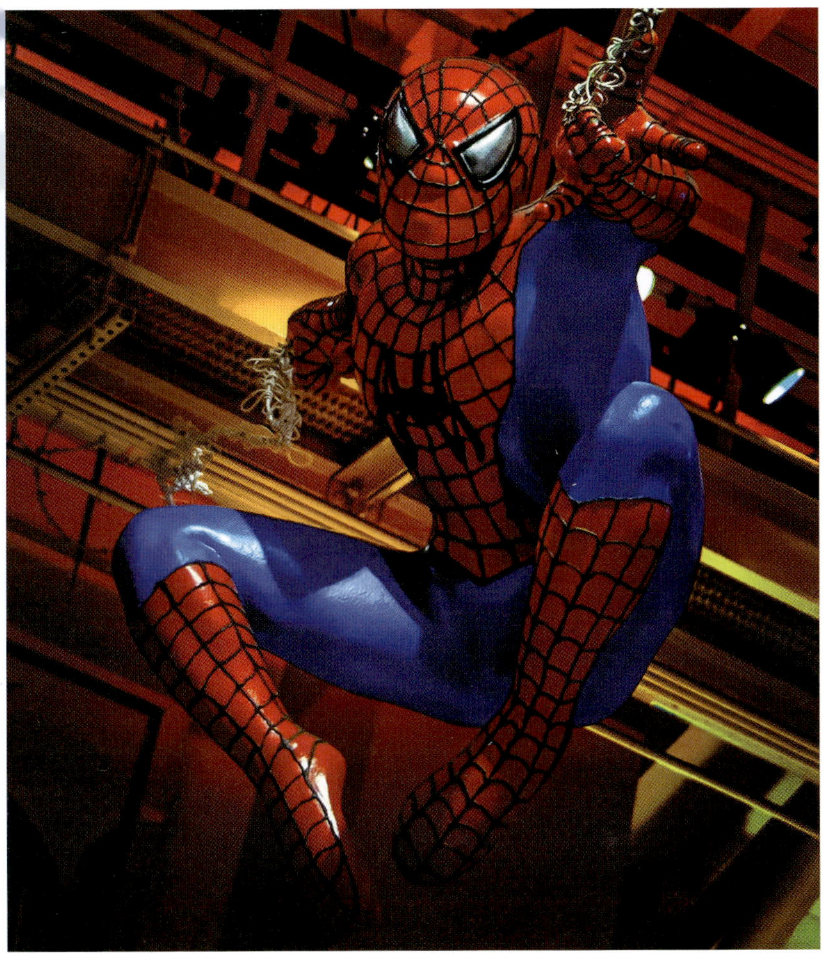

Spider-Man in typischer Pose mit angezogenen Beinen. Bild: Sammlung Michael Dörflinger

tionsquelle war. Vor allem dessen siebter Sinn wurde im Spinnensinn wieder lebendig.

Zu Beginn ist der Spinnenmann ein einsamer Held. Doch bereits im ersten Heft der Serie, die nach ihm benannt ist, lernt er die Fantastischen Vier kennen. Er freundet sich mit dem etwa gleichaltrigen Johnny Storm, der menschlichen Fackel an. Später arbeitete er mit sehr vielen Superhelden zusammen und war in verschiedenen Teams zu sehen, darunter die prominenten Avengers, die Fantastischen Vier oder die X-Men.

Der grüne Kobold

Spider-Mans Erzrivale

35

Er taucht in der Nummer 14 von »Amazing Spider-Man« im Juli 1964 auf. Er wurde das Opfer seiner extremen Gier nach Macht und Geld. Der Großindustrielle und Besitzer des Firmenimperiums Oscorp, Norman Osborn, hat nur eines im Sinn: zu herrschen. Sein ehemaliger Lehrer Prof. Stromm hatte ein Mittel erfunden, das übermenschliche Kräfte verleiht. Osborn nimmt es an sich und probiert das Elixier aus. Es kommt zu einer Explosion. Osborn erhält die ersehnten Kräfte, aber zugleich wird er wahnsinnig. Vom Gedanken zerfressen, Spider-Man zu besiegen und sich die Stadt zu unterwerfen, bastelt er sich das Kostüm des grünen Kobolds und erschafft sich seltsame Halloween-Waffen: Wurfwaffen in Form von Fledermäusen (razor bats), Granaten, die wie Kürbisse aussehen, High-Tech-Utensilien, ein Giftgas, mit dem er Spider-Mans siebten Sinn lähmen kann und eine Gleitmaschine, mit der er fliegen und schießen kann.

Ein brutaler Mord

Der grüne Kobold war Spider-Man immer wieder unterlegen. Doch in den beiden Heften Nr. 121 und 122 unter dem Originaltitel »The Night Gwen Stacy died« vom Sommer 1973 spitzt sich die Situation dramatisch zu. Der Kobold entführt Peter Parkers Freundin Gwen und stürzt sie vor Spider-Mans Augen die Brooklyn Bridge hinunter. Es kommt zum finalen Duell, in dem der Kobold Osborn stirbt. – Oder nicht? Die Comicmacher sind nicht um Ideen verlegen, wie er wieder auftauchen konnte. In den verschiedenen Ablegern und Serien, bei denen es auch andere Figuren gibt, die den Spider-Man darstellen – oder Klone geschaffen werden, es eine Spider-Woman geben wird, taucht immer wieder ein grüner Kobold auf. Es gelingt Osborn/Kobold sogar, ein gefährliches Superschurken-Team zusammenzustellen.

Der grüne Kobold gehört zusammen mit Doctor Octopus und Venom zu dem großen Triumvirat der Erzfeinde von Spider-Man. Unter seiner Maske sind später auch andere Gestalten aufgetreten. Allen voran Osborns Sohn Harry, der anfangs der beste Freund von Peter Parker war.

Ein scheußlicher Kerl: der grüne Kobold, der im Original »Green Goblin« heißt. Hier ist eine Büste von ihm gezeigt. Bild: Doug Kline/CC BY-NC 2.0

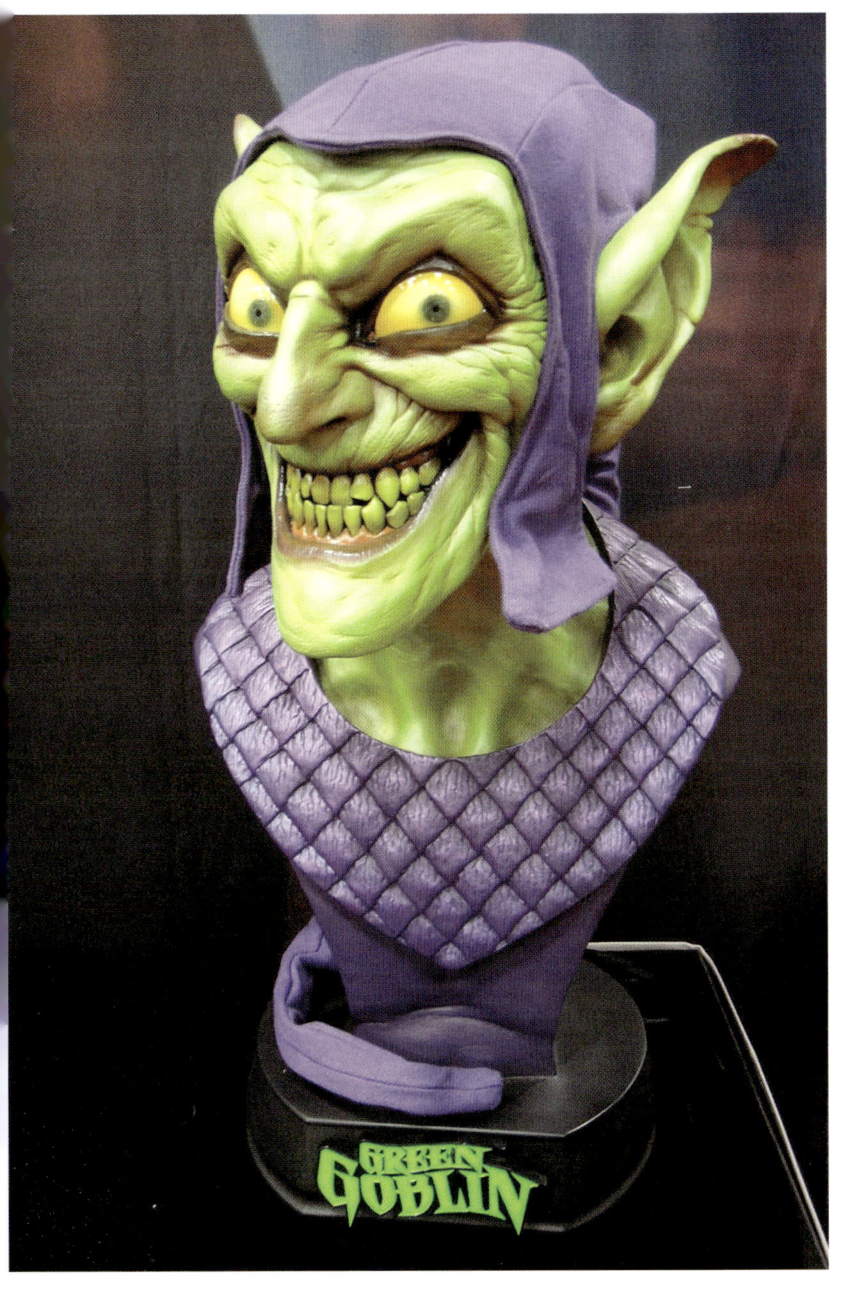
GREEN
GOBLIN

36 Dr. Michael Morbius

Ein Vampir wider Willen

Es war ein Fehlschlag mit einem medizinischen Experiment, der aus dem brillanten Wissenschaftler Dr. Michael Morbius einen blutdürstigen Vampir machte. Morbius leidet nämlich an einer bisher unbehandelbaren Blutkrankheit, die er überwinden will. Als exzellenter Arzt und Forscher widmet er seine Karriere der Bekämpfung dieser fürchterlichen Krankheit. Er experimentiert mit Fledermausblut, das er radioaktiver Strahlung ausgesetzt hat. Das Mittel probiert er an sich selbst.

Ein Teufelskreis

Was soll man sagen? Die Blutkrankheit ist wohl gestoppt, allerdings mit gravierenden Nebenwirkungen. Morbius braucht wie ein Junkie dauernd Blut, um weiterleben zu können – er ist quasi zu einem Vampir geworden. Außerdem kann er sich nun mit Fledermäusen verständigen. Eine knifflige Aufgabe für Spider-Man.

Morbius ist eine gespaltene Persönlichkeit. Wenn er das Gute in sich entdeckt, kämpft er gern auch mal auf Spider-Mans Seite.

2022 hat Marvel ihm einen eigenen Kinofilm mit Jared Leto in der Titelrolle gegönnt. Der beschreibt die Geschichte des Experiments und seiner Verwandlung. In seinem Jugendfreund Milo, der die gleiche Krankheit hat, entsteht ihm ein grausamer Feind.

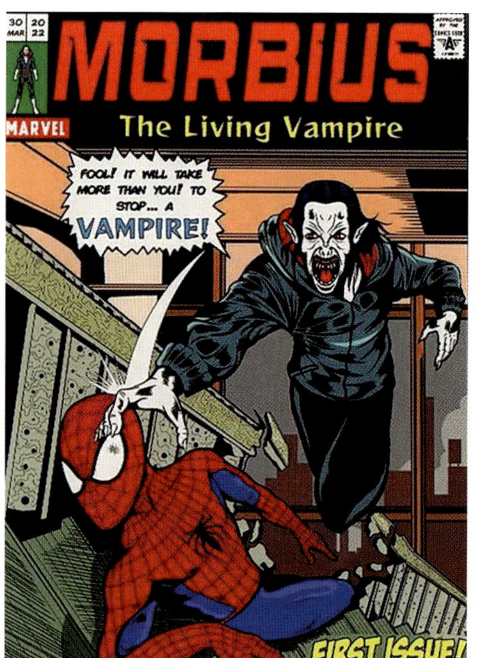

Morbius ist ein Vampir und seit 1971 ein gefährlicher Feind von Spider-Man.

Bild: Sammlung Michael Dörflinger

Spider-Man – Die Serie

37

Vom Fernseher auf die Leinwand

1977 drehte Richard Donner eifrig an seinem »Superman«. In diesem Jahr sendete CBS am 19. April den Pilotfilm zur Serie »The Amazing Spider-Man«. Die US-Serie wurde auch in Europa gezeigt – allerdings in Form von drei Kinofilmen. Das machte Sinn, denn man konnte als »Trittbrettfahrer« vom enormen Erfolg von »Superman« profitieren. Stan Lee hatte an CBS die Rechte verkauft. Das Ergebnis war ihm dann wohl etwas zu »jugendlich«. Ein Pilotfilm und 13 Folgen wurden gedreht.

Aus diesem Material wurden drei Kinofilme destilliert (der Pilotfilm als Nummer 1, dann zusammengefasst die Folgen 1 und 2 »Deadly Dust«, der dritte Film, von dem auch die abgebildete Szene stammt, fasst die letzten beiden Folgen zusammen). Bei den Kritikern kamen die Filme nicht so besonders gut an. Natürlich, im Vergleich zu »Superman« waren die Fernsehtricks dann doch etwas dürftig, ganz zu schweigen von der fehlenden Spannung.

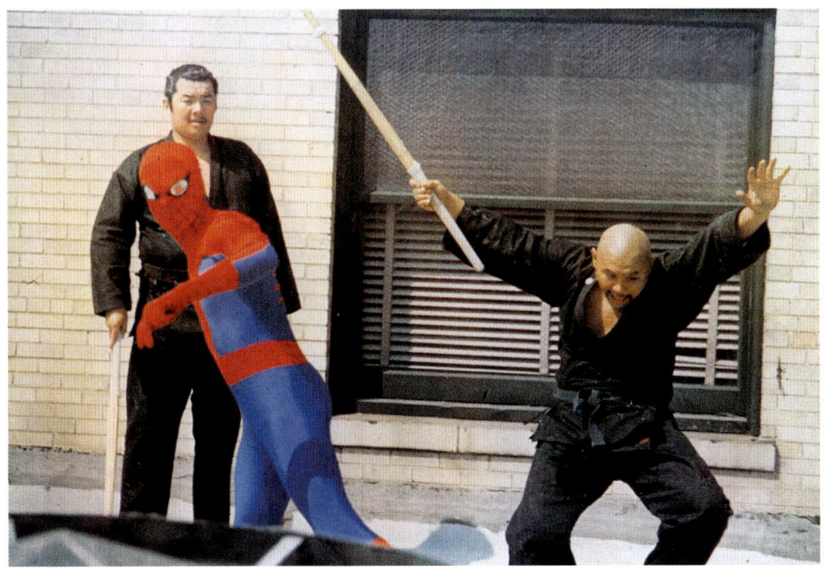

Nicholas Hammond gibt den Spider-Man in der Fernsehserie »The Amazing Spider-Man« von 1977–1979. Drei Kinofilme wurden ausgekoppelt. Bild: picture alliance / Fox/AF Archive/Mary Evans / AF Archive

Tobey Maguire, der Erste

2002: »Spider-Man« im Kino

38

Erst 2002 kam Spider-Man richtig im Kino an. Nach Kassenerfolgen mit »Blade« und den »X-Men« sollte nun der Spinnenmann in technisch hochwertiger Blockbustermanier zum Leinwandstar werden. Hauptdarsteller war Tobey Maguire, dem es 1999 in seiner Hauptrolle in »Gottes Werk & Teufels Beitrag« gelang, neben einem Schauspielergenie wie Michael Caine mehr als nur zu bestehen. Kleine Randnotiz: 2005 sollte Caine den Butler Alfred in »Batman begins« spielen.

Doppelbödig

Maguire hatte sich ein halbes Jahr mit intensivem Training auf diese Rolle vorbereitet, und aus einem Schlaks einen durchtrainierten Heldenkörper geformt. Mit seinem jugendlich-naiv wirkenden Gesicht passte er genau zu der Comicgestalt Peter Parker, einem schüchternen Bücherwurm, der in seiner Verkleidung aber zum Helden mutiert.

Der Film zeigt die Entstehung der Spider-Man-Figur ziemlich genau nach der Comicvorlage. Der Biss der Spinne oder der Tod seines Onkels definieren den Beginn von Peter Parkers Biografie als Superheld. Sein Gegner im ersten Film ist der grüne Kobold (siehe Seite 86). Peter arbeitet wie im Comic als Fotograf für

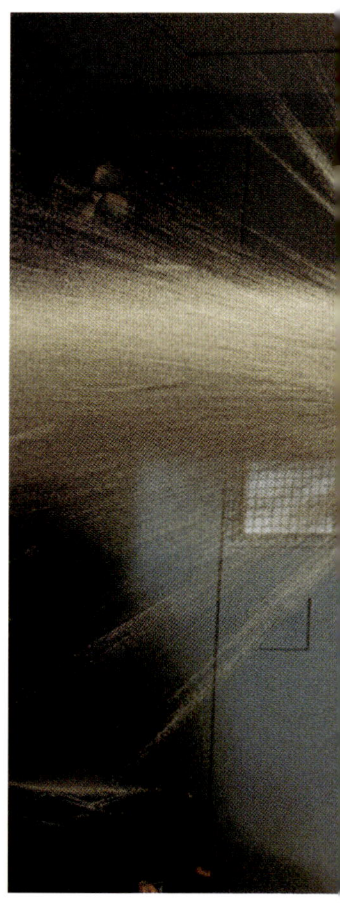

Flint Marko alias Sandman, gespielt von Thomas Haden Church im Kampf gegen Spider-Man Tobey Maguire in der dritten Spider-Man-Verfilmung von 2007. Man sieht, wo der Kampfname herkommt.

Bild: picture-alliance/ dpa / dpa-Film Sony Pictures

die Tageszeitung »Daily Bugle«, deren Chef J. Jonah Jameson ein Gegner Spider-Mans ist. Peter liefert ihm immer neue Spider-Man-Fotos. Der Kopfüber-Filmkuss mit Kirsten Dunst wurde legendär.

Regie führte, wie auch bei den beiden Fortsetzungen, Sam Raimi, der 1981 mit seinem berühmt-berüchtigten »Tanz der Teufel« bekannt wurde, einem Horrorfilm, der in Deutschland lange verboten war.

Mit einem Einspielergebnis von 821 Millionen Dollar kam man in diesem Filmjahr zwar nicht an den zweiten Teil von »Herr der Ringe« und den neuen »Harry Potter« heran, konnte sich aber gegenüber »Star Wars«, »Men in Black 2« und »James Bond« absetzen.

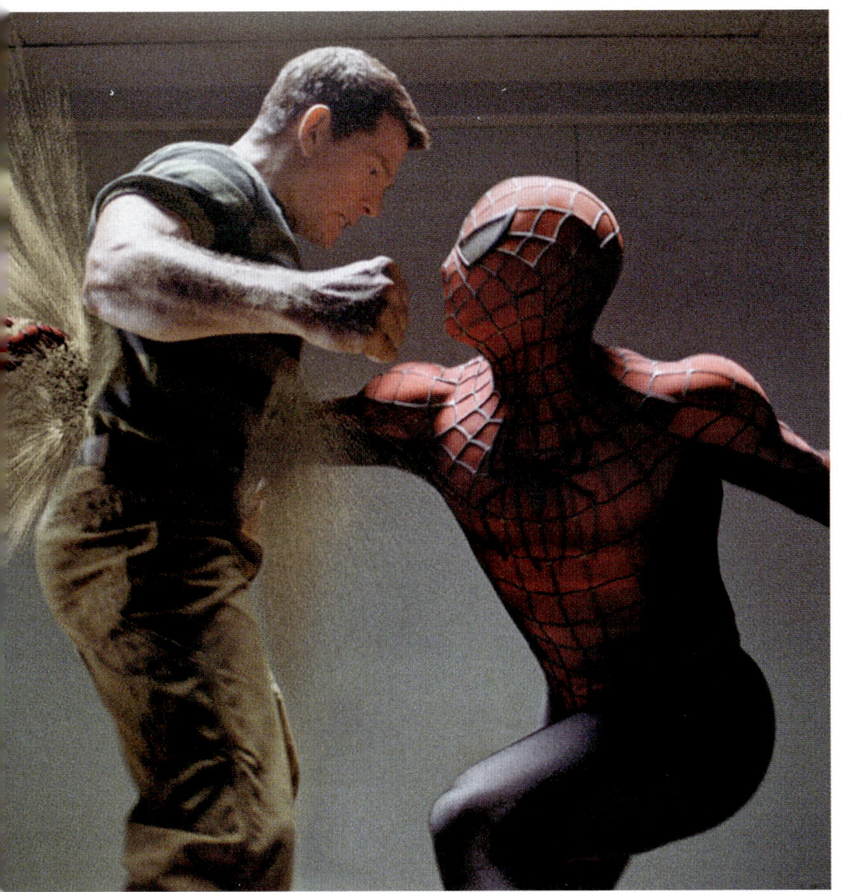

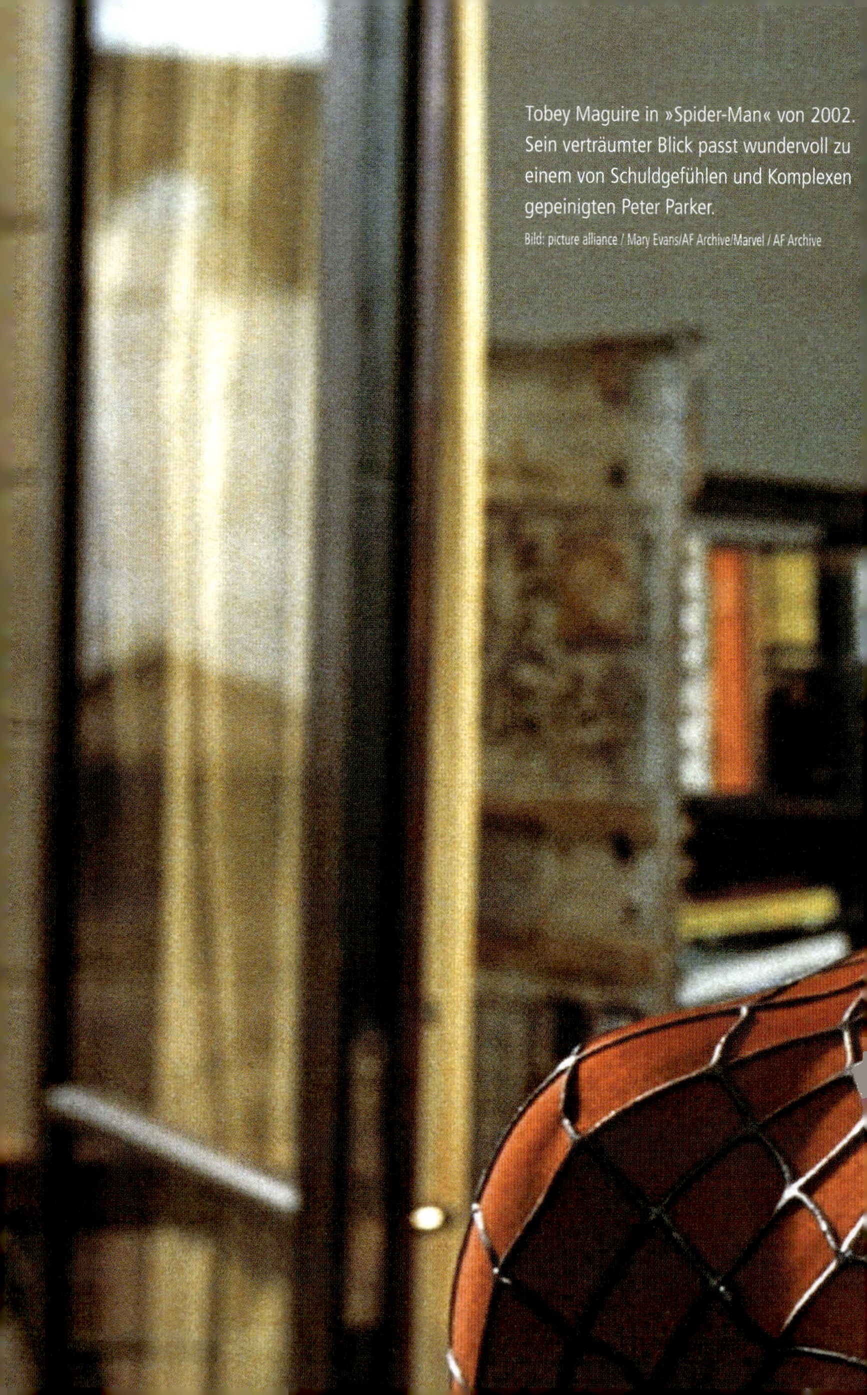

Tobey Maguire in »Spider-Man« von 2002. Sein verträumter Blick passt wundervoll zu einem von Schuldgefühlen und Komplexen gepeinigten Peter Parker.

Bild: picture alliance / Mary Evans/AF Archive/Marvel / AF Archive

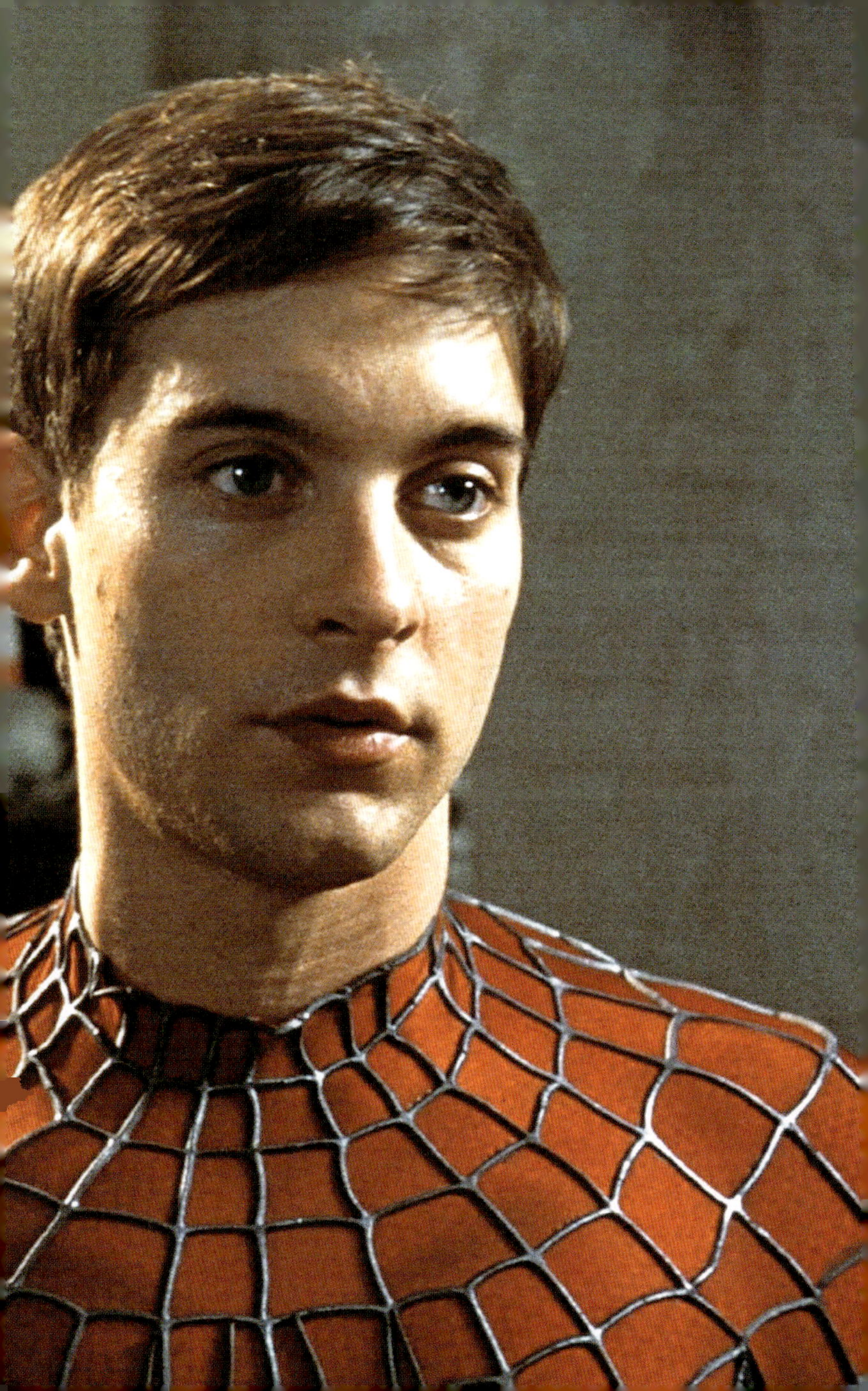

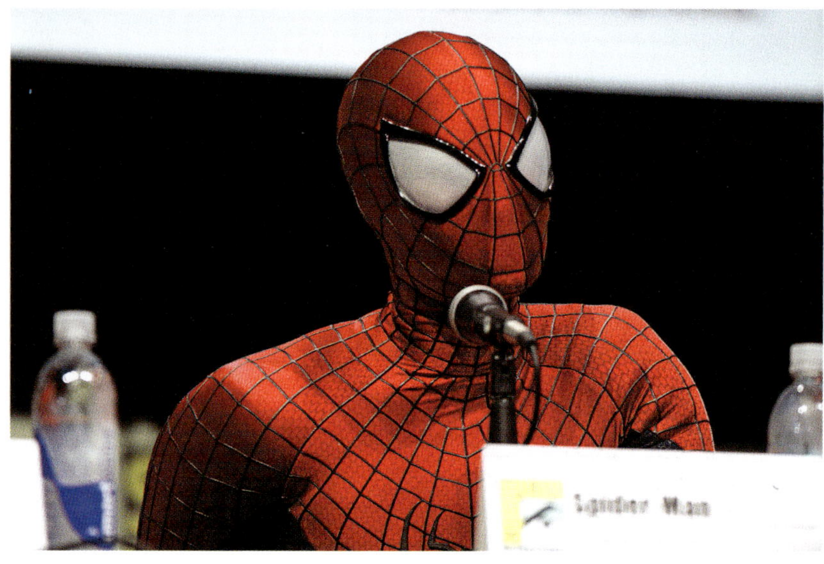

Spider-Man höchstpersönlich beantwortet beim Pressetermin 2013 auf der San Diego Comic Con Fragen zu »The Amazing Spider-Man 2«. Bild: Gage Skidmore

39 Andrew Garfield

»The Amazing Spider-Man«

Eigentlich sollte es ja noch einen »Spider-Man 4« geben, doch dieses Projekt scheiterte aus verschiedenen Gründen, vor allem am Mangel eines guten Drehbuchs. Um aber trotzdem einen weiteren Spider-Man in die Kinos zu bringen, wurde 2010 von Columbia und Marvel beschlossen, eine neue Kinoreihe um den Spinnenmensch aufzulegen, die wieder mit einem Film startet, in dem Peter Parkers Verwandlung zum Superhelden gezeigt wird. Das spielt sich dann alles natürlich etwas anders ab als im Film von 2002.

Der Streifen kam 2012 in die Lichtspielhäuser in aller Welt. Als neuer Hauptdarsteller wurde Andrew Garfield ausgesucht. Er durfte den Helden auch in der Fortsetzung spielen. Spider-Man bekommt es im ersten Teil mit der Echse zu tun, in Teil 2 von 2014 mit dem grünen Kobold und mit Electro, gespielt von Jamie Foxx. Garfield und seine Partnerin Emma Stone wurden während des Drehs ein Paar. Ursprünglich sollten noch zwei weitere Fortsetzungen gedreht werden. Doch dazu ist es nie gekommen.

Spider-Man Tom Holland 40

No Way Home – oder doch?

2016 kam der Film »The First Avenger: Civil War« heraus, in dem auch Spider-Man eine Rolle spielte. Tom Holland verkörperte jetzt den Spinnenmann. Der junge Engländer profitierte sehr von seiner Beweglichkeit als Turner und Tänzer und sein schauspielerisches Talent ist ohne Zweifel. So behielt er die Rolle auch im neuen Spider-Man-Film »Homecoming« von 2017, in »Spider-Man: Far From Home« von 2019 und dessen Fortsetzung »Spider-Man: No Way Home« von 2021.

Dieser Film hat eine Besonderheit, denn in ihm sind gleich drei Spider-Men, denn dem Superhelden und Magier Dr. Strange (siehe Seite 122) gelingt es, die beiden alten Hauptdarsteller Maguire und Garfield aus anderen Universen herzubeschwören. Sie helfen nun dem Holland-Parker und kämpfen mit ihm zusammen im Show-down gegen Electro, die Echse und den Sandman. Es gibt offenbar Planungen für eine weitere Trilogie mit Holland.

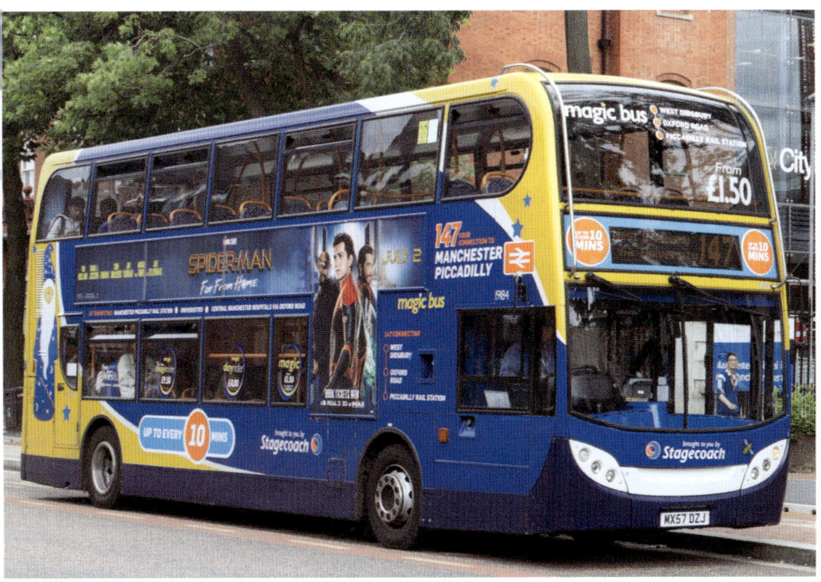

Mit dem Linienbus mit schicker Werbung für den neuen Spider-Man-Film findet man sicher einen Weg nach Hause. Bild: Alex Noble

Willem Dafoe

Der grüne Kobold

41

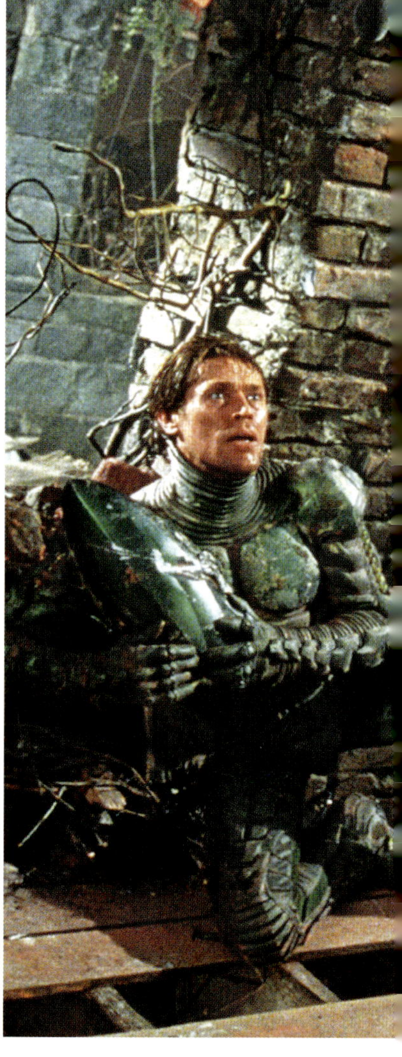

Der ebenso vielseitige wie vielbeschäftigte US-Mime Willem Dafoe, der es mit nicht einmal 70 Jahren bereits zu fast 150 Rollen gebracht hat, spielte im Film von 2002 den vielleicht schlimmsten Gegner, den Spider-Man je hatte, den grünen Kobold oder Green Goblin.

Der schmächtige Mann mit dem breiten Mund war scheinbar auf die Rolle des Bösewichts abonniert. Das war schon 1984 so in dem Actionfilm »Straßen in Flammen«. Doch er spielte auch immer wieder mittlere Figuren oder Gutmenschen wie den Sergeant Elias in Oliver Stones »Platoon« – und sogar Jesus Christus. Davon ist er in seiner Rolle als Norman Osborn alias grüner Kobold weit entfernt.

Der Firmenchef von Oscorp soll ein Mittel erfinden, wie man Soldaten zu Höchstleistungen bringen kann. Dafür hat ihm die Armee viel Forschungsgelder gezahlt. Weil er keine Ergebnisse liefern kann, wird er unter Druck gesetzt. Das zwingt ihn dazu, das Mittel an sich selbst zu testen – mit den verheerenden Auswirkungen, die wir schon aus dem Comic kennen (siehe Seite 76). Osborn wird zum Mörder und verwandelt sich mit einem Kostüm in den grünen Kobold. Er versucht vergeblich, Spider-Man als Verbündeten zu gewinnen. Also will er ihn ausschalten. Im Showdown stellt er ihn vor die Wahl: seine Freundin oder eine mit Kindern besetzte Seilbahnkabine zu

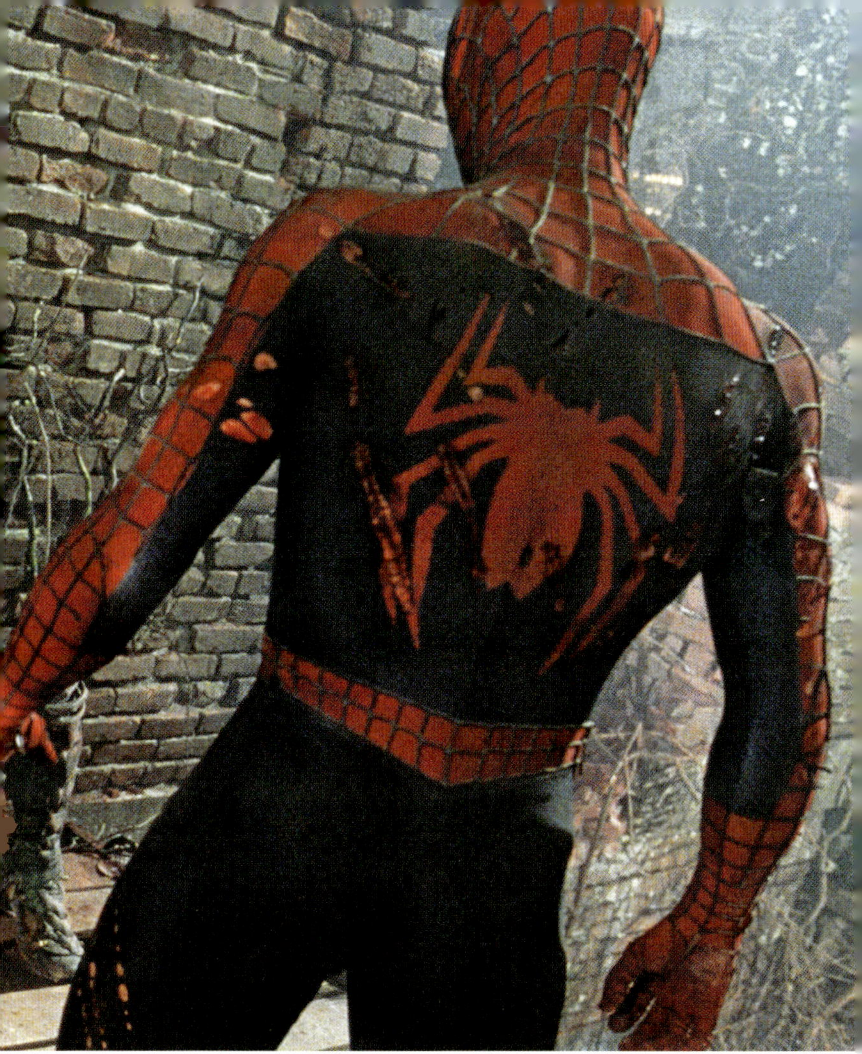

Das war es dann wohl für Willem Dafoe alias Kobold! Dem Superhelden und Spinnenmensch Tobey Maguire ist er letztlich nicht gewachsen. Bild: picture alliance / Mary Evans/AF Archive/Marvel / AF Archive

retten. Spider-Man gelingt beides – und er kann auch die letzte Attacke des Kobolds erfolgreich kontern.

Auch in den beiden Fortsetzungen spielte Willem Dafoe wieder mit – und er gab den grünen Kobold noch einmal in »Spider-Man: No Way Home« von 2021.

Spider-Man animiert

Zeichentrick und Computeranimation

42

Der erste Animationsfilm über Spider-Man kam 1994 heraus. Da ging es gegen den Schurken Venom. In schöner Regelmäßigkeit folgten weitere Filme. In »Spider-Man: A New Universe« von 2018 trat ein neuer Spider-Man auf. Als Peter Parker in den Comics 2011 gestorben war, wurde dort mit Miles Morales, einem schwarzafrikanisch-puertoricanischem Teenager, ein neuer Superheld gleichen Namens installiert. Diese Figur wurde zum Helden des neuen Animationsfilms erkoren. Teil 2 »Spider-Man: Across the Spider-Verse« kam 2023 in die Kinos, 2024 folgte »Spider-Man: Beyond the Spider-Verse«.

Miles Morales wurde 2011 von Texter Brian Michael Bendis und der Zeichnerin Sara Pichelli entwickelt. Er lebt im Alternativuniversum Earth-1610, wo er von einer mutierten Spinne der Firma Oscorp gebissen wurde. Im ersten Teil tötete Kingpin Peter Parker. Weitere Gegner sind der grüne Kobold und Prowler.

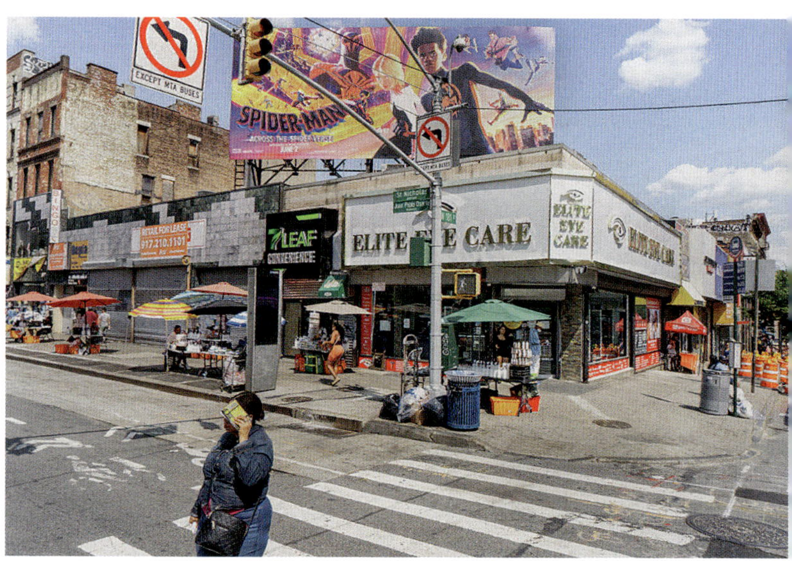

Werbeplakat mit Miles Morales als Latino-Spider-Man, an der Ecke St. Nicholas Avenue und der 181st Street in Manhattan. Bild: Camilo J. Vergara/Library of Congress

Ant-Man and the Wasp

43

Ameise liebt Wespe – und beides Superhelden

Zwei Monate vor Spider-Man trat in der Nummer 27 der Heftreihe »Tales to Astonish« 1962 der Wissenschaftler Dr. Henry Pym auf. Der hatte ein Mittel erfunden, mit dem er seine Größe verändern konnte. Ab September sollte er als ein anderer Insektenmensch auftreten: Ant-Man, den Jack Kirby und Stan Lee erfunden haben. Außerdem beteiligt war Larry Lieber, der auch bei Iron Man und Thor mitwirken sollte. Pym konnte sich in den Giant Man verwandeln. Später waren noch drei andere Figuren auserkoren, das Kostüm von Ant-Man tragen.

Wasp ist Pyms Assistentin Janet van Dyne und spätere Ehefrau, die als Wespe dank Pyms Erfindungsgeist zur Superheldin wird. Beide sind Gründungsmitglieder der Avengers und treten auch in den Filmen dieses Superhelden-Teams auf. 2015 kam »Ant-Man« ins Kino, 2018 folgte »Ant-Man and the Wasp« in die Kinos, 2023 eine weitere Fortsetzung: »Ant-Man and the Wasp: Quantumania«.

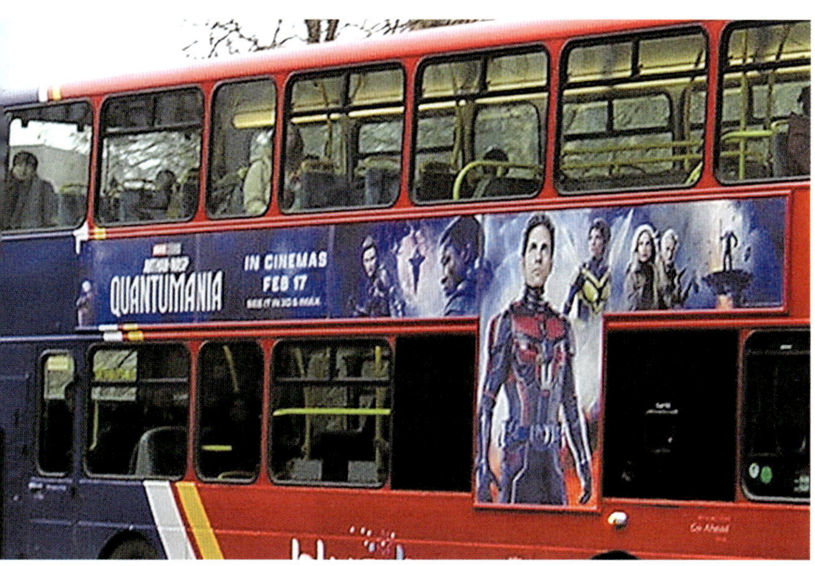

Noch ein Linienbus mit Werbung, diesmal für den neuen Marvel-Film »Ant-Man and the Wasp: Quantumania« von 2023. Bild: Kk70088/CC 4.0

Hulk, der grüne Muskelberg

Eine der prominentesten Marvel-Gestalten

44

Auf Seite 45 wurde bereits erwähnt, wie es geschah, dass Dr. Bruce Banner zu Hulk wurde. 1962 war das große Jahr der neuen Superhelden. In der neuen Serie »The Incredible Hulk« wurde die Geschichte des Wissenschaftlers erzählt, den Stan Lee und Jack Kirby erfunden haben. Inzwischen sind über 800 Hefte herausgekommen, ganz zu schweigen von den Abenteuern, wo Bruce Banner Mitglied in einem Superhelden-Team ist.

Problematischer Charakter

Während Bruce Banner ein hochintelligenter Wissenschaftler ist, erreicht Hulk höchstens die geistigen Fähigkeiten eines kleinen Kindes. Er ist eine wütende Zerstörungsmaschine, nichts kann ihm widerstehen. Hulk demonstriert, wie blinde Wut jede Reflexion verhindert. Das passiert Menschen mit Wutanfällen auch, allerdings ist die Kraft des Hulk natürlich

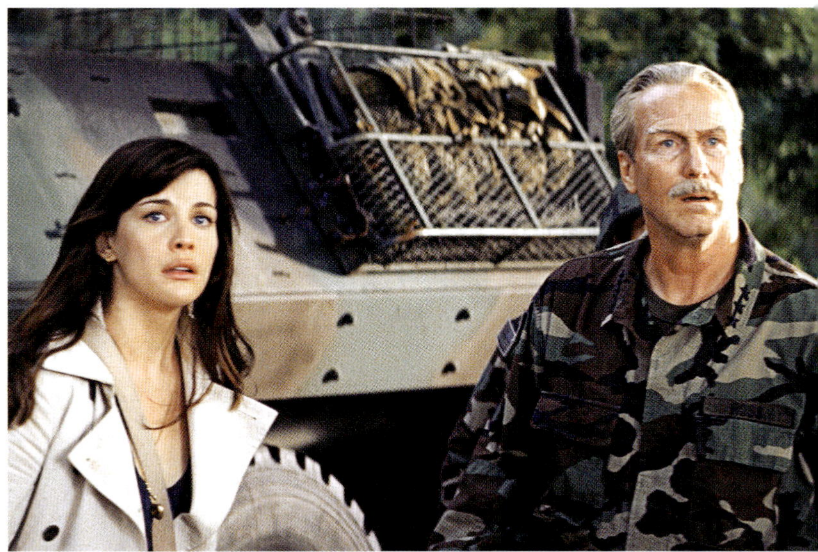

Liv Tyler als Wissenschaftlerin Dr. Betty Ross und William Hurt als ihr Vater General »Thunderbolt« Ross schwanken in ihrem Verhältnis zu Hulk. Bild: picture-alliance / Mary Evans Picture Library

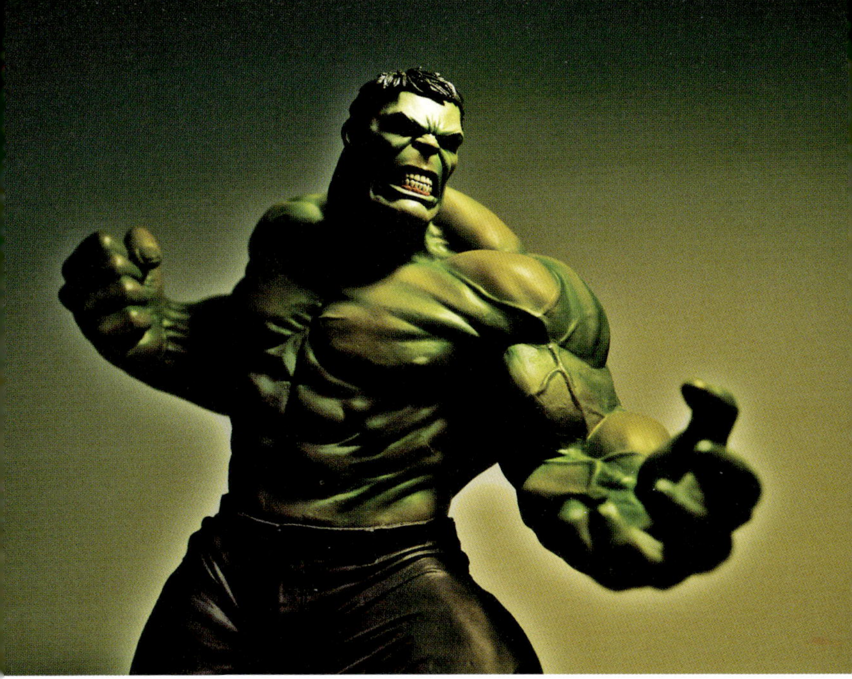

Ein wilder grüner Muskelberg, der irgendwie an King Kong erinnert – der große Hulk ist eine der beliebtesten Figuren aus dem Marvel-Universum. Bild: Sammlung Michael Dörflinger

potenziert. Ähnlich wie King Kong entwickelt Hulk Zuneigung zu Personen, die seine Hilfe brauchen. Stetiges Problem von Hulk ist, dass sich das Militär seiner bedienen will und Jagd auf ihn macht. Wichtigster soldatischer Gegenspieler ist dabei der General Thaddeus E. Ross mit dem Spitznamen »Thunderbolt«. In dessen Tochter Betty ist Bruce Banner unsterblich verliebt und sie spürt eine starke Sympathie. Deshalb will sie ihren Vater von der grausamen Jagd abhalten.

Wie es so in jahrelanger Existenz als Comic-Held ist, erlebt er allerlei Veränderungen. Mal hat er eine andere Farbe als grün, mal ist er etwas böser, dann wieder gutherziger. Mit solchen Varianten werden den Erzählern neue Geschichten ermöglicht. Doch auch seine Beteiligung in Superhelden-Teams gehört zur Geschichte des Hulk. Ursprünglich war nach sechs Heften Schluss, weil man aber aus Leserzuschriften merkte, dass diese Gestalt beim Publikum sehr gut ankam, wurde er gleich noch bei den Fantastischen Vier eingesetzt. Etwas später gründete er die Avengers mit. Erst 1968 erhielt der grüne Muskelberg wieder seine eigene Heftserie »The Incredible Hulk«. Das sollte bis heute so bleiben.

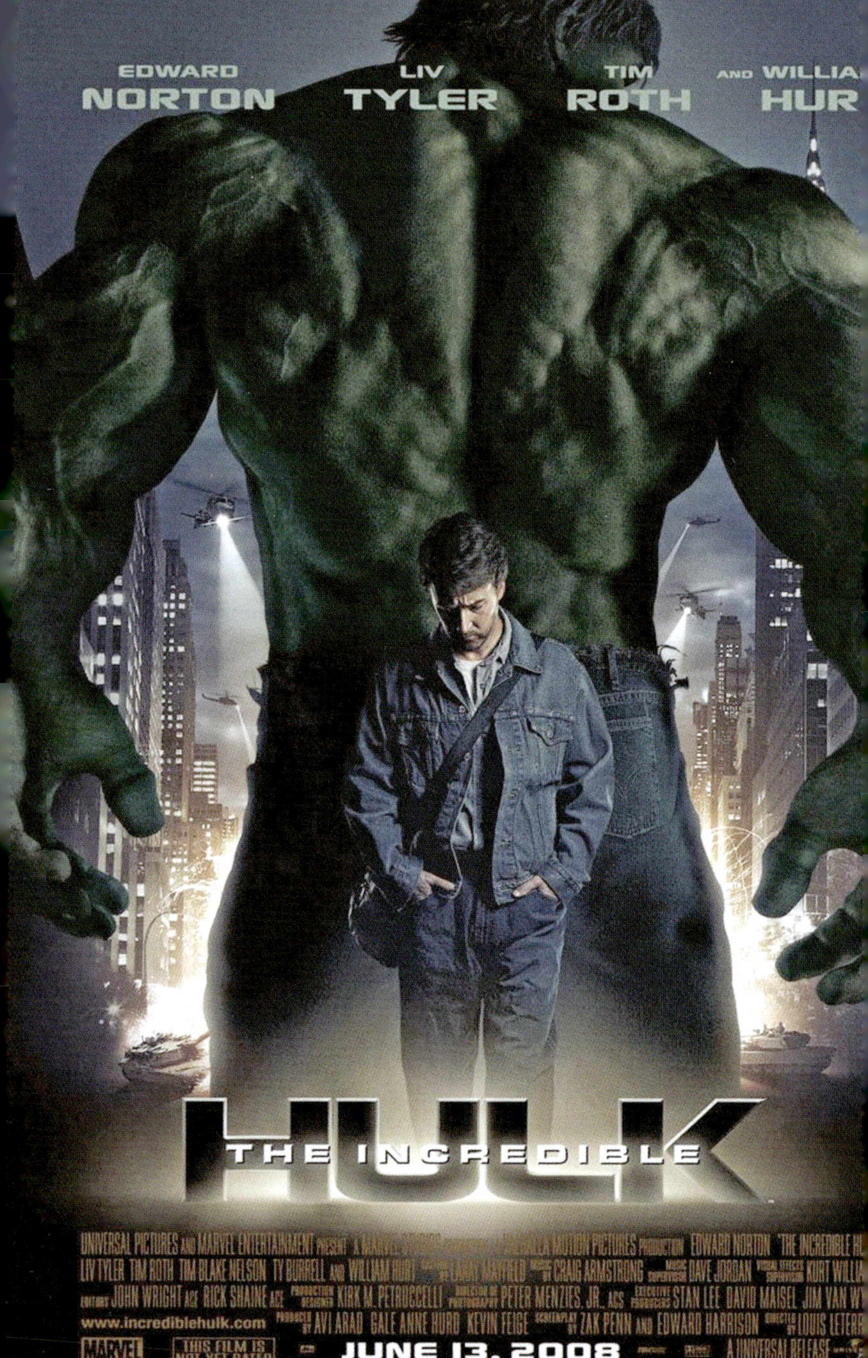
EDWARD NORTON
LIV TYLER
TIM ROTH
THE INCREDIBLE HULK
UNIVERSAL PICTURES AND MARVEL ENTERTAINMENT PRESENT
EDWARD NORTON
LIV TYLER TIM ROTH TIM BLAKE NELSON TY BURRELL AND
CRAIG ARMSTRONG
DAVE JORDAN
JOHN WRIGHT A.C.E. RICK SHAINE A.C.E.
KIRK M. PETRUCCELLI
PETER MENZIES, JR., A.C.S.
STAN LEE DAVID MAISEL
www.incrediblehulk.com
AVI ARAD GALE ANNE HURD KEVIN FEIGE
ZAK PENN AND EDWARD HARRISON
MARVEL
THIS FILM IS NOT YET RATED
JUNE 13, 2008
A UNIVERSAL RELEASE

1980 wurde She-Hulk geboren, eine Cousine von Dr. Banner, der er Blut spendete, worauf sie ihre zweite Identität entwickelte. Dann entstand in den 2000er-Jahren noch die Red She-Hulk, eine zweite Identität von Betty Ross. Die hatte nach einer Entführung durch den Schurken M.O.D.O.K. (Mechanized Organism designed only for killing) eine Bösewichtidentität als Harpy entwickelt, die zum Kampf gegen den Hulk ausgesandt wurde.

Hulk in bewegten Bildern

Diese Marvel-Figur war bereits 1966 in der Zeichentrickserie »Marvel Super Heroes« auf US-amerikanischen Bildschirmen zu sehen. Von der Serie mit Bill Bixby ist im folgenden Kapitel die Rede. 1996 sollte eine weitere Animationsserie folgen.

Im Kino trat Banner/Hulk erstmals 2003 auf. Der Film »Hulk« erzählt eine etwas andere Biografie von Bruce Banner, der von Eric Bana gespielt wird. Der Hulk ist eine Computeranimation. Er stammt von der Firma Industrial Light & Magic von George Lucas, die er für Special Effects der »Star Wars«-Filme gegründet hatte. Banners Gegenspieler ist hier sein eigener Vater. Der taiwanesische Regisseur Ang Lee hat sich bei seiner Arbeit typischer Comicelemente bedient. Ein witziges Aperçu für Kenner war der Auftritt des Serien-Hulk Lou Ferrigno (siehe folgendes Kapitel) und von Stan Lee als Wachmänner. Der Film war kein größerer Erfolg.

Das sollte 2008 nicht anders sein. Auch die Starbesetzung mit Edward Norton als Bruce Banner, Liv Tyler als Betty, William Hurt als ihr Vater und Tim Roth als Gegenspieler konnte da nicht helfen. So sollte der Streifen der bislang letzte mit Hulk als Titelheld bleiben.

Sehr viel besser wurde der grüne Riese als Mitglied der Avengers angenommen, wo andere Superhelden in den Vordergrund treten. Bislang wurden vier Kinofilme gedreht. Ein Gastspiel gab Hulk auch in dem Film »Thor: Tag der Entscheidung« (»Thor: Ragnarok«), wo er sich in einer Art nordischen Götterwelt wiederfindet.

Hulk ist eine der beliebtesten Figuren von Marvel als Vorbild für Spielfiguren, andere Spielsachen, Computerspiele, Faschingskostüme und verschiedenste Merchandising-Produkte. In der Gesellschaft ist er als jemand, der seiner Wut über die Gegenwart freien Lauf lässt und alles niederreißt, was ihn stört, eine Art Wunschbild, ein Revolutionär, der sich gegen das Unrecht stellt. Der unglaubliche Hulk ist nicht nur in Amerika zu einem Mythos geworden.

»Der unglaubliche Hulk« wurde 2008 mit prominenten Hollywoodstars verfilmt. Hauptdarsteller Edward Norton hatte sich auch am Drehbuch beteiligt. Bild: Picture-alliance / Mary Evans Picture Library

Hulk-Serie mit Bill Bixby

Das zerrissene Hemd

45

Er war den Fernsehzuschauern in aller Welt als Neffe in »Mein Onkel vom Mars«, als Vater in »Eddies Vater« oder als »Magier« ein Liebling der Fernsehzuschauer: Serienheld Bill Bixby. In dem Pilotfilm und der gleichnamigen Serie »Der unglaubliche Hulk« spielte er Dr. David (nicht Bruce wie im Comic) Banner, der

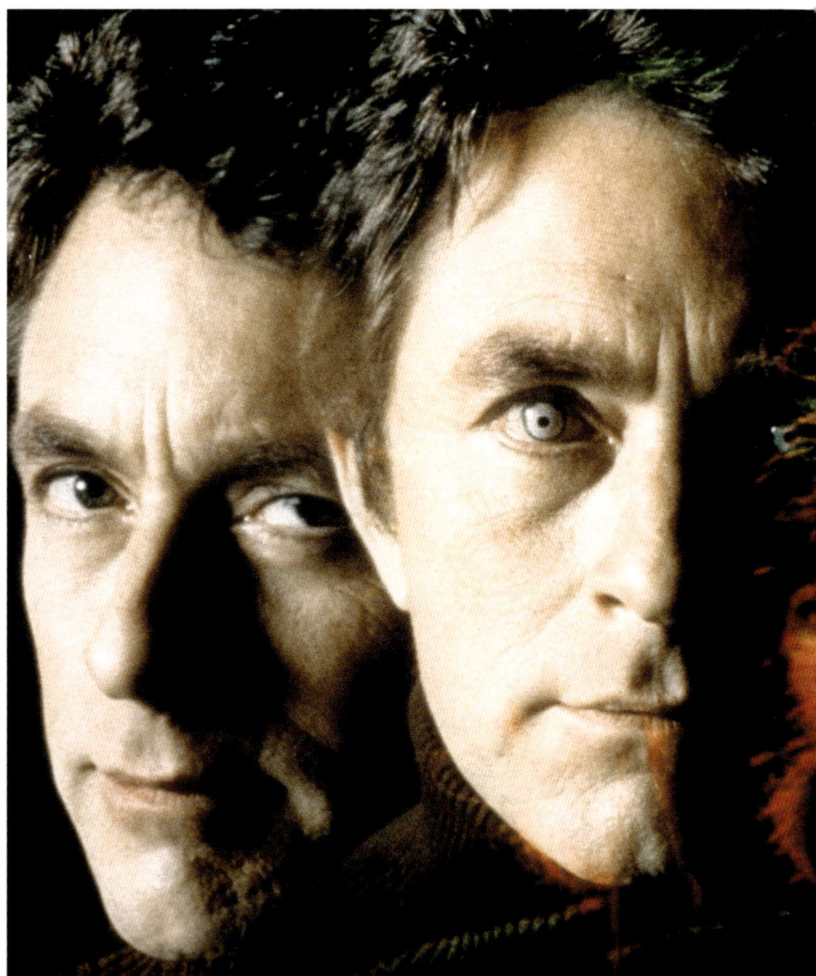

nach einem missglückten Experiment bei Wut zum Hulk, gespielt von Lou Ferrigno, wird. In jeder Folge gibt es tatsächlich Menschen, die ihn dazu bringen. Ein Highlight ist immer, wenn er wächst und seine Muskeln kriegt, wodurch seine Kleidung zu eng wird und zerreißt. Nach 82 Folgen war Schluss. Das Duo drehte noch drei Fernsehfilme. In »Der unheimliche Hulk vor Gericht« von 1989 hatte Stan Lee seine erste Minirolle als Mitglied der Jury. Viele weitere sollten folgen ...

Bill Bixby als David Banner und Lou Ferrigno in der Verkleidung des Hulk sind die Hauptdarsteller der TV-Serie und der anschließenden Filme. Bild: picture alliance / Universal Tv/AF Archive/Mary Evans / AF Archive

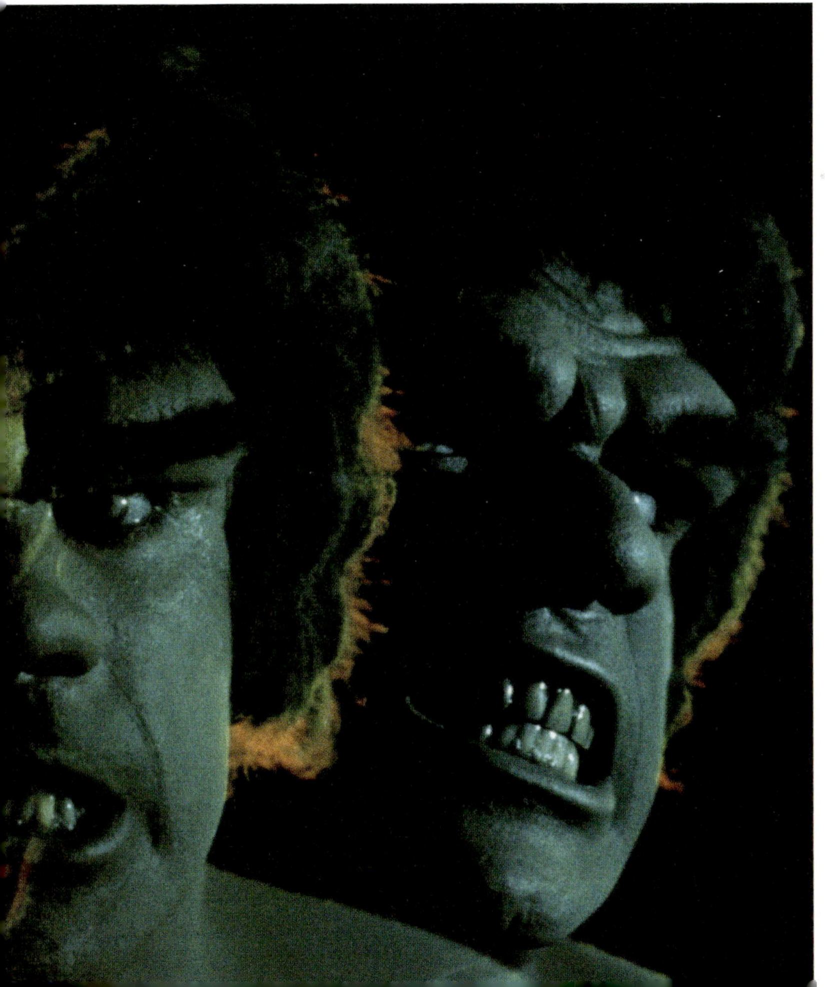

Der mächtige Thor

Ein nordischer Superheld

46

Im August 1962 tauchte in Nr. 83 der Heftreihe »Journey into Mystery« zum ersten Mal der wieder von Larry Lieber, Jack Kirby und Stan Lee erschaffene Thor auf. Diese Gestalt war nicht wie die anderen Superhelden frei erfunden. Sie fußt auf dem Donnergott der nordischen Sage – wir kennen ihn in der alten germanischen Sage als Donar, nach dem der Donnerstag benannt ist. Kirby, der alte Mythen liebte, zog als Quelle den Band »Mythology« des Amerikaners Thomas Bulfinch heran, der eine ähnliche Rolle in der Vermittlung antiker und germanischer Sagen spielte wie Gustav Schwab im deutschsprachigen Raum. Thor ist bei Lee und Kirby wie in der Sage der Sohn des obersten Gottes Odin, der ihn zur Strafe in die Welt der Marvel-Comics verbannt hatte.

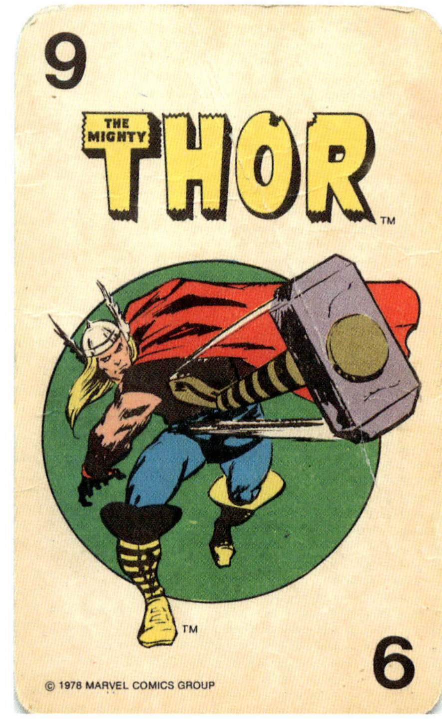

Marvels Thor auf einer Spielkarte aus dem Jahr 1978. Bild: Mark Anderson/ CC-BY 2.0

Auf der Erde schlüpfte er in die Rolle des humpelnden Chirurgen Dr. Don Blake, der einen Gehstock benötigt. Thor hat jede Erinnerung an seine eigentliche Identität verloren. Erst später gelingt es ihm, in der Gehhilfe seinen Hammer Mjölnir zu erkennen und ein Leben als Superheld zu beginnen. In der langen Geschichte seiner Comic-Existenz musste Thor in verschiedene menschliche Körper schlüpfen.

Thor tritt seit 1962 mit kurzen Unterbrechungen bis heute in Comic-Heften auf. In Deutschland sind bei Williams in den 1970er-Jahren einige Hefte in der Reihe »Der mächtige Thor« erschienen. Heute bekommt man – wie von anderen Superhelden auch – viele

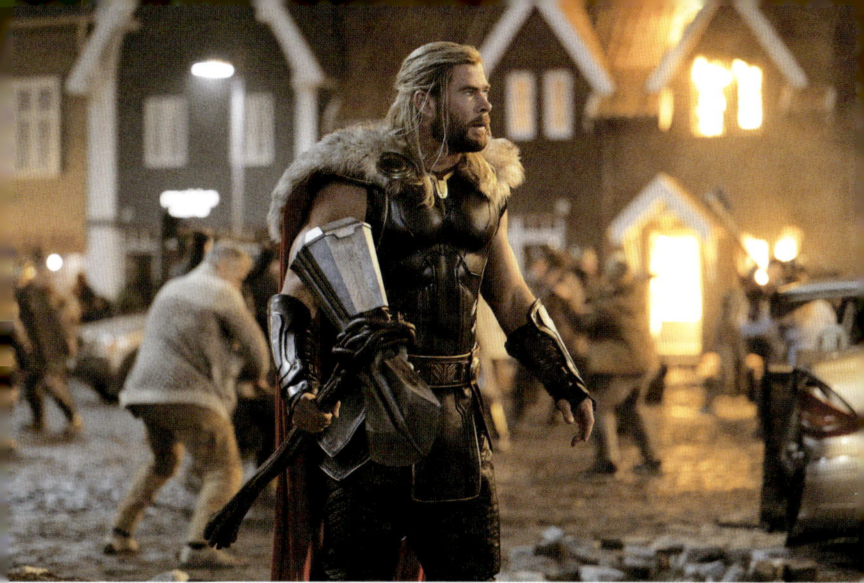

Chris Hemsworth in einer Szene aus dem Film »Thor: Love and Thunder« aus dem Jahr 2022. Seit 2011 spielte er diese Rolle bereits elf Mal. Bild: picture alliance / ASSOCIATED PRESS / Jasin Boland

Ausgaben oder Sammelbände bei Panini, dem jedem, der mal ein Kind war, bekannten Verlag für Sammelbilder aller Art, der als Marvel-Tochter die Vertriebsrechte für Marvel in mehreren Ländern besitzt.

Die Frauenrolle in den Thor-Heften

Im nächsten Heft (Nr. 84) tauchte erstmals Jane Foster auf, die am Krankenhaus als Krankenschwester und Assistentin von Dr. Blake arbeitete. In den ersten beiden Heften war ihr Nachname noch Nelson. Wie die Ehefrau von Dr. Brinkmann absolvierte auch Jane ein Medizinstudium. Sie musste später eine Krebserkrankung überstehen, wurde aber auch zur Superheldin (siehe Seite 100).

Der fast zwei Meter große Thor wurde eines der wichtigsten Mitglieder des Superhelden-Teams Avengers. Neben seinem Wunderhammer Mjölnir, mit dem er sogar fliegen kann, indem er ihn wegwirft und sich an ihm festhält, besitzt er eine übermenschliche Körperkraft. Ein magischer Gürtel kann diese Kräfte sogar noch verdoppeln. Als Gott ist er fast unsterblich. Er kann sogar das Wetter manipulieren und Blitze lenken. Aus seiner Existenz als Dr. Blake hat er profunde medizinische Kenntnisse. In späteren Geschichten ist Thor als Nachfolger seines Vaters zum Herrscher von Asgard geworden, kann dabei aber nicht immer überzeugen.

Thors Bruder Loki

Eine zwielichtige Gestalt

47

Als Loki, der jüngere Adoptivbruder von Thor, im Oktober 1962 (in »Journey into Mystery« Nr. 85) zum ersten Mal auftauchte, war er prädestiniert dafür, ein Dauergegner für den Odinssohn zu werden. Er ist eine alte Figur. Stan Lee hatte ihn bereits 1949 als Gegner der Venus in einem Timely-Comic eingesetzt. Zeichner war unter anderem Bill Everett gewesen, der auch Namor und Daredevil für Timely mitentwickelt hat.

Der intrigante Feind

Der neue Loki stammt wie Thor von Stan Lee, Larry Lieber und Jack Kirby. Er gehört zu der Species der Frostriesen, allerdings als sehr kleines Exemplar. Loki hat sich aus Eifersucht gegen Thor gewandt, um selbst einmal Herrscher über Odins Reich Asgard zu werden. Wie der Gott der nordischen Sage ist auch Marvels Loki ein verschlagener, intriganter Kerl, der am liebsten als graue Eminenz im Hintergrund steht und die Fäden zieht. Doch ist Loki auch mit einem hellen Kopf gesegnet, ist superstark, ausdauernd und verfügt über Möglichkeiten der Telekinese, kann seine Gestalt verändern und er beherrscht die Magie.

Jahrelang kämpfte er gegen Thor. 2004 war er gestorben und als Frau wiedergeboren. Später kämpfte er auch für die Seite des Guten.

Loki auf Mattscheibe und Leinwand

Loki ist auch im Film zu sehen. In den »Thor«-Streifen und zwei »Avenger«-Filmen. 2021 bekam er seine eigene Serie. »Loki« wurde für Disney+ produziert. Hauptdarsteller war – wie in den Kinofilmen – der Engländer Tom Hiddleston. Da Loki in »Avengers: Infinity War« stirbt, wird er in der Serie in eine Parallelwelt geschickt.

Bereits 1966 war Loki in der Zeichentrickserie »The Marvel Super Heroes« zu sehen. 2021 trat Loki in der Animationsserie »What if …?« in Disney+ auf. Loki war auch in Computerspielen präsent, war schon bei den Simpsons zu Gast und gehört auch zum Personal von LEGO© Marvel – als Spielfigur und im Film der dänischen Bausteineherren.

Tom Hiddleston spielte in mehreren Kinofilmen und Serien die Figur des Loki. Diese Szene stammt aus dem Film: »Marvel's The Avengers«. Bild: picture alliance / Mary Evans/AF Archive/Marvel Stu / AF Archive

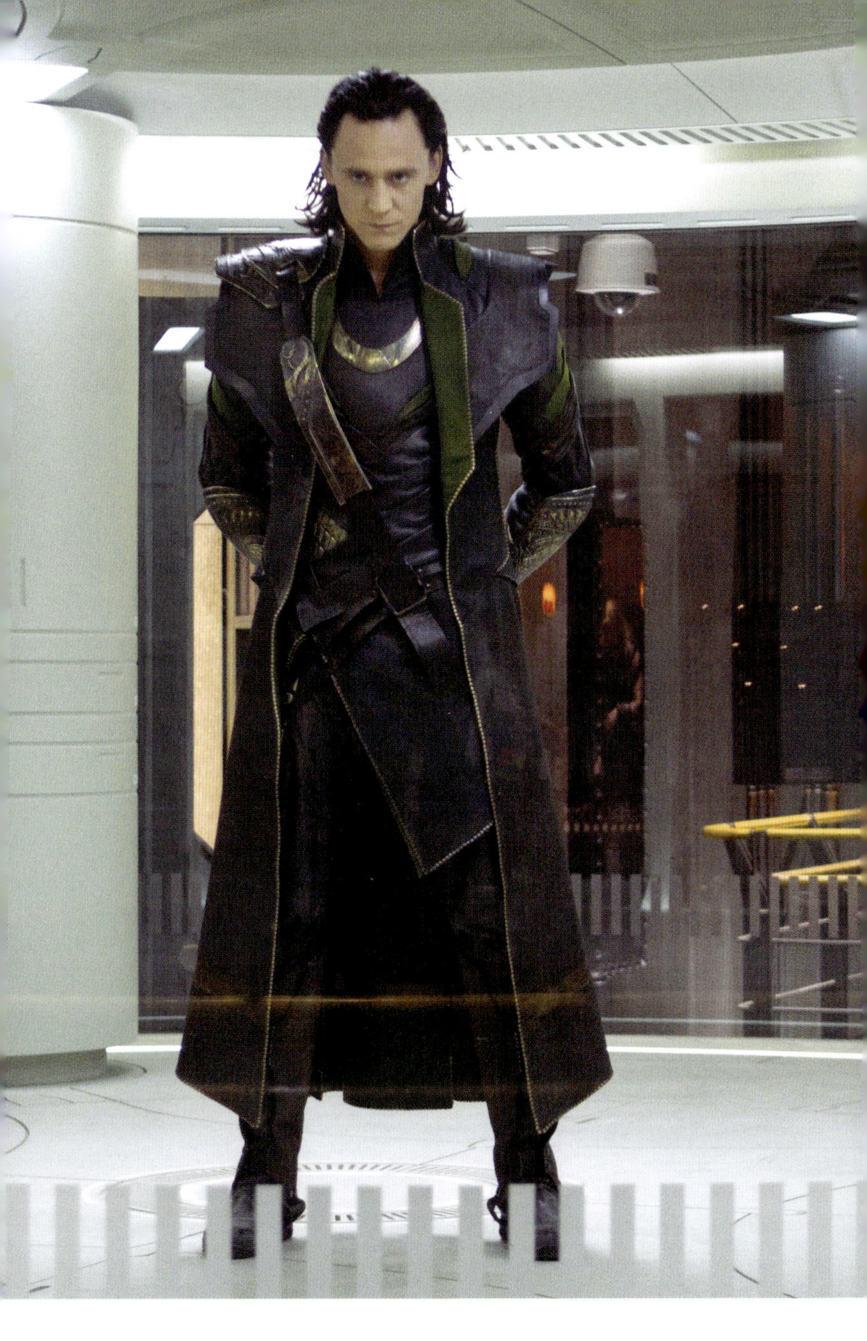

Jane Foster und Thor

48

Chris Hemsworth spielt mit Nathalie Portman

2011 kam »Thor« ins Kino. Produzent Kevin Feige konnte als Regisseur die Legende Kenneth Branagh gewinnen, der sonst eher mit Shakespeare in Verbindung gebracht wurde. Auch die Darstellerliste war gespickt mit Stars: Natalie Portman als Jane Foster, Anthony Hopkins als Odin, Idris Elba als Heimdall, Rene Russo als Frigga, Samuel L. Jackson als Nick Fury. Für die Rolle des Titelhelden wurde der damals noch unbekannte Australier Chris Hemsworth verpflichtet. Aufmerksame Kinogänger kannten ihn vielleicht aus »Star Trek« von 2009, wo er in einer Nebenrolle den Vater von Captain Kirk spielte. Der »Sexiest Man alive« von 2014 gibt seitdem im Marvel Cinematic Universe den Thor sowohl in seinen Einzelfilmen, als auch bei den »Avengers« oder bei »Doctor Strange«. Für den vierten Teil von »Men in Black« aus dem Marvel-Dunstkreis verkörperte er den Agent H.

Jane Foster wird Superheldin

Die weibliche Hauptfigur der »Thor«-Filmreihe (außer dem dritten Teil) heißt Jane Foster. Sie wurde von der faszinierenden Natalie Portman gespielt, die im Jahr des »Thor« den Oscar für ihre Rolle im Ballettdrama »Black Swann« erhalten hat. Sie ist im Film jedoch keine Ärztin und ehemalige Mit-

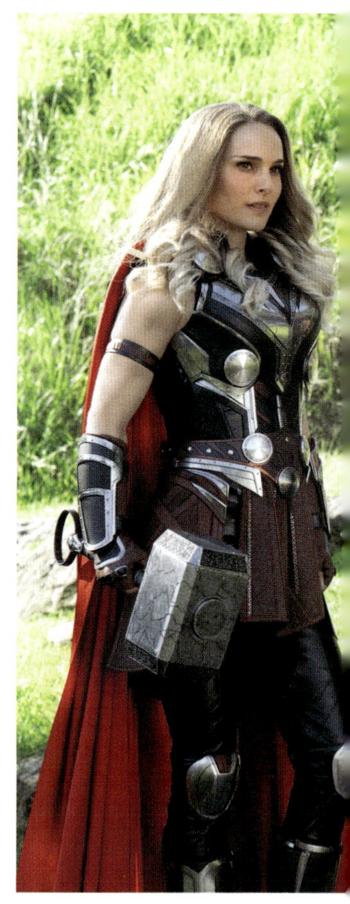

Natalie Portman als Mighty Thor und Chris Hemsworth als Thor in einer Szene aus »Thor: Love and Thunder«. Bild: picture alliance / ASSOCIATED PRESS / Jasin Boland arbeiterin von Dr. Don Blake, denn diese Zweitexistenz gibt es in den Filmen nicht. Folglich wurde Jane eine Physikerin, die Wetterphänomene erforscht. Wie passend, wo Thor solche selbst hervorrufen kann. Die beiden begegnen sich, als Thor – von Vater Odin verbannt – auf der Erde landet. Im vierten Teil »Thor: Love and Thunder« von 2022 wird die krebskranke Jane geheilt und wird zur »Mighty Thor« auserwählt. Sie kann als Superheldin Thor aus Lebensgefahr retten, muss aber schließlich doch sterben.

Die Filme waren beim Publikum recht beliebt. »Thor: Tag der Entscheidung« von 2017 schaffte es unter die finanziell erfolgreichsten 100 Kinofilme aller Zeiten.

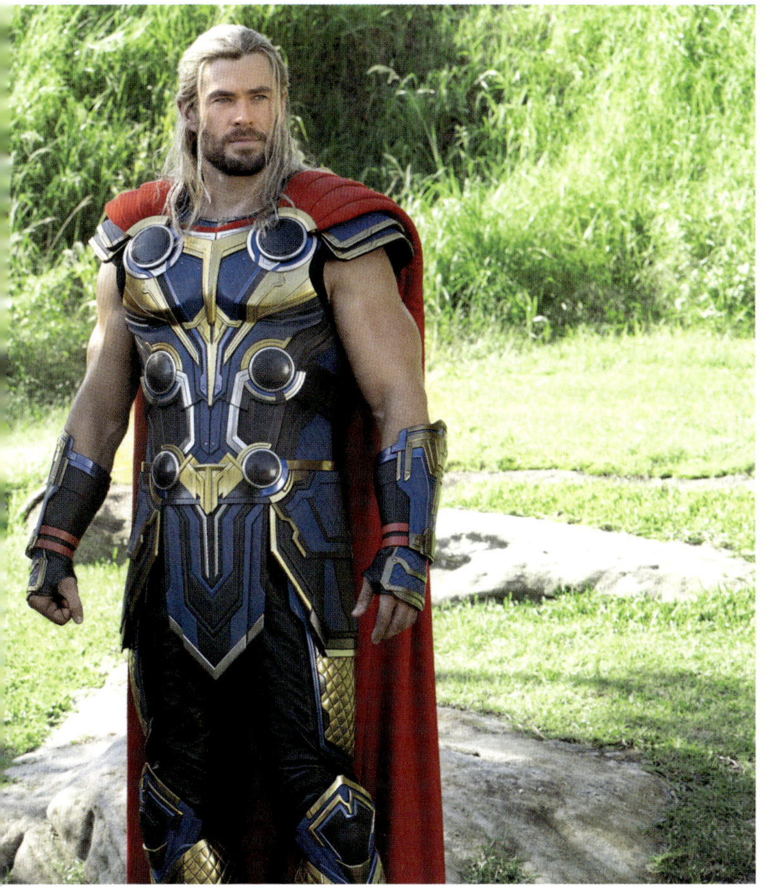

Iron Man Tony Stark

Das Wunder der Technik

49

Nach all den vielen neuen Stars im Jahr 1962 sollte im Dezember schließlich ein weiterer Superheld das Marvel-Universum bevölkern. Das Heft hatte allerdings den Datumsaufdruck März 1963, weshalb Iron Mans Geburtstag oft nach hinten verlegt wurde. Gut, dass es ihn gibt, denn wer hätte sonst solche Superschurken wie den Mandarin, Doctor Doom, M.O.D.O.K., die Advanced Idea Mechanics (AIM), Gargantus oder den Ghost aus dem Verkehr gezogen? Iron Man trat erstmals in Nr. 39 der »Tales of Suspense« auf.

In Vietnam geboren

»Der Eiserne«, wie er in deutschen Comics getauft wurde, ist die Superheldenidentität des Milliardärs und Besitzers des innovativen Technik-Konzerns Stark Industries, Tony Stark. Wieder trat das Trio Lieber – Lee – Kirby als Entwickler der Figur auf, neu im Boot war Don Heck, der Mitschöpfer der Avengers, der Black Widow und von Hawkeye. Als optische Vorbilder sollen Howard Hughes und Erroll Flynn gedient haben.

Tony Stark wurde im Vietnamkrieg schwer verletzt gefangen genommen. Doch statt für die Vietcong zu arbeiten, erschuf er eine Rüstung, mit der ihm – wie Ikaros – die Flucht aus der Gefangenschaft gelang. Fortan kamen seine Feinde meist aus dem Lager des Gegners im Kalten Krieg. Die anfangs graue Rüstung wurde später rot-gold gefärbt. Einer dieser Gegner – und seit 1964 Dauergast als Bösewicht – war der Mandarin. Stan Lee baute ihn als eine Art Fu-Manchu auf, er soll ein Nachfahre von Dschingis-Khan sein. Den Mandarin leitete die fixe Idee, die Welt zu erobern.

Die Rüstung Iron Mans ist eine Art Exoskelett. Tony Stark hat sie im Lauf der Jahre immer weiter verbessert. Kernstück ist ein Kraftfeld, das ihn umgibt und vor Angriffen schützt. Seine Körperkraft wird durch die Rüstung bedeutend erhöht. Iron Man kann Plasmastrahlen verschießen und sogar fliegen. Der geniale Erfinder Stark passt die Rüstung immer wieder an beabsichtigte Einsätze an, sodass es inzwischen über 60 Varianten gibt.

Im Februar 1973 erschien in den USA dieses Heft. Drax, der Zerstörer (The Destroyer) alias Arthur Douglas steht dem bedrängten Iron Man bei. In den Marvel-Filmen, gespielt von Dave Bautista, wurde er Mitglied der Guardians of the Galaxy (siehe Kapitel 67) und wirkte in »Avengers«- und »Thor«-Filmen mit. Bild: CG76/CC 2.0

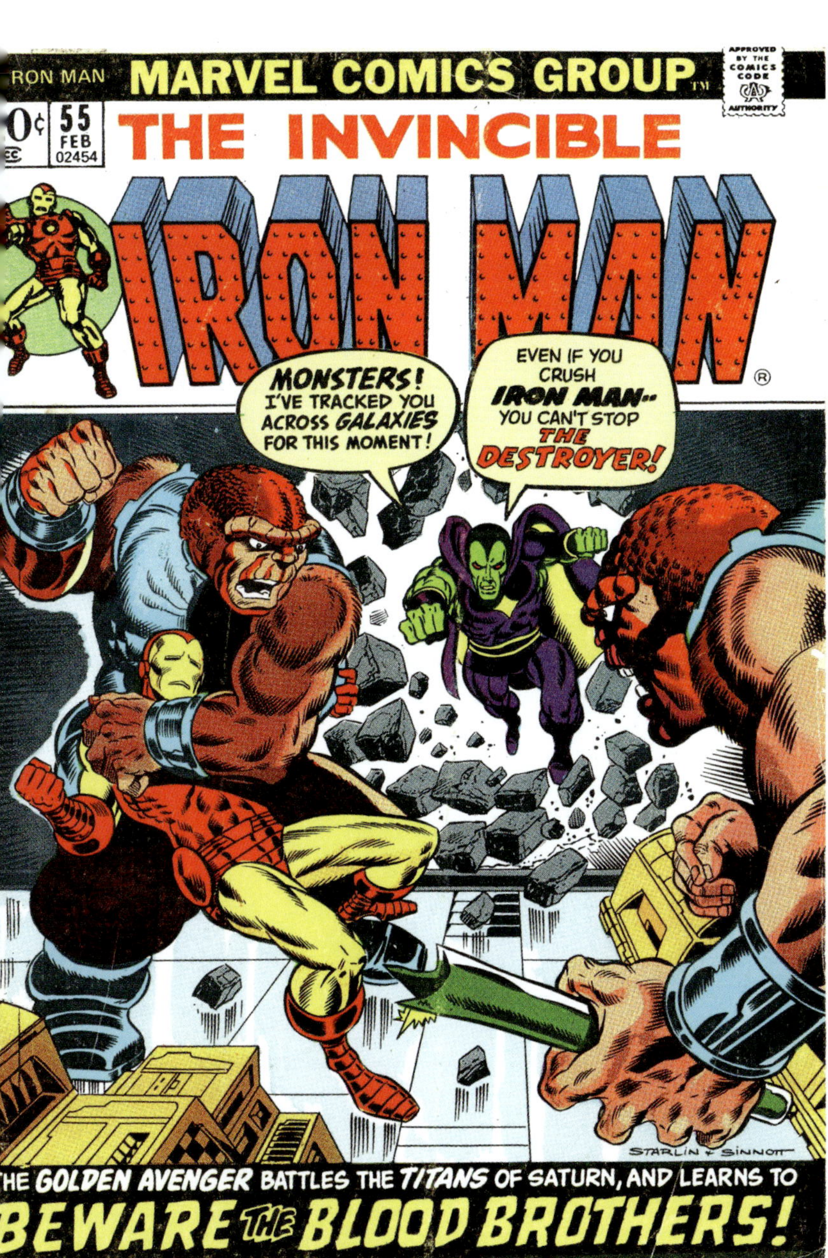

APPROVED BY THE COMICS CODE AUTHORITY
IRON MAN
MARVEL COMICS GROUP
55 FEB 02454
THE INVINCIBLE
IRON MAN
MONSTERS! I'VE TRACKED YOU ACROSS GALAXIES FOR THIS MOMENT!
EVEN IF YOU CRUSH IRON MAN-- YOU CAN'T STOP THE DESTROYER!
STARLIN + SINNOTT
THE GOLDEN AVENGER BATTLES THE TITANS OF SATURN, AND LEARNS TO
BEWARE THE BLOOD BROTHERS!

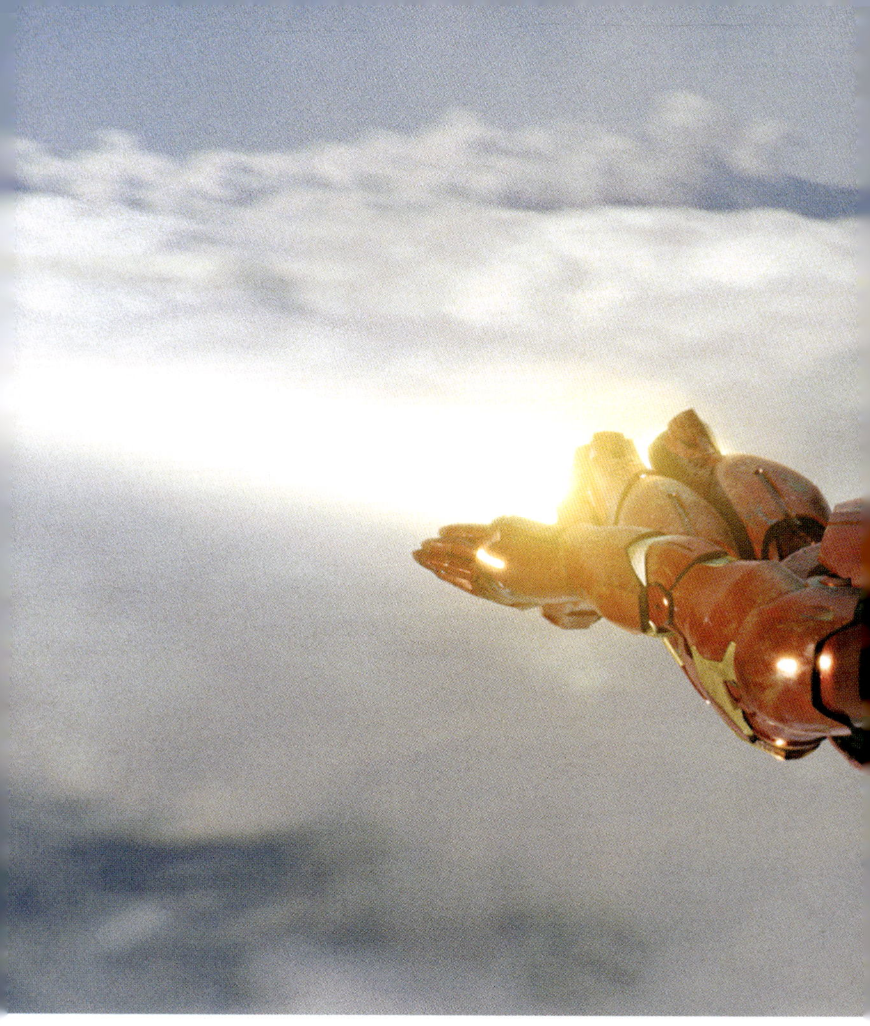

Iron Man erhielt erst 1968 eine nach ihm benannte Heftreihe. Seitdem sind über 650 Ausgaben erschienen. Hinzu kommen seine unzähligen Auftritte mit den Avengers seit 1963 (siehe Kapitel 51). Außerdem wurden viele Einzelhefte und Kurzserien veröffentlicht, in denen Iron Man immer mal wieder mit anderen Superhelden zusammenarbeitet. Besonders seit dem Kinofilm »Iron Man« wurde hier von Marvel Gas gegeben.

Iron Man trat wie viele andere Marvel-Figuren erstmals bei den »Marvel Super Heroes« in einer Comicserie auf. Es folgten viele andere, zum Beispiel

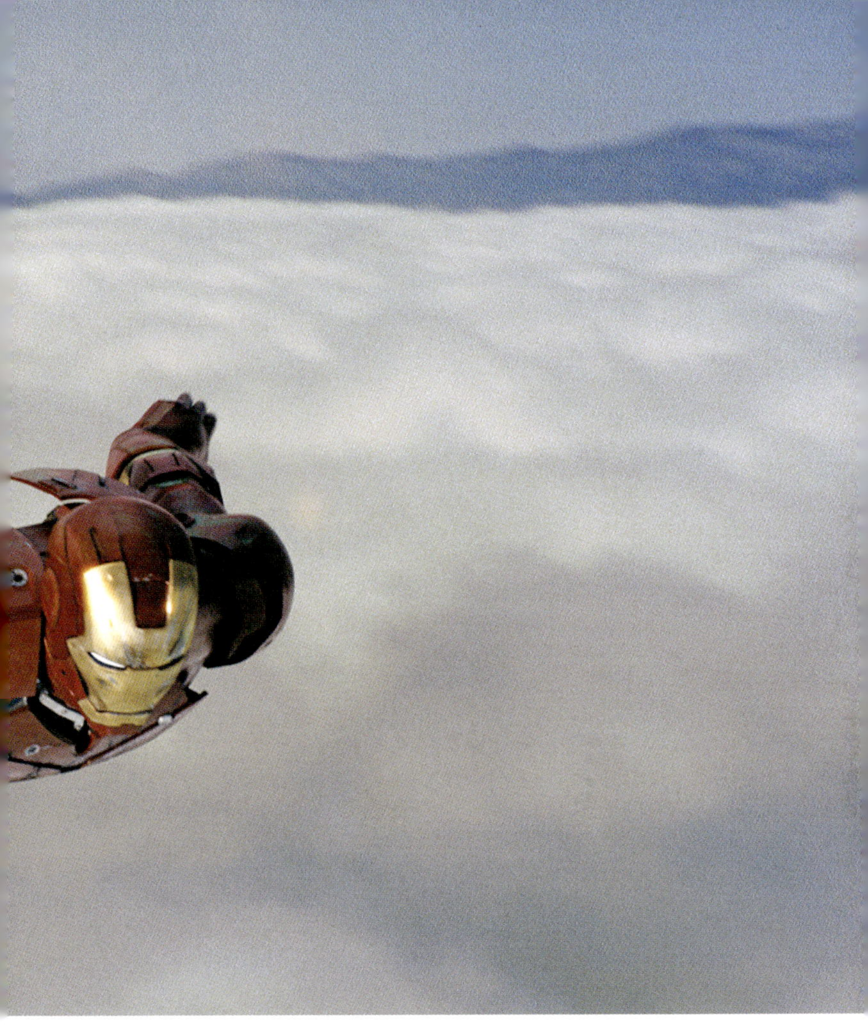

Tony Stark in seiner hochtechnisierten Rüstung kann als Iron Man natürlich auch fliegen. Die Szene stammt aus dem ersten Kinofilm von 2008. Bild: picture-alliance / Mary Evans Picture Library

1994–1996 die Zeichentrickserie »Der unbesiegbare Iron Man«, die 1996 in Deutschland von RTL gezeigt wurde. Animationsfilme wurden in den 2000ern produziert, auch solche von den Avengers, seinem Superhelden-Team. Iron Man taucht ebenfalls in Videospielen als Charakter auf.

Robert Downey Jr.

Mit Iron Man zum Megastar

50

Es hätte um die Jahrtausendwende wohl kaum jemand einen Pfennig darauf gesetzt, dass Robert Downey Jr. jemals wieder eine Hauptrolle spielen würde. Drogen und daraus resultierende Straftaten hatten sein Leben beinahe zerstört. Doch mit eiserner Härte gelingt ihm schließlich doch der Entzug und er ist in Hollywood wieder angekommen. Mit seinen Hauptrollen in »Iron Man« und ein Jahr später »Sherlock Holmes« gelingt ihm ein erstaunliches Comeback vom Junkie zum begehrtesten Schauspieler der Welt.

Wilde Jahre

Robert Downey Sr. war ein Regisseur, der sich in seiner Freizeit gern mit Drogen zudröhnte. Sein Sohn Robert durfte schon als Kind in dessen Filmen mitwirken, später nahm er an den verpulverten Freizeiten des Vaters teil. Der Junior nahm in New York Schauspielunterricht und trat in der berühmten Talentschmiede, der Fernsehshow »Saturday Night Live« auf, die durch Dan Aykroyd, John Belushi und Bill Murray berühmt geworden ist. Es folgen einige Filme, in denen er in Haupt- und Nebenrollen auftrat. Herauszuheben ist seine Titelrolle als Charlie Chaplin, wo er mit internationalen Superstars zusammenspielte. Doch die Sucht nach Drogen wurde immer stärker. Es dauerte lange, bis er sie in den Griff kriegte.

Aufstieg zum Weltstar

Mit dem Film »Iron Man« begann 2008 die erfolgreiche Reihe der Filme aus dem Marvel Cinematic Universe. Robert Downey Jr. verkörperte den Milliardär Tony Stark in drei Kinofilmen (2008, 2010 und 2013). Als Mitglied der Avengers hatte er ebenfalls diese Rolle übernommen. Bislang sind es vier Kinofilme. In »Spider-Man: Homecoming« von 2017 versorgt er Spider-Man mit einem technisch hervorragend ausgestatteten Anzug. In diesem Film agieren die beiden Helden in Deutschland – am Flughafen Halle-Leipzig. Für Robert Downey Jr. war der »Iron Man« ein echter Glücksfall. Er avancierte zum bestbezahlten Hollywood-Schauspieler. 2024 erhielt er für seine Rolle in »Oppenheimer« endlich auch den Oscar.

Robert Downey Jr. aus Wachs wirkt ungemein lebensecht in einer hervorragenden Nachbildung seiner Iron-Man-Rüstung. Bild: Sammlung Michael Dörflinger

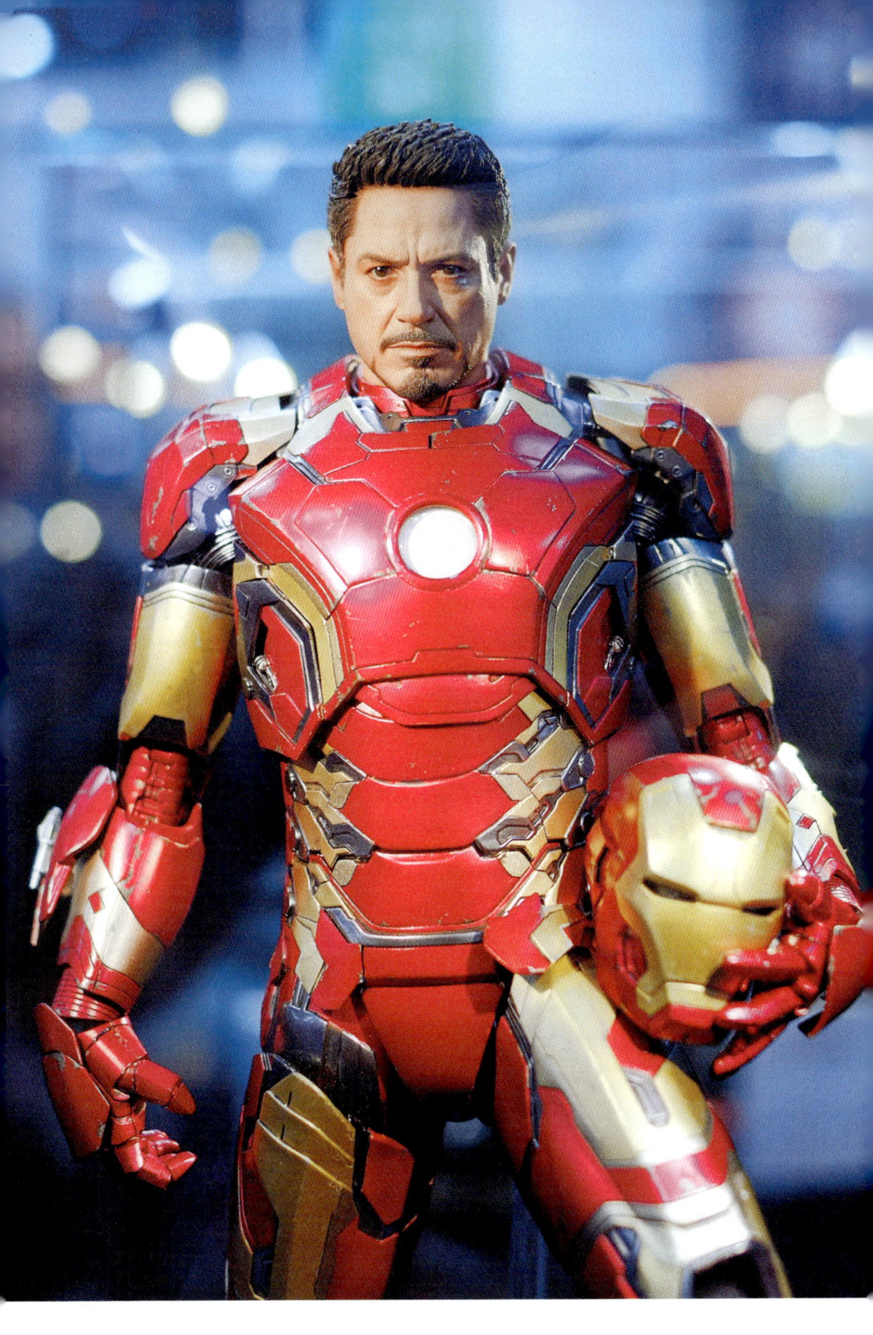

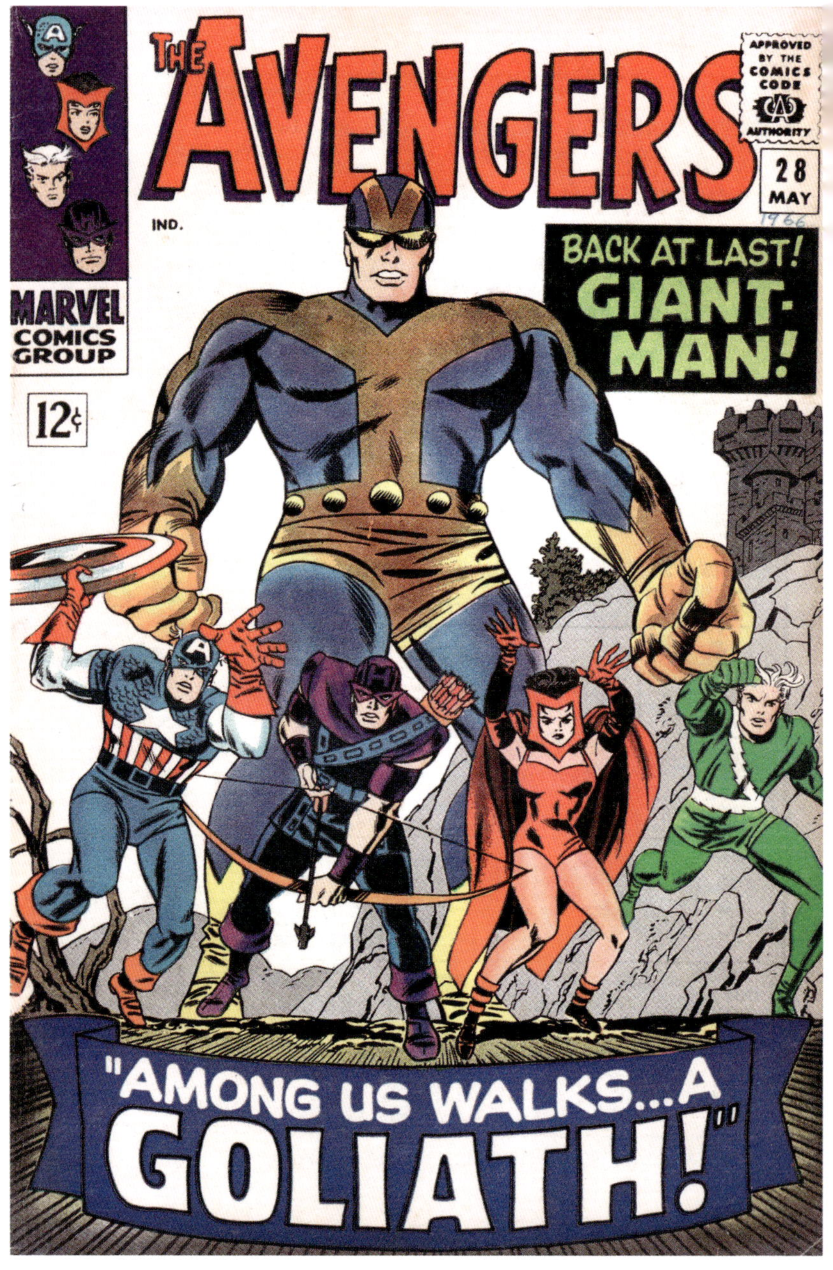
THE AVENGERS
APPROVED BY THE COMICS CODE AUTHORITY
28
MAY
IND.
MARVEL COMICS GROUP
12¢
BACK AT LAST! GIANT-MAN!
"AMONG US WALKS...A GOLIATH!"

Die Avengers

51

Das legendäre Superheldenteam

Als die ersten Comics dieses Superhelden-Teams in Deutschland herauskamen, wurde ihr Gruppenname wörtlich übersetzt und somit waren sie »Die Rächer«. Im Original trugen sie nämlich den Namen »Avengers«. Im September 1963 kam bei Marvel das erste Heft heraus, die Serie trug bereits den Namen »The Avengers«. Bis heute werden neue Hefte herausgegeben. Hinzu kommen noch jede Menge Spin-off-Serien.

The Earth's mightiest Heroes

So wurden sie bei ihrem Debüt bezeichnet. Anstoß zur Bildung dieser Heldengruppe war Loki, der seinen Adoptivbruder Thor ausschalten wollte und dabei auch den Hulk bedrohte. Rick Jones, der Junge, den Dr. Bruce Banner einst aus Lebensgefahr gerettet hatte (siehe Seite 45), suchte Hilfe und erreicht es, dass Iron Man, Ant-Man, The Wasp und Thor eingreifen. Sie können Loki besiegen. Ant-Man schlägt vor, nach dem Abenteuer weiter miteinander zu arbeiten und ein Team zu gründen. The Wasp hat auch schon einen Namen parat: The Avengers. Zum Hauptquartier wurde Avengers Mansion in New York City gewählt, ein Haus, das Tony Stark gehört.

Vorbild dieses Teams war die Justice League der Konkurrenz von DC, die sich um Superman, Batman und Wonder Woman geschart hatte. Auch sie sind immer noch aktiv.

Bereits im zweiten Heft kam es zu Veränderungen: Ant-Man trat nun als Giant auf, Hulk verließ das Team, weil sein problematischer Charakter die anderen verunsicherte. Im vierten Heft stieß Captain America zur Gruppe und wurde zum Gründungsmitglied befördert. Es war eine kleine Sensation, denn der berühmte Superheld der goldenen Ära war jahrelang in der Versenkung verschwunden.

Nun begann ein munteres Wechselspiel um Ein- und Austritte aus der Gruppe. In den 1960er-Jahren stießen Figuren wie Hawkeye, Scarlet Witch, Quicksilver, Black Panther oder Vision zum Team. Später traten Black Widow, Namor oder Captain Marvel ein. Und das waren nur ein paar der vielen Mitglieder. Viele verließen das Team wieder.

Gegenüberliegende Seite: Captain America, Hawkeye, Scarlet Widow und Quicksilver bilden 1966 mit dem Giant Man, einer Lebensform des Ant-Man, die Avengers. Bild: CG76/CC 2.0

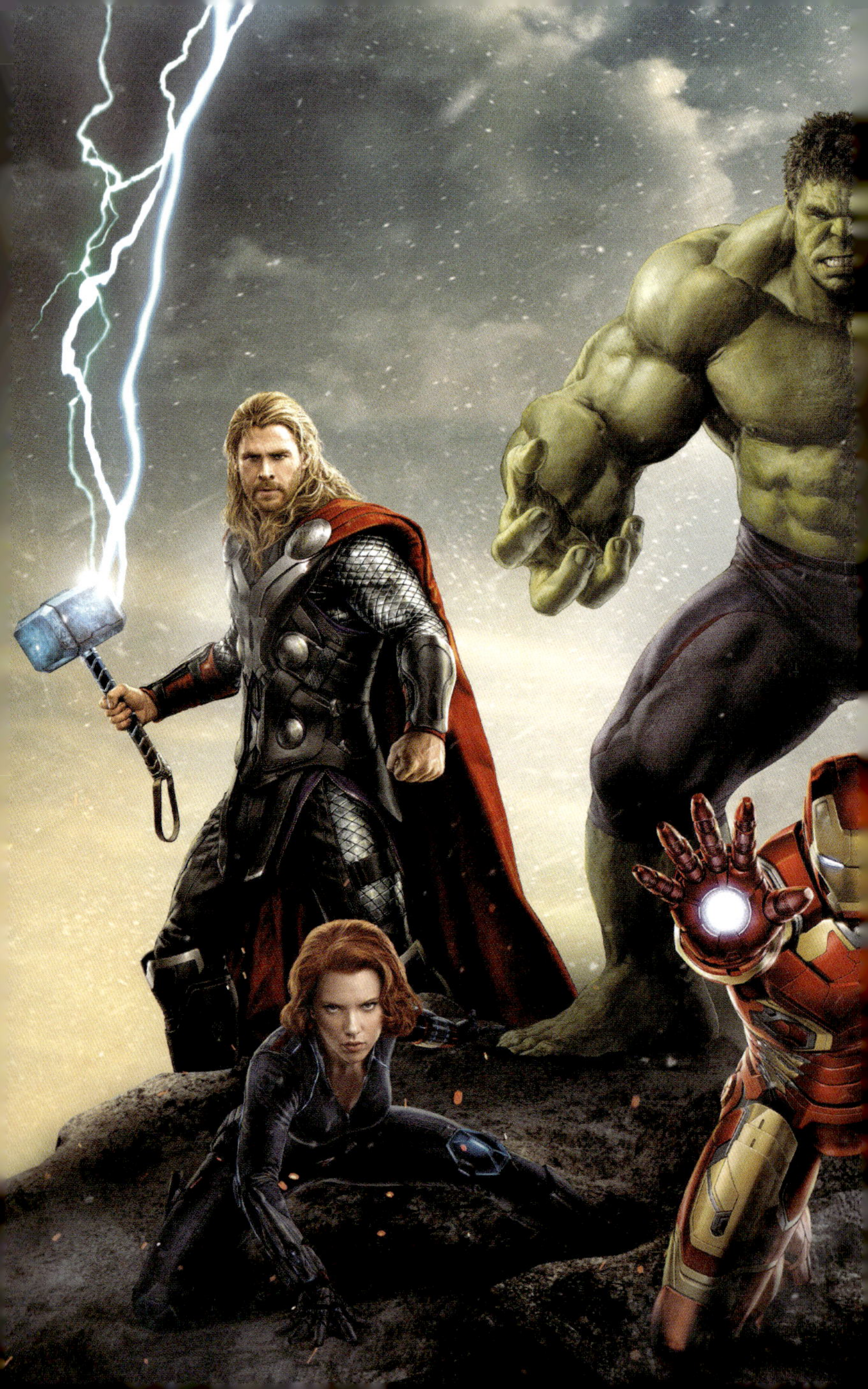

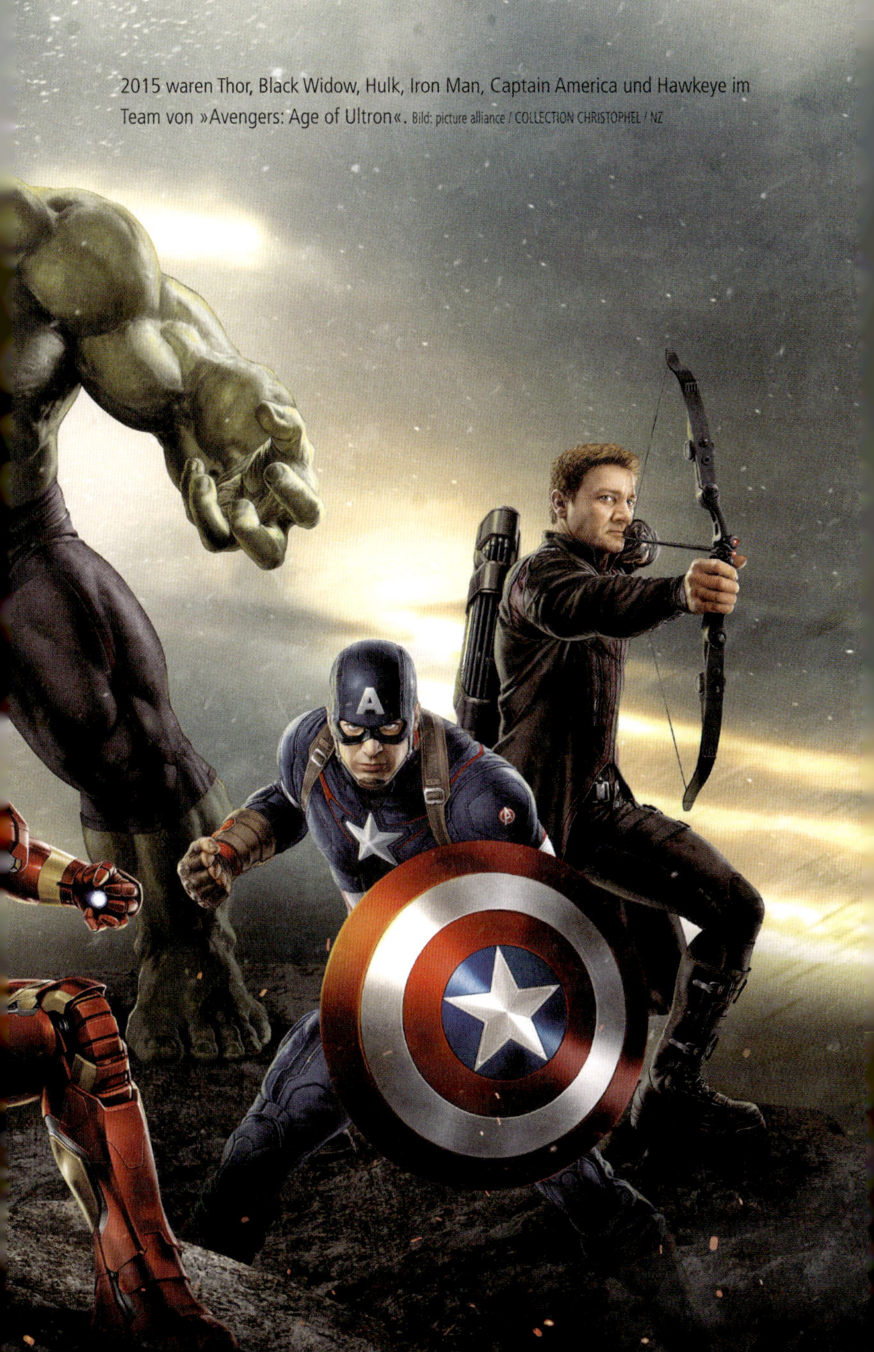
2015 waren Thor, Black Widow, Hulk, Iron Man, Captain America und Hawkeye im Team von »Avengers: Age of Ultron«. Bild: picture alliance / COLLECTION CHRISTOPHEL / NZ

Die Avengers in Film und Spaß

52

Zwischen Blockbuster und Vorbild

Diese Quote ist einzigartig: Vier Filme der Avengers wurden gedreht und alle vier sind unter den ersten sechzehn Plätzen in der Liste der finanziell erfolgreichsten Filme der Welt: Platz 2, 6, 10 und 16. Die Avengers wurden zu den erfolgreichsten Superhelden im Marvel Cinematic Universe und zu den erfolgreichsten Superhelden der Welt.

Die großen Kinofilme

Der erste Film war »Marvel's The Avengers«, der 2012 in die Kinos kam. Hier bildeten Iron Man, Captain America, Hulk, Thor, Black Widow und Hawkeye das Team. Sie wurden gespielt von den Stammdarstellern Robert Downey Jr., Chris Evans, Mark Ruffalo in seinem Debüt als Hulk, Chris Hemsworth, Scarlett Johansson, die bereits bei »Iron Man 2«

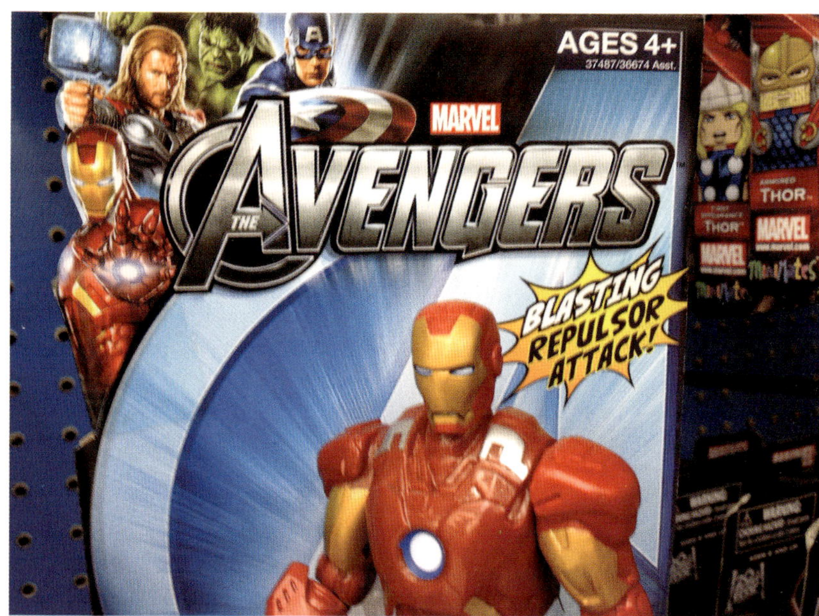

Iron Man als Spielfigur. Die Avengers sind zu Superstars geworden. Bild: Alan Levine

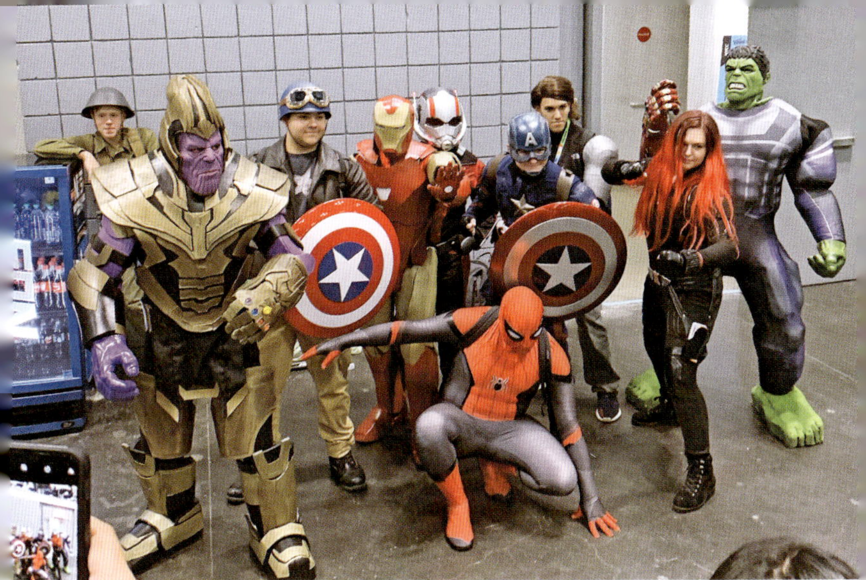

Die Avengers gehören zu den beliebtesten Teams bei Cosplay-Events. Diese Fans zeigen ihre Kostüme bei der New York Comic Con 2019 zusammen mit Spider-Man. Bild: LostplanetKD73/CC 4.0

dabei war, und Jeremy Renner, der in »Thor« erstmals den Bogenschützen Hawkeye gab. Die Fortsetzungen waren »Avengers: Age of Ultron« (2015), »Avengers: Infinity War« (2018) und »Avengers: Endgame« (2019). In diesem Film findet das Leben von Gründungsmitglied Tony Stark ein Ende. 2026 und 2027 sollen die Avengers auf die Leinwand zurückkehren. Mit einigen der Figuren dieses Teams kann der Kinofan in der Captain-America-Filmreihe »The First Avenger« ein Wiedersehen feiern.

Die Avengers als Hobby

Disney als Eigentümer von Marvel integrierte die Avengers in ihre Freizeitparks, unter anderem auch in Paris. Die Rächer sind außerdem auf Disney-Kreuzfahrtschiffen präsent.

Für LEGO® stellen die Avengers einen besonders wichtigen Baustein der Marvel-Produktreihe dar. Die Avengers sind als Spielfiguren zu haben. Es gibt sogar einen Bausatz des Avengers Tower mit über 5.000 Teilen inklusive aller Helden und vieler Schurken. Die Dänen haben auch ein Computerspiel mit den Avengers entwickelt, das 2016 herauskam.

Captain America, Hulk, Iron Man sind nur einige unter den vielen Marvel-Figuren, die sich Enthusiasten auserkoren haben, ihnen nachzueifern und sich Kostüme zu basteln oder zu beschaffen, um sie sich anzuziehen.

Die X-Men

Erfolg im zweiten Anlauf

53

Im gleichen Monat wie die Avengers brachten Kirby und Lee eine weitere Superhelden-Gruppe auf den Comic-Markt. Mit den X-Men hatten sie zunächst aber nicht den gewünschten Kassenschlager geschaffen, weshalb die Serie 1970 eingestellt wurde. Denn anders als bei den Avengers war das Interesse der Leser eher unterdurchschnittlich. Doch 1975 gelang es einer völlig umgekrempelten neuen Serie, nicht nur gut zu sein, nein: Die X-Men entwickelten sich zur erfolgreichsten amerikanischen Comicserie der 1980er- und 1990er-Jahre!

Die Formierung des Teams

Lee und Kirby ließen ihre X-Men sehr einheitlich in einer blau-goldenen Uniform auftreten. Gegründet wurde das Team von Professor X, dessen bürgerlicher Name Charles Xavier ist. Seine Erstbesetzung hieß Cyclops, Marvel Girl (Jean Grey), Beast, Angel und Iceman. Professor X leitete eine Schule für Mutanten im Bundesstaat New York. Aus seinen Schülern formierte er diese Mannschaft.

Die X-Men sind gesellschaftliche Außenseiter, eine Minorität, die verschiedene Interpreten gerne mit einer verfolgten Volksgruppe, vor allem den Juden oder Afroamerikanern, identifiziert haben. Auch Professor X ist als Querschnittsgelähmter im Rollstuhl Angehöriger einer Minderheit. Die Mitglieder der von ihm gegründeten Gruppe waren Teenager an seiner Schule. Jeder von ihnen besaß mindestens eine besondere Fähigkeit, die auf eine Genveränderung zurückgeführt wird.

Der Kampf der X-Men

Aufgabe der X-Men ist die Bekämpfung böser Mutanten, die die Menschheit bedrohen. Dabei bekommen sie es immer wieder mit Magneto zu tun, der sich zum Erzfeind entwickelt. Dieser Bösewicht, der magnetische Kräfte besitzt, mit denen er andere in seine Gewalt bringen kann, ist ein KZ-Überlebender. Er hat der Welt Rache geschworen.

Das Rächer-Team der Generation »X-Men ReLoad«: Texter Joss Whedon und Zeichner John Cassaday schufen die »Astonishing X-Men«. Havok, Beast, Warpath, Dazzler, Colossus und Banshee bilden das Team. Bild: Chris/CC BY-NC-ND 2.0

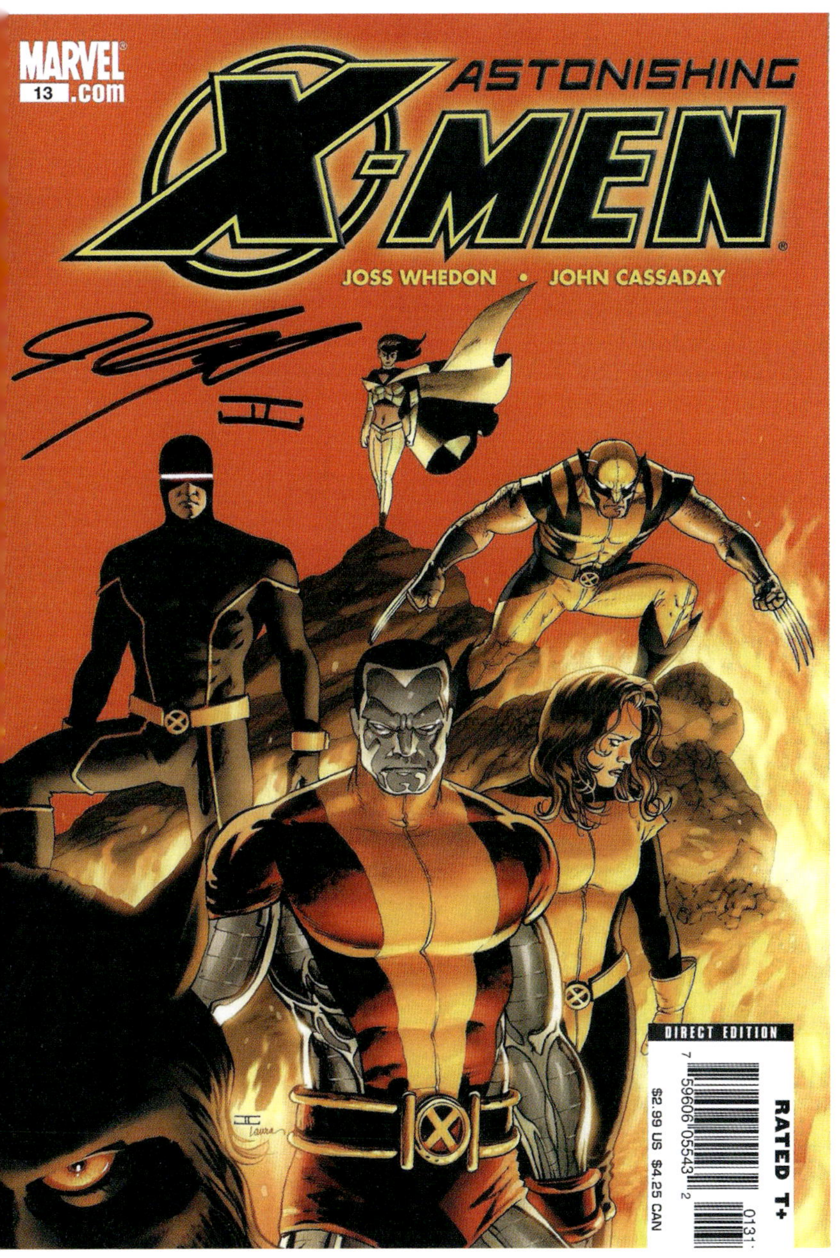
MARVEL
13 .com
ASTONISHING
X-MEN
JOSS WHEDON • JOHN CASSADAY
DIRECT EDITION
RATED T+
$2.99 US $4.25 CAN

Die X-Men im Film

Professor Xavier und sein Team

54

Angesichts der überaus hohen Auflagen der zweiten Generation der X-Men-Hefte war es kein Wunder, dass sich Hollywood intensiv mit den Figuren beschäftigte. 16 Filme, in denen sie Hauptfiguren sind oder mitspielen, sind bisher entstanden. Der erste, »Generation X«, war ein Pilotfilm zu einer Fernsehserie. Im Blickpunkt sind die Figuren eines Spin-offs der X-Men, die Generation X, die 1994 erstmals in einem Comic auftraten. Sie stammen aus einer Mutanten-Zweigschule in Massachusetts.

2000 kam der Kinofilm »X-Men« heraus. Professor X wurde von Patrick Stewart gespielt, der als Captain Picard der nächsten Star-Trek-Generation bereits weltberühmt war. In seinem Team spielen Hugh Jackman als Wolverine, Famke Janssen als Jane Grey, Halle Berry als Storm und Oscar-Preisträgerin Anna Paquin als Rogue. Sie kämpfen gegen Magneto, gespielt von Ian McKellan, der privat mit Patrick Stewart eng befreundet ist. Magnetos Bande ist die Bruderschaft der bösen Mutanten.

Im Mittelpunkt des Films stehen Rogue und Wolverine. Rogue war in den Comics zuerst im Team von Magneto, dann wechselte sie zu den X-Men. Sie trat 1981 erstmals in Erscheinung. Wolverine

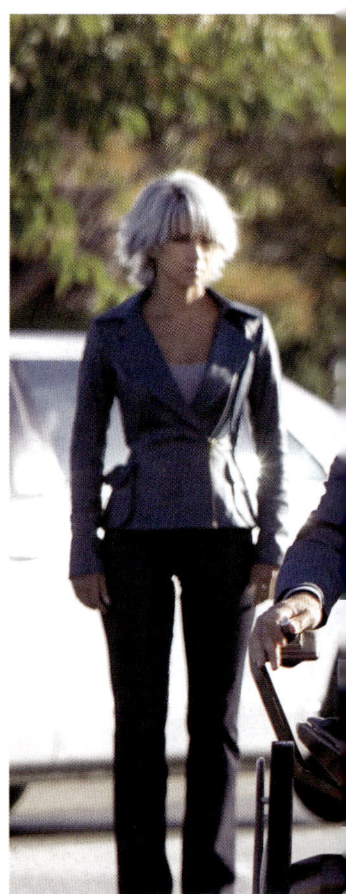

Szene aus dem Film »X-Men: Der letzte Widerstand« von 2006. Von links nach rechts: Halle Berry als Storm, Patrick Stewart als Professor X, Hugh Jackman als Wolverine und Ian McKellen als Magneto. Bild: picture-alliance / Mary Evans Picture Library

ist seit 1975 Mitglied der X-Men. 2003 (»X-Men 2«) und 2006 (»X-Men: Der letzte Widerstand«) kamen Fortsetzungen heraus. Sie bildeten in sich eine komplette Trilogie. Diese Filme gehören nicht zum Marvel Cinematic Universe, sondern kamen bei 20th Century Fox heraus. Ähnlich wie bei »Star Wars« sollte eine zweite Trilogie die Formierung der X-Men erzählen, Wolverines Werdegang und die Frühgeschichte von Xavier und Magneto. Mit »X-Men: Zukunft ist Vergangenheit« von 2014 wurde eine neue Zeitlinie geschaffen, in der bislang sechs andere X-Men-Filme spielen. In dieser Alternativzeit werden die Hauptakteure von anderen Darstellern verkörpert. Dadurch gibt es nun zwei unterschiedliche Erzählstränge.

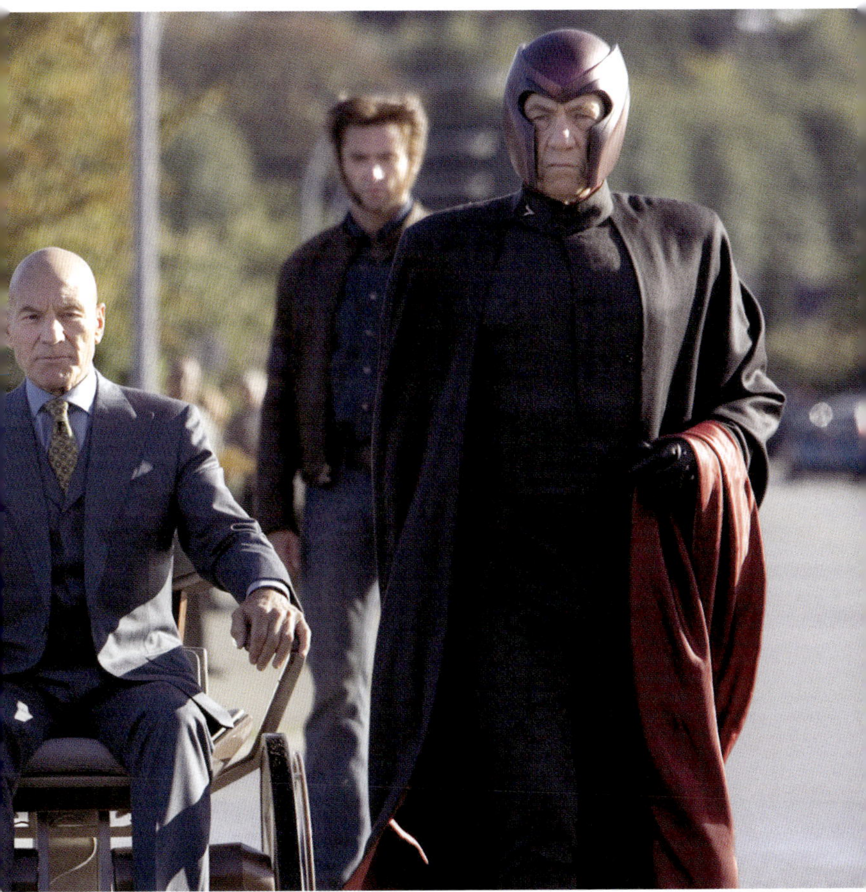

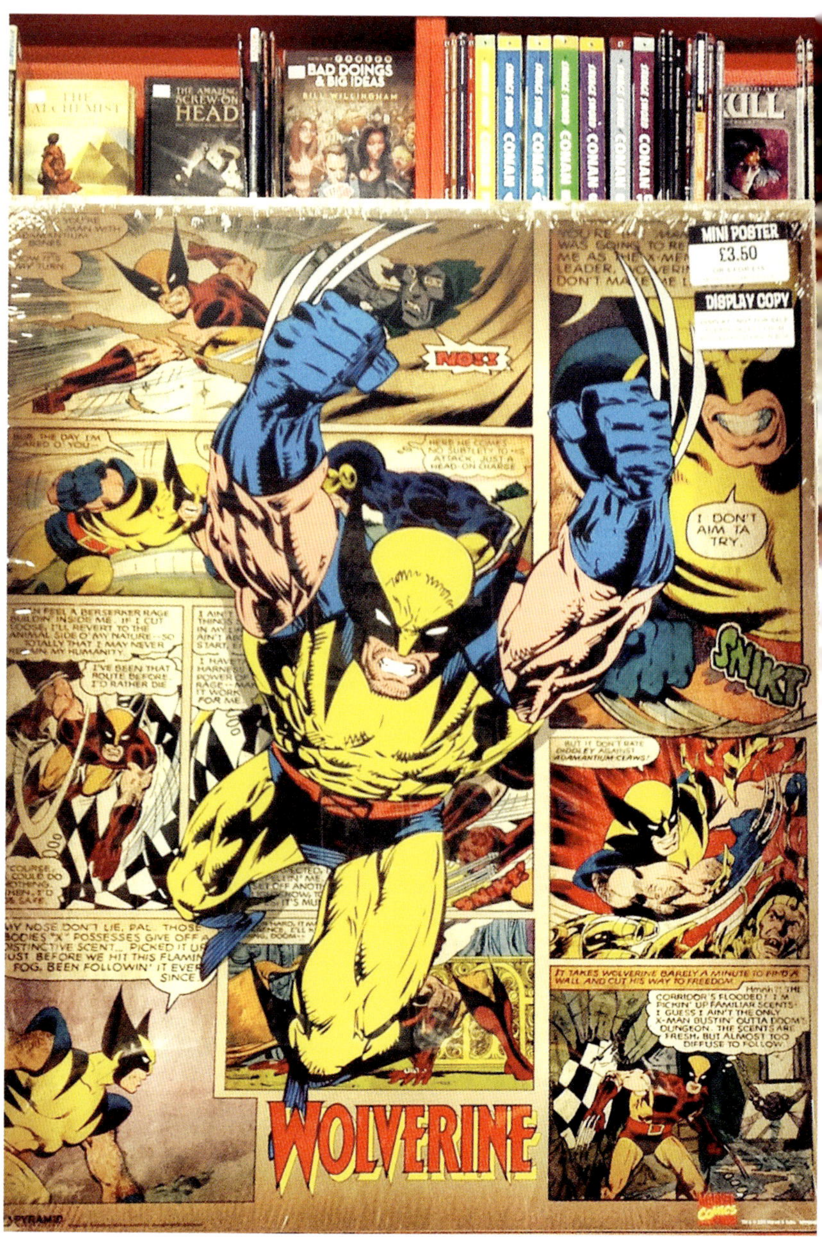

Ein Poster von Wolverine. Seine Uniform erinnert an die der frühen X-Men. Bild: Sammlung Dörflinger

55

Wolverine

Ein Superheld mit scharfen Krallen

Endlich mal ein Superheld, der nicht von Lee und Kirby geschaffen war: Wolverine! Seine Schöpfer waren 1974 John Romita Sr. und Len Wein. In diesem Jahr trat der neue Superheld zum ersten Mal in einem Hulk-Comic auf. Wolverine heißt eigentlich James Howlett und kommt aus Kanada. Später nannte er sich nach seinem biologischen Vater Logan. Er stammt aus dem späten 19. Jahrhundert, altert aber nicht besonders schnell, weshalb er unter Captain America im Zweiten Weltkrieg mitkämpfen konnte und bei der Landung in der Normandie mitmachte. Danach kam er nach Japan, wo er eine Einheimische lieben lernte. Aus dieser Beziehung ging Daken hervor, den Wolverine tot glaubte, der aber selbst ein Superkämpfer wurde.

Wolverine wurde später Mitglied der X-Men und avancierte bald unter den Lesern zum beliebtesten Charakter dieses Teams. So war es kein Wunder, dass er dann seine eigene Heftreihe bekam. Wolverine wurde auch ein Mitglied der Avengers.

Wolverines Superhelden-Fähigkeiten

Was sind die Besonderheiten von Wolverine, der nach dem Raubtier Vielfraß benannt ist, einem Verwandten der Marder, der aber mit seiner Kampfkraft und Wendigkeit auch den Kampf mit deutlich größeren Feinden nicht scheut? Sicherlich ist auch der Bezug zum Wolf nicht nur Zufall. Wolverine kann aus seinen Händen lange Krallen ausfahren lassen. Wie sein ganzes Skelett sind sie mit Adamantium überzogen, einer besonders harten Metalllegierung, die es nur im Marvel-Universum gibt. Wolverine besitzt überlegene Kräfte, ist ein hervorragender Nahkämpfer, ausdauernd, schnell und mit einem tierischen Instinkt begabt. Eine wichtige Besonderheit ist, dass seine Wunden extrem schnell heilen. Zudem hat er eine überaus lange Lebenserwartung.

Mit Wolverine sind im Laufe der Jahre unzählige Comics erschienen, die dann wieder in Sammelbände zusammengestellt wurden. Doch irgendwann war auch für diesen Superhelden mal Schluss. Als er starb, übernahm Laura Kinney, ein weiblicher Klon von ihm und seine Adoptivtochter, die Rolle des Wolverine. Das passt gut, da sie ähnliche Fähigkeiten hat wie Wolverine. Laura Kinney ist eine außergewöhnliche Gestalt im Marvel-Universum, denn sie war zuerst in einer Zeichentrickserie zu sehen, erst danach wurde sie zu einer Comicfigur.

Wolverine im Kino

Hugh Jackmans Dauerrolle

56

Die Figur des Wolverine erfreut sich bei den Comiclesern einer enormen Beliebtheit. Was lag da näher, auf ihn zu setzen, um auch im Kino gutes Geld zu verdienen? So wurde er schon in einem der frühesten Marvel-Kinofilme zu einer zentralen Gestalt: in »X-Men« aus dem Jahr 2000. Seitdem hat Hugh Jackman den Wolverine insgesamt in 14 Filmen verkörpert. Dazwischen liegt eine Zeitspanne von einem Vierteljahrhundert. So kann man durchaus davon sprechen, Wolverine als die wichtigste Rolle von Hugh Jackman zu sehen.

Hugh Jackman wurde am 12. Oktober 1968 in Sydney geboren, ist also Australier. Der gute Sportler studierte Kommunikationswissenschaften und nahm Schauspielunterricht. Er bekam Rollen im Fernsehen und bei Musicals. Zu seinem Durchbruch als Weltstar kam er rein zufällig. Die Rolle des Wolverine war bereits anderweitig vergeben. Doch der gecastete

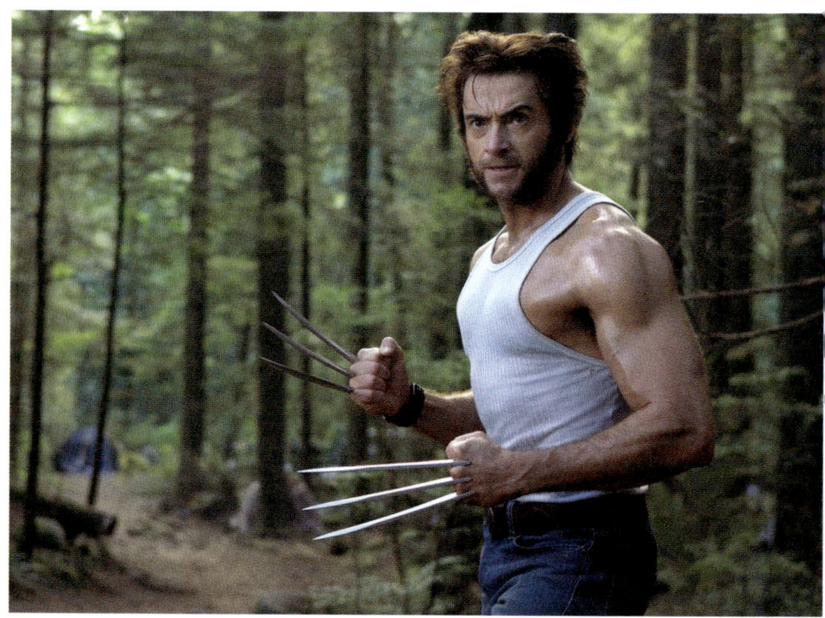

Superheld Wolverine zeigt seine Krallen. Bild: Picture-alliance / Mary Evans Picture Library

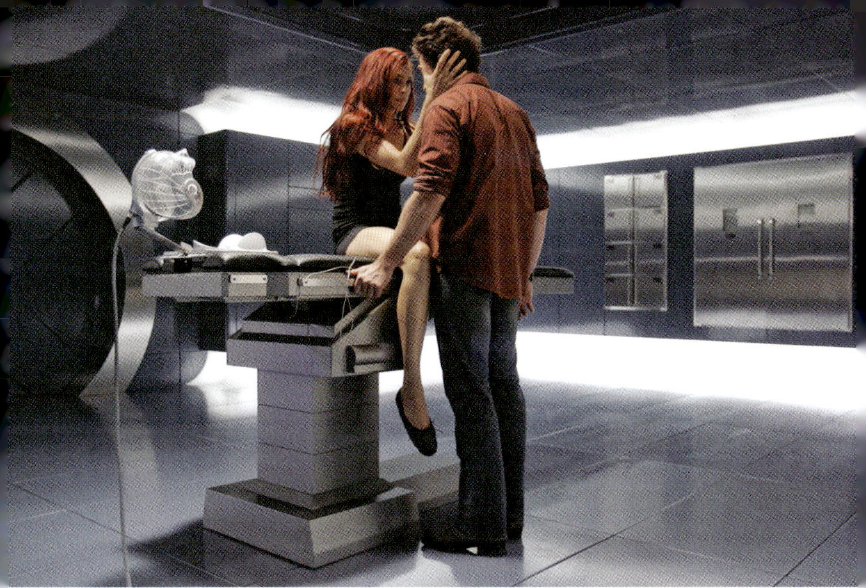

Jean Grey macht sich an Wolverine ran, blitzt aber ab. Szene aus dem Film »X-Men: Der letzte Widerstand« von 2006. Bild: picture-alliance / Mary Evans Picture Library

Dougray Scott fiel aus. Jackman machte aus seiner Rolle einen Publikumsmagneten. »X-Men« ließ die Kinokassen klingeln und in der Folge schnellten nicht nur die Comickäufe in die Höhe, sondern die Produzenten hatten Mut gefasst, weitere Superheldenstoffe auf die Leinwand zu bringen.

Hugh Jackman drehte ein Jahr später wieder mit Halle Berry und diesmal mit John Travolta (siehe Seite 138) den Krimi »Passwort: Swordfish«.

Die Filme mit Wolverine

Immer wieder gab er den Wolverine. Nach der X-Men-Trilogie entstand eine Wolverine-Trilogie, die die Vorgeschichte der X-Men erzählte: »X-Men Origins: Wolverine« (2009), »X-Men: Erste Entscheidung« (2011) und »Wolverine: Weg des Kriegers« (2013). In »X-Men: Zukunft ist Vergangenheit« begibt sich Wolverine auf eine Zeitreise vom Erzähljahr 2023 ins Jahr 1973, wo er einen Mord verhindern soll, um so eine große Katastrophe zu verhindern. Den Magneto in dieser Zeit spielt Michael Fassbender.

In »X-Men: Apocalypse« von 2016 spielt Jackman eine kleine Nebenrolle. Dieser Film gehört in die alternative X-Men-Welt. Ein Jahr später übernimmt er in »Logan – The Wolverine« wieder die Hauptrolle. Nach längerer Pause schlüpfte Jackman in »Deadpool & Wolverine« 2024 noch einmal in die Rolle des Superhelden.

Doctor Strange

57 Der Magier mit dem Stehkragen

Steven Ditco erfand diesen Superheld, der in Nr. 110 der Reihe »Strange Tales« im Juli 1963 sein Debüt gab. Doctor Stephen Vincent Strange wurde vom Obersten Zauberer der Menschheit (Sorcerer Supreme) namens Ancient One ausgebildet, um dieses

Doctor Strange auf einer Spielkarte aus dem Jahr 1978. Bild: Mark Anderson/ CC-BY 2.0

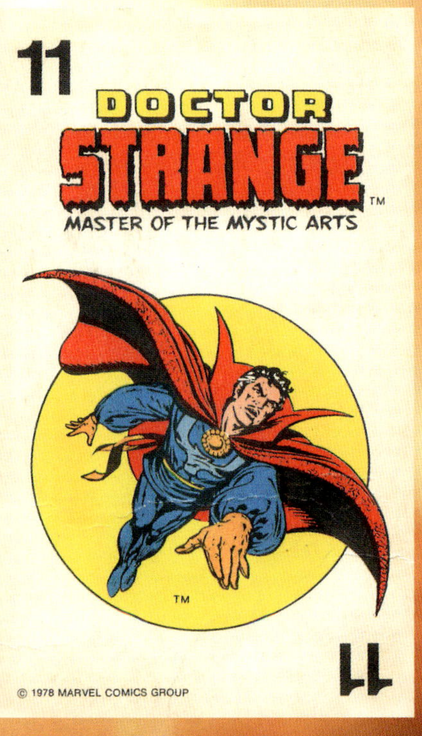

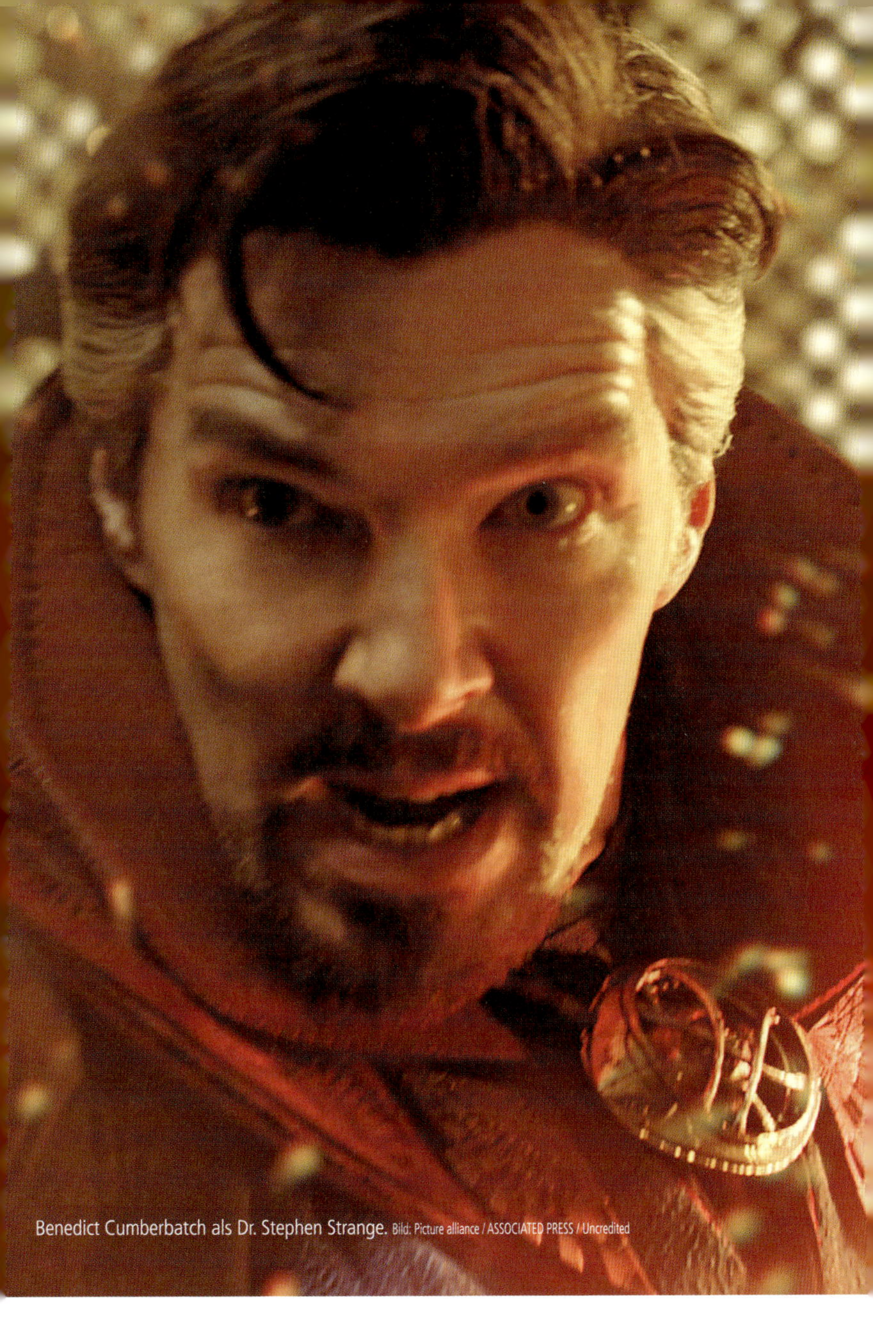
Benedict Cumberbatch als Dr. Stephen Strange. Bild: Picture alliance / ASSOCIATED PRESS / Uncredited

Amt übernehmen zu können. Neben seiner magischen Ausbildung lernt er auch die Kampfkunst. Strange bekommt das Amulett »Eye of Agamotto« und den »Cloak of Levitation«, das ihn vor Angriffen schützt und selbst Aufgaben ausführt.

Eigentlich war Strange ein selbstverliebter, arroganter, aber hochintelligenter Neurochirurg. Jetzt wird er selbst der Oberste Zauberer, residiert in seinem Anwesen Sanctum Sanctorum in Manhattan und gewinnt mit dem Asiaten Wong einen schlagkräftigen Helfer. Seine Aufgabe ist keine andere, als die Menschheit vor Angriffen feindlicher Zauberer und mystischer Gestalten zu schützen. Bis heute kommen regelmäßig neue Abenteuer mit Doctor Strange als Comic heraus.

Mit diesem Helden kommt die fernöstliche und europäische Mystik in die Comics. Gerade in der Zeit der 68er-Bewegung war man von den Geschichten mit magischen Elementen und psychedelischen Effekten fasziniert. Ditkos Zeichnungen passten dazu ideal. Ein Kritiker fühlt sich sogar an den Surrealismus eines Salvador Dalí erinnert.

1967 begann eine 17-teilige Hörspielreihe mit Doctor Strange. Im Fernsehen trat er als Nebenfigur bei Spider-Man oder dem Hulk auf. 1978 erhielt der Magier die Hauptrolle in dem Film »Dr. Strange«.

Im Marvel Cinematic Universe trat er 2016, verkörpert von Benedict Cumberbatch, erstmals in dem Film »Doctor Strange« auf. Erzählt wird die Geschichte des erfolgreichen Neurochirurgen, der nach einem Autounfall so schwere Verletzungen an den Händen bekommt,

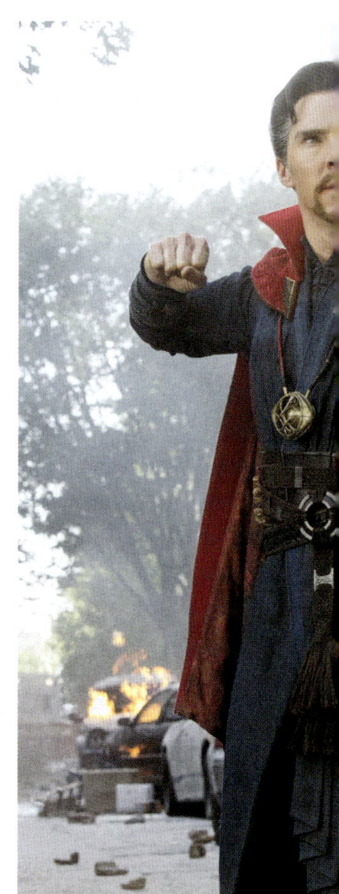

Doctor Strange (Benedict Cumberbatch), Iron Man/Tony Stark (Robert Downey Jr.), Bruce Banner/Hulk (Mark Ruffalo) and Wong (Benedict Wong) bilden das Avenger-Team im Film »Avengers: Infinity War«. Bild: picture alliance / PictureLux/The Hollywood Archive / R4820

dass er berufsunfähig wird. Auf der Suche nach Heilung gelangt er zur »Ältesten« in Nepal. Strange lernt die Magie.

Cumberbatch hatte bislang als Doctor Strange in folgenden Filmen Auftritte: »Thor: Tag der Entscheidung« (2017), »Avengers: Infinity War« (2018), »Avengers: Endgame« (2019) und »Spider-Man: No Way Home« (2021). 2022 spielte er in »Doctor Strange in the Multiverse of Madness« wieder die Hauptrolle. In Animationsserien für Disney+, in denen der Doctor Strange auftritt, spricht Cumberbatch seine Kinofigur selbst. Als eine der beliebtesten Superheld-Gestalten findet man Doctor Strange in einigen Videospielen, aber auch bei LEGO® Marvel.

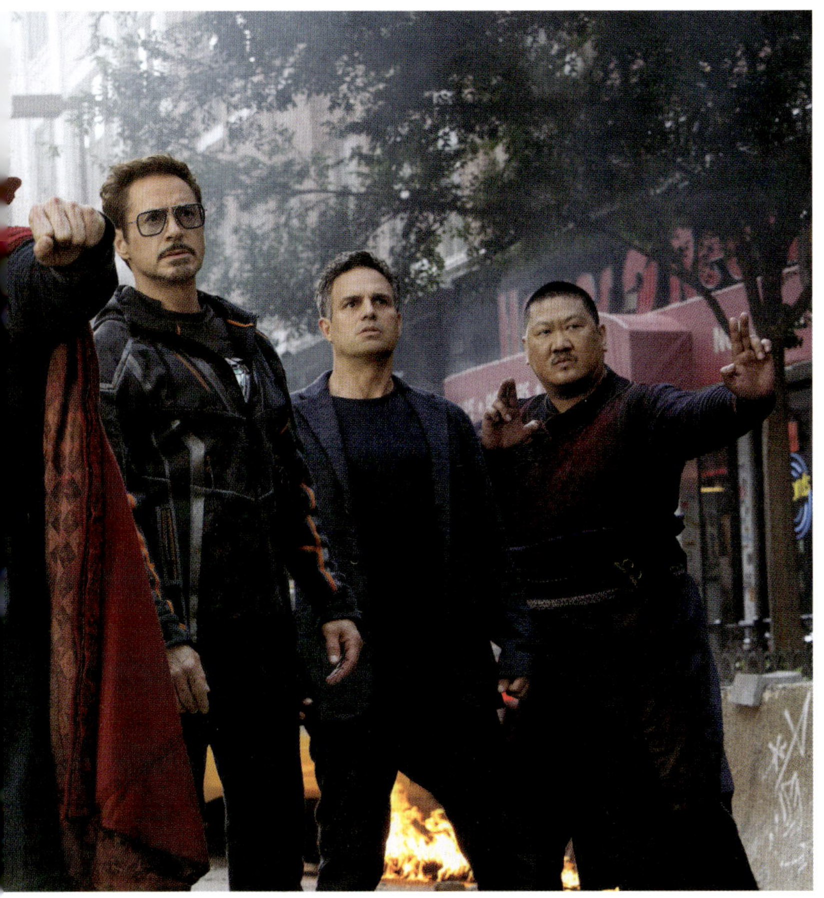

Nick Fury

Soldat und Agent in Marvels Diensten

58

Im Mai 1963 brachten Lee und Kirby eine weitere Figur heraus. Achtzehn Jahre nach dem Zweiten Weltkrieg waren abenteuerliche Soldatengeschichten immer noch publikumsträchtig. Die Serie »Sgt. Fury and his Howling Commandos« lief bis 1981 in 167 Ausgaben, ab 1974 jedoch nur noch mit Wiederholungen. Es geht um eine kleine Eliteeinheit, die auf dem westlichen Kriegsschauplatz agiert. Bei einem dieser Kommandoeinsätze verliert Fury ein Auge, weshalb er eine Augenklappe tragen muss. Schon Ende des Jahres sieht man den stets an seiner Zigarre kauenden Fury in seinem Nachkriegsjob. Als CIA-Agent taucht er in der Dezember-Ausgabe der Fantastic Four auf.

Der Chef von S.H.I.E.L.D.

In Nr. 135 der »Strange Tales« vom August 1965 ist er Leiter der Spionage-Agentur S.H.I.E.L.D., ein wenig war das dem damals – wie heute – sehr populären 007 James Bond abgekupfert. Nick Fury agiert als Vermittler zwischen der Regierung und den Superhelden. Ein Serum, die Infinity-Formel, verlangsamt seinen Alterungsprozess. 2012 findet er seinen unehelichen Sohn Marcus Johnson, der später den Vater ablöst und sich fortan Nick Fury Jr. nennt.

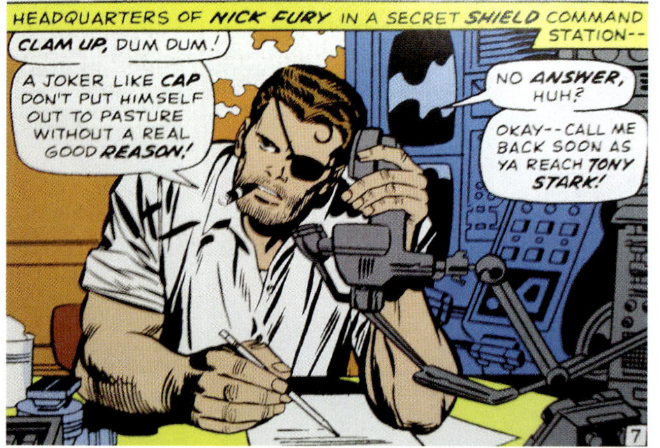

Der originale Nick Fury. Bild: benjamin sTone/Flickr/CC 2.0

Gegenüberliegende Seite: Der Kinoheld Nick Fury in »The Avengers: Avengers Assemble« (USA 2012). Bild: picture alliance / Mary Evans/AF Archive/Marvel Studios/ AF Archive

Samuel L. Jackson

59

Der ewige Nick Fury

Nick Fury bekam 1998 eine Hauptrolle in einem der ersten Marvel-Spielfilme: »Agent Nick Fury – Einsatz in Berlin«. Was kaum noch einer weiß: David Hasselhoff spielte den Top-Agenten in diesem Fernsehfilm und Stan Lee höchstpersönlich hat ihn ausgesucht. Als Samuel L. Jackson die Rolle Furys bekam, hat er sich diesen wenig gelobten Film angeschaut und später im Interview erklärt: »Ich habe David Hasselhoff gesehen … und entschieden, nichts davon zu übernehmen.«

A propos übernehmen: Jackson spielte die Rolle in elf Kinofilmen und diversen Serien. 2001 schuf Marvel Comics einer alternativen Welt namens Earth-1610 (die originale Welt heißt Earth-616), in denen die alten Figuren verändert auftreten. »Ultimate Marvel« heißt diese Reihe. Hier tritt ein Nick Fury auf, der ganz dem Schauspieler Jackson nachempfunden ist – natürlich nicht ungefragt. So war es logisch, ihm in den Filmen diese Rolle zu geben. Erstmals hatte er in »Iron Man« einen Kurzauftritt. Für den Film »Captain Marvel« wurde er mit Computertechnik um 25 Jahre verjüngt.

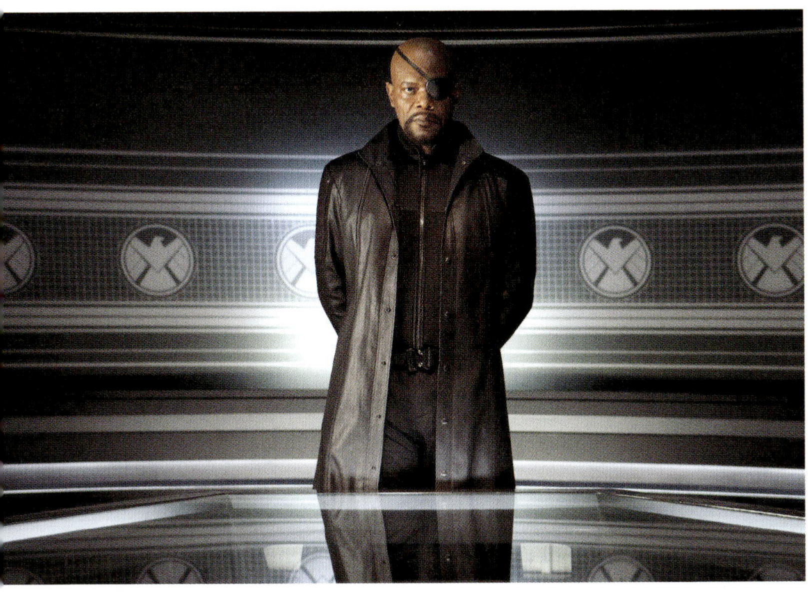

Daredevil – Devil Man

Dieser Mann kennt keine Furcht

60

Es war im April 1964. Der blinde Anwalt Matthew Michael »Matt« Murdock hat sein Augenlicht verloren, als er einen Menschen retten wollte. Dabei wurde er von einer radioaktiven Flüssigkeit überschüttet, die ihm seine besonderen Fähigkeiten gab. Matts andere Sinne schärften sich in ungeheurem Ausmaß. Bill Everett und Stan Lee entwickelten diese Figur, die gleich eine eigene Heftreihe bekam. Murdock wurde zum Daredevil, weil sein geliebter Vater, ein Boxer, ermordet wurde. Er lernte die Ninja-Kampfkunst und schärfte seine Sinne immer weiter. Den gelb-schwarzen Boxermantel seines Vaters schneiderte er zu seinem Kostüm um und machte sich auf die Jagd nach dessen Mördern. Nachdem er sie zur Strecke gebracht hat, beschloss Matt, weiter Daredevil zu bleiben. In seiner Heimat in Manhattan, dem lange Jahre berüchtigten Viertel »Hell's Kitchen«, gab es genügend Verbrecher. Jetzt erhielt Daredevil von Zeichner Everett ein neues, feuerrotes Kostüm mit einem doppelten D spendiert.

In Deutschland war der Superheld erst als »Devil Man«, später als »Dämon« bekannt. Erst später trug er seinen originalen Namen.

Die Comicreihe war anfangs ein Mitläufer, erst beim Relaunch durch den neuen Zeichner Frank Miller und mit seinen neuen Gegnern stiegen die Verkaufszahlen. Daredevil ist immer wieder bei anderen Superhelden, wie Spider-Man, den Avengers, oder den Fantastischen Vier zu Gast.

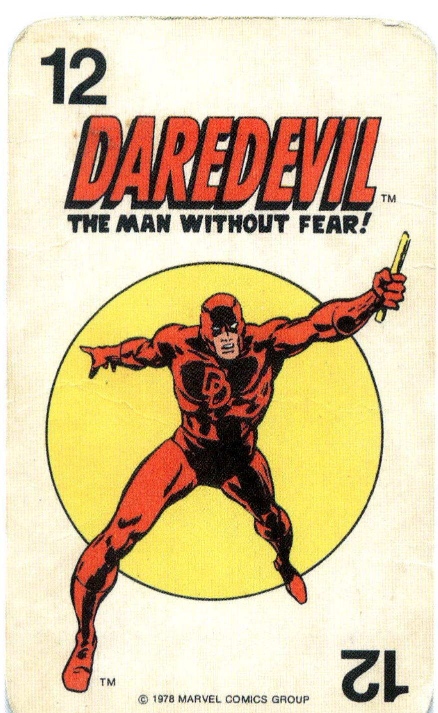

Daredevil auf einer Spielkarte aus dem Jahr 1978. Bild: Mark Anderson/ CC-BY 2.0

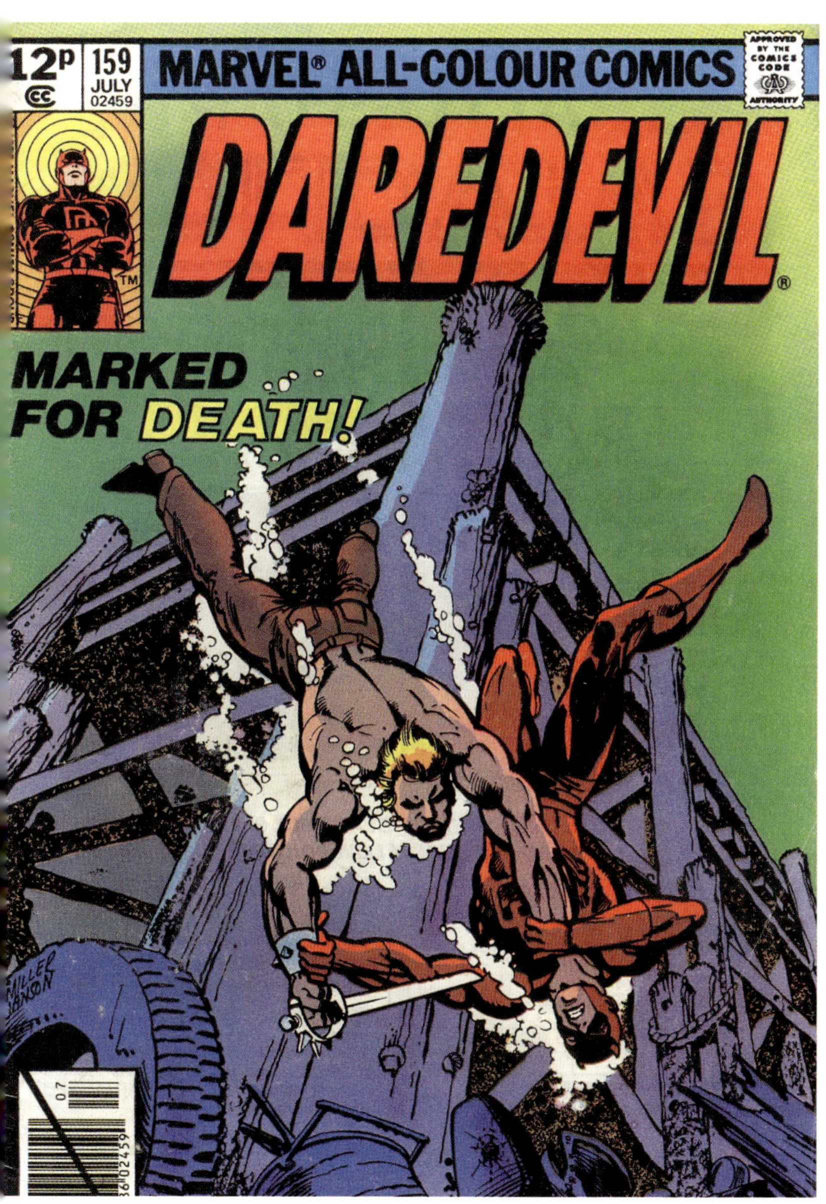

Das zweite Heft mit dem Zeichner Frank Miller vom Juli 1979. Die Geschichten wurden nun düsterer und härter. Bild: Jim Barker/Flickr/CC 2.0

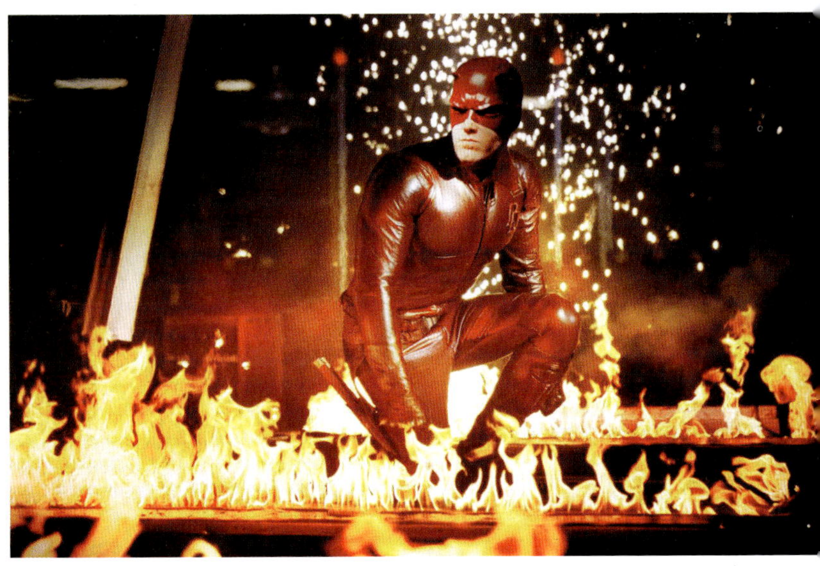

Ben Affleck spielt Matt Murdock alias Daredevil. Die Szene stammt aus dem 2003 in die Kinos gekommenen ersten Teil »Daredevil«. Bild: picture-alliance / Mary Evans Picture Library

61

Teufelskerl Ben Affleck

Auf der Erfolgswelle von »Spider-Man«

Ben Afflecks Ausflug in die Welt der Superhelden blieb lange eine Eintagsfliege. Die Rolle als Daredevil brachte ihm auch noch die »Goldene Himbeere« als schlechtester Schauspieler ein. Affleck war damals mit Jennifer Lopez ein Paar, doch seine Filmpartnerin Jennifer Garner hat ihn wohl so beeindruckt, dass er sie zwei Jahre später heiratete. 2016 sollte er bei der Konkurrenz landen und den Batman spielen ...

Als Matt Murdock lernt er Elektra Natchios kennen, die Tochter eines kriminellen Industriellen. Der will aussteigen und bekommt es mit Kingpin und Bullseye zu tun. Daredevil kann den Mord nicht verhindern. Elektra glaubt, er sei der Mörder und verfolgt ihn, ohne zu wissen, dass es der geliebte Freund ist. Es kommt zu einem Kampf, bei dem Elektra Daredevil verwundet. Der Killer Bullseye nutzt das aus und bringt Elektra um, die in Daredevils Armen stirbt (siehe gegenüberliegende Seite). Der von 20th Century Fox produzierte Film erhielt gemischte Kritiken, Ben Affleck fand ihn später ein wenig dümmlich und distanzierte sich von dem Streifen.

Elektra Jennifer Garner

62

Als Auftragsmörderin unterwegs

Jennifer Garner hat in »Daredevil« überzeugt, so plante 20th Century Fox eine Art Fortsetzung, bei der Frau Garner allerdings als einzige Schauspielerin übrig blieb.

Elektra wurde von einem asiatischen Kampfkunstmeister wiederbelebt und nach der Kunst der Kimagure ausgebildet. Später arbeitete sie als Auftragsmörderin. Sie sollte Mark Miller und seine Tochter Abby töten, die sie bereits kennengelernt hatte. Aus Sympathie bricht sie den Auftrag ab und hilft den beiden gegen andere Killer.

Elektra ist 1981 von Frank Miller eingeführt worden. Diese Figur bekam in den 1990ern sogar eine eigene Serie. Elektra ist eine klassische Antiheldin, die allerdings nie den Status anderer Superhelden erlangen konnte.

Fast zwanzig Jahre nach ihren beiden Marvel-Filmen schlüpfte Jennifer Garner wieder in die Rolle der Elektra: 2024 war sie in »Deadpool & Wolverine« in einer Nebenrolle zu sehen.

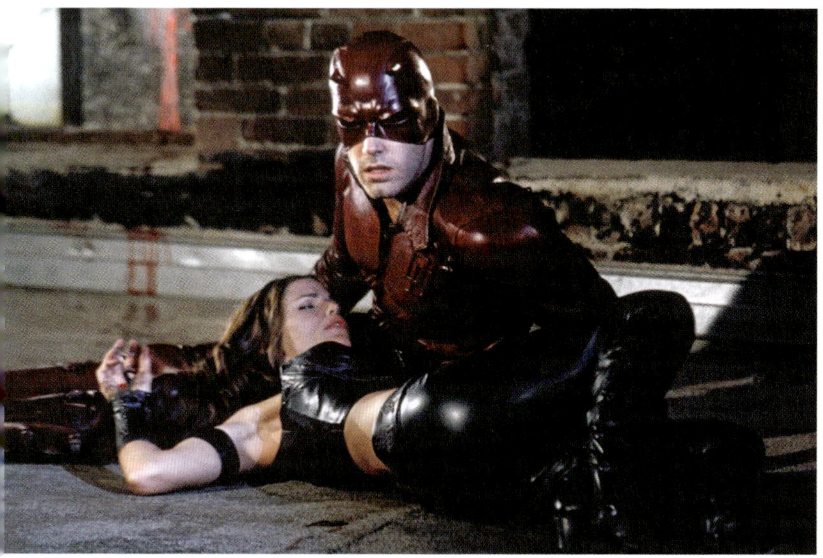

Elektra stirbt 2003 in den Armen von Daredevil. Doch dank einer erfolgreichen Wiederbelebung kann sie zwei Jahre später eine Fortsetzung drehen. Bild: picture-alliance / Mary Evans Picture Library

Scharfschütze Bullseye

Ein Schurke, der stets ins Schwarze trifft

63

Im März 1976 bekam es Daredevil erstmals mit dem Superschuft Bullseye zu tun. Seitdem sind die beiden in herzlicher Abneigung miteinander verbunden. Egal ob Bullseye nun eine Schuss- oder eine Wurfwaffe verwendet: Dieser Bösewicht trifft immer. Da ist es kein Wunder, dass er nach dem kleinen runden Feld im Zentrum einer Dartscheibe benannt ist. Sein Skelett ist wie das von Wolverine von Adamantium überzogen, das ihn enorm widerstandsfähig macht.

Der ewige Feind von Daredevil

Texter Marv Wolfman und Zeichner John Romita Sr. hatten diesen psychopathischen Killer erfunden, der sich als gefährlicher Dauerfeind von Daredevil entpuppte. Sein echter Name und seine Herkunft waren lange unbekannt geblieben. Erst später kam heraus, dass er in der Bronx aufgewachsen ist und bereits als Kind gefährlich war. In einem Baseballspiel tötete er seinen Gegenspieler mit einem wuchtigen Wurf auf den Kopf. Er arbeitete später als bezahlter Killer für Regierungsorganisationen oder für Verbrecher. Er trägt eine schwarzblaue Kostümierung mit einer Zielscheibe auf der Kapuze. Seine Quote ist perfekt, bis er Daredevil gegenübersteht. In einem 2010 erschienenen Comic wurde Bullseye von Daredevil getötet als Strafe für dessen Mord an Daredevils Freundin Karen Page. Natürlich lebt der Schurke in einem anderen Universum des Marvel Multiverse weiter.

Der Kinokiller

In »Daredevil« (siehe Seite 130) wird der Schurke von Colin Farrell verkörpert. Sein Outfit unterscheidet sich von der Comicfigur. Der dunkle Mantel wirkt, als wäre er aus Krokodilshaut geschneidert. Er trägt weder Kopfbedeckung noch Maske. Auf der Stirn hat er sich ein Brandzeichen markieren lassen, das einem Fadenkreuz gleicht. Bullseye tötet im Film Elektra, bevor ihn Daredevil überwältigen kann und ihn der Polizei übergibt. Colin Farrell gab 2022 ein weiteres Mal einen Superschurken, diesmal war er als Pinguin zu sehen, der einer der Intimfeinde von Batman ist.

Der irische Schauspieler Colin Farrell überzeugte in »Daredevil« aus dem Jahr 2003 als Oberfiesling Bullseye. Bild: picture-alliance / Mary Evans Picture Library

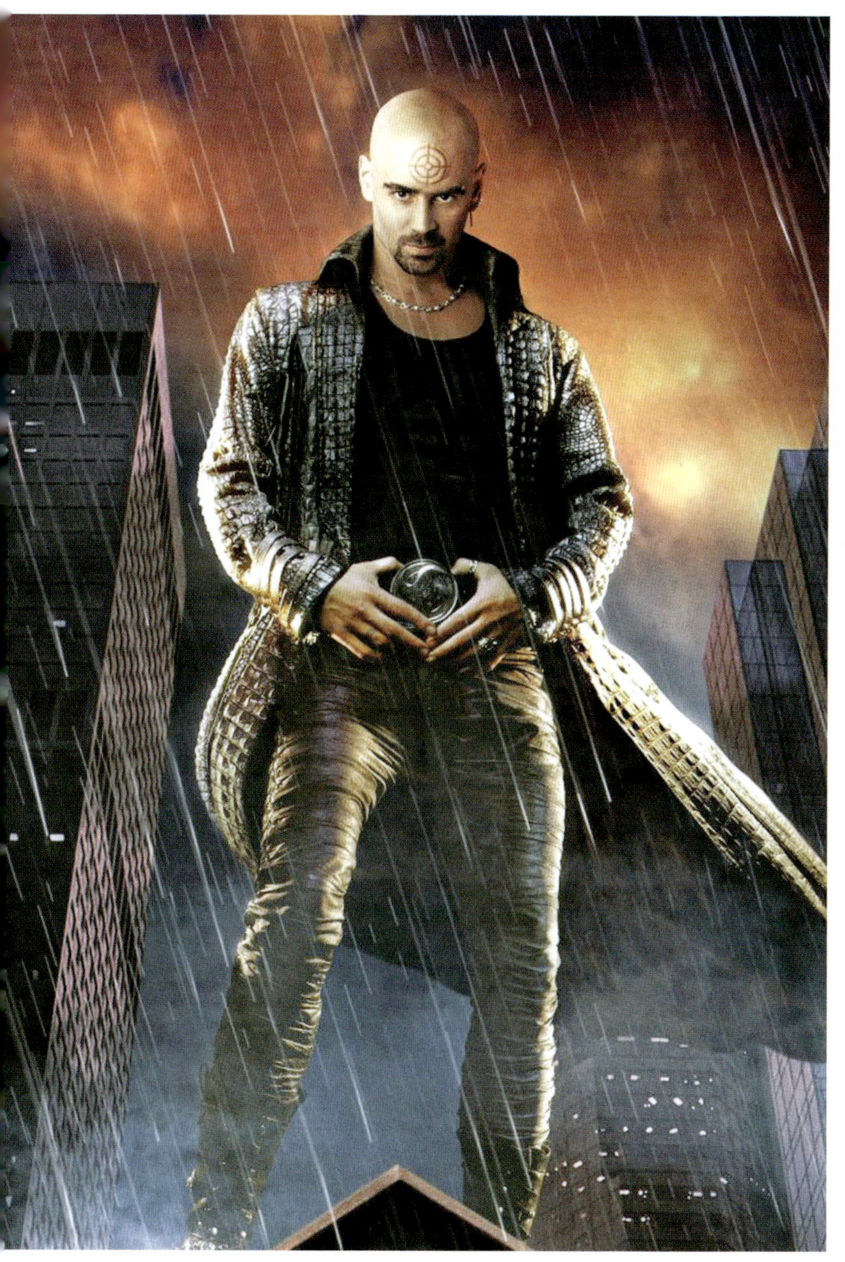

Der dicke Gangster Kingpin

Feind von Spider-Man und Daredevil

64

Bullseye war der gefährlichste Mann des New Yorker Gangsterbosses Kingpin. In »Daredevil« wird Kingpin von dem fast zwei Meter großen Afroamerikaner Michael Clarke Duncan gespielt, der durch »The Green Mile« weltbekannt wurde. Im Film war er der Mörder von Matt Murdocks Vater. Nachdem Daredevil ihn besiegt hat, verzichte er auf Selbstjustiz, sondern übergab den Verbrecher, ganz der gesetzestreue Anwalt, der Polizei.

Wilson Grant Fisk genannt Kingpin, tauchte erstmals im Juli 1967 als Gegenspieler von Spider-Man auf. Der dubiose Geschäftsmann war in

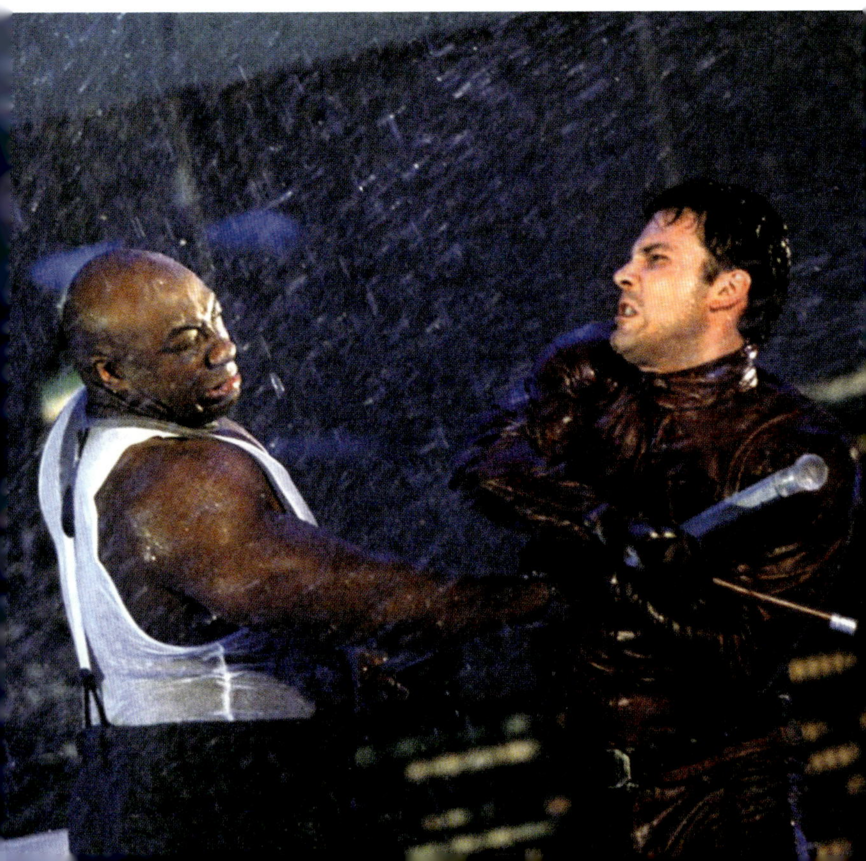

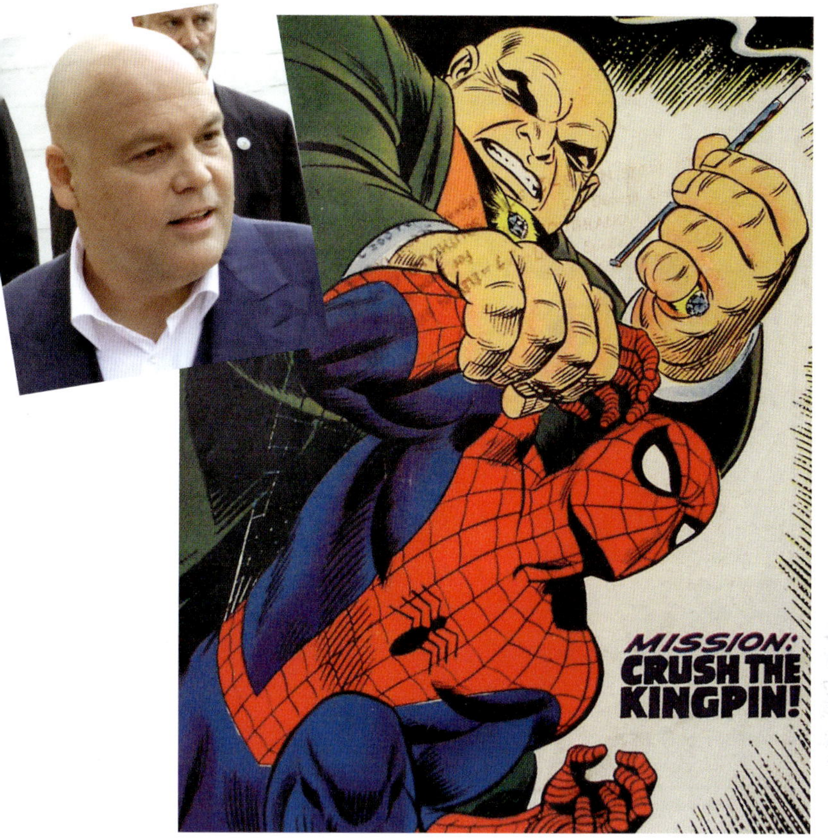

Wirklichkeit ein New Yorker Unterweltboss. In den Comics war der dicke Glatzkopf ein Weißer. Er trat anfangs als Gegner von Spider-Man in Erscheinung. In den 1980ern holte ihn Frank Miller als Feind in seine »Daredevil«-Geschichten. Kingpin war in verschiedenen Produktionen aufgetreten. Im Marvel Cinematic Universe ist er ein Weißer, verkörpert von Vincent D'Onofrio, der den fetten Schurken in der Netflix-Serie »Daredevil« (2015–2018) und den Marvel/Disney+ Miniserien »Hawkeye« (2021) und »Echo« (2024), sowie »Daredevil: Born Again« (2025) spielt.

Oben rechts: Spider-Man wird von Kingpin bedrängt. Bild: Dave/Flickr/CC BY-ND 2.0
Oben links: Vincent D'Onofrio spielte Kingpin in drei Netflix- und Disney+-Serien. GabboT/CC 2.0
Gegenüberliegende Seite: Zweikampf in scheußlichem Wetter: Kingpin und Daredevil im heißen Gefecht. Bild: picture-alliance / Mary Evans Picture Library

Black Panther

65

Der erste afroamerikanische Superheld

1964 hatte Martin Luther King den Friedensnobelpreis erhalten. 1965 war Malcolm X ermordet worden. Das Problem des Rassismus und des Kampfes der Schwarzen um Gleichberechtigung erschütterte die Vereinigten Staaten. So kamen Stan Lee und Kirby auf den Gedanken, mit T'Challa, dessen Superhelden-

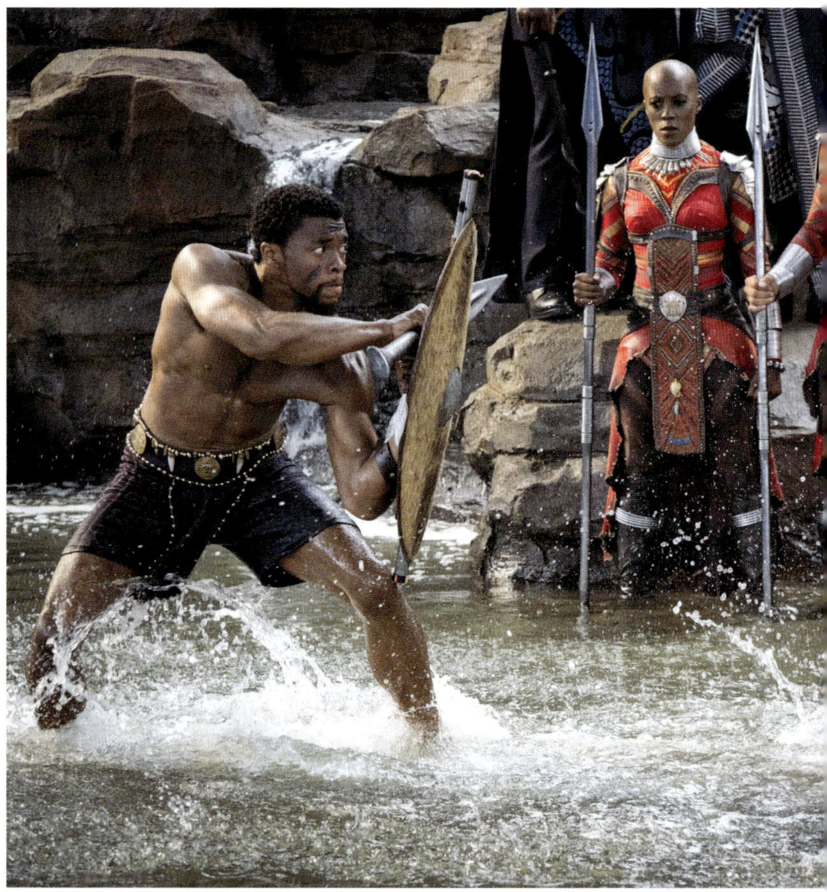

name Black Panther lautet, im Juli 1966 einen schwarzen Helden auftreten zu lassen. Das war in Nr. 52 der »Fantastic Four«. T'Challa ist der König des Stammes der Wakonda. Dieses Volk kennt eine besondere Pflanze, die in der Form eines Herzens wächst und ähnlich wie bei Asterix mit dem Zaubertrank enorme Kräfte und Schnelligkeit verleiht.

T'Challa ist ein überlegener Kämpfer. Seine hohe Intelligenz und sein strategisches Verständnis machen ihn zu einem exzellenten Anführer. Er besitzt ein schwarzes Kostüm, das mit Schutzfunktionen ausgestattet ist.

1968 übersiedelte Black Panther nach New York und trat den Avengers bei. 1973 bekam er mit »Jungle Action« eine eigene Heftreihe.

Im Kino war er zunächst 2016 in »The First Avenger: Civil War« zu sehen. Zwei Jahre später bekam T'Challa seinen ersten eigenen Spielfilm: »Black Panther« (2018). Nach zwei weiteren Beteiligungen bei »Avengers«-Filmen wurde mit »Black Panther: Wakanda Forever« eine Fortsetzung gedreht. Der gefährlichste Feind des Black Panther ist Killmonger, ein Wakanda, der als Kind in die USA entführt worden ist und erst viel später frei kommt. Er hasst die Königsfamilie und hat nur ein Ziel: den Black Panther zu vernichten. Am Schluss stirbt er jedoch selbst.

Im zweiten Teil ist T'Challa gestorben. Schauspieler Chadwick Boseman, der ihn gespielt hatte, war 2020 verstorben, deshalb musste das Drehbuch umgeschrieben werden. Nachfolgerin im Kostüm des Black Panther wird die Schwester Shuri, wie im ersten Film gespielt von Letitia Wright. Zusammen mit ihrer Mutter und Großmutter sorgt sie für echte Frauenpower im Film.

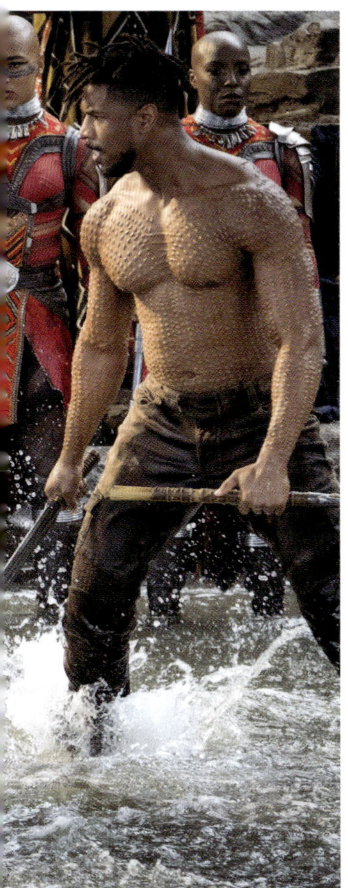

Der Black Panther, gespielt von Chadwick Boseman, im Zweikampf gegen Michael B. Jordan in der Rolle des Erik Killmonger (2018).

Bild: picture alliance / PictureLux/The Hollywood Archive / R4820

Der Punisher

Der Held mit dem Totenschädel

66

Frank Castle, geboren als Castiglione, trat zum ersten Mal im Februar 1974 in Nr. 129 der Heftreihe »The Amazing Spider-Man« auf. Der Texter Gerry Conway und die Zeichner John Romita Sr. und Ross Andru haben die Figur Punisher entwickelt. Er war zuerst ein Gegner Spider-Mans, weil er meinte, die Spinne sei ein Bösewicht. In den 1980ern bekam die beliebte Gestalt eine eigene Serie. Er arbeitet oft mit anderen Superhelden zusammen.

Castles Familie war ermordet worden. Deshalb jagte er nun Verbrecher aller Art und schreckte dabei weder vor dem Gesetz noch den guten Sitten zurück. Als Punisher gekleidet hat er einen Totenschädel auf die Brust genäht. Der Kriegsveteran beherrscht er alle möglichen Kampfarten.

Einen ersten Punisher-Film gab es 1989. Die Hauptrolle spielte Dolph Lundgren, ein B-Movie-Star. 2004 kam ein Film mit Thomas Jane in der Hauptrolle heraus: »Der Punisher«. Die Fortsetzung »Punisher: War Zone« erwies sich als Fehlschlag. Hier wurde der Punisher von Ray Stevenson verkörpert. Den Punisher gibt es auch in Serien und Computerspielen.

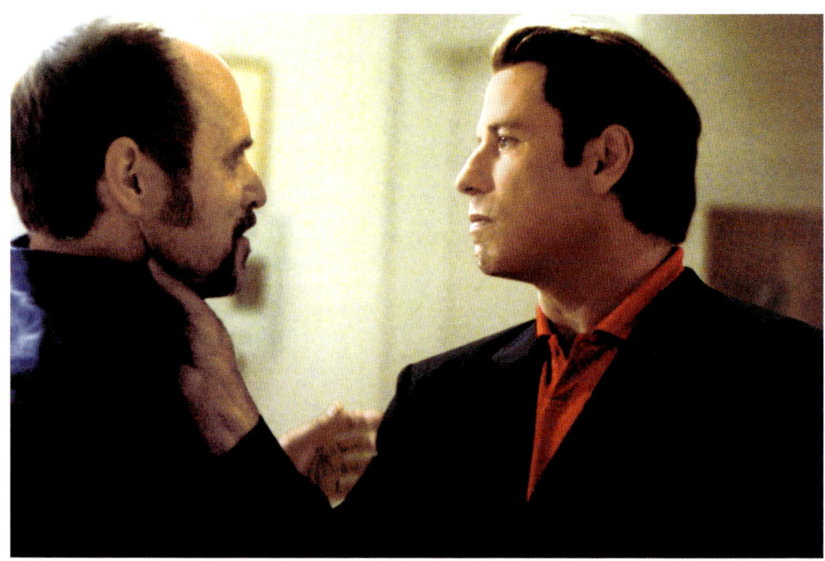

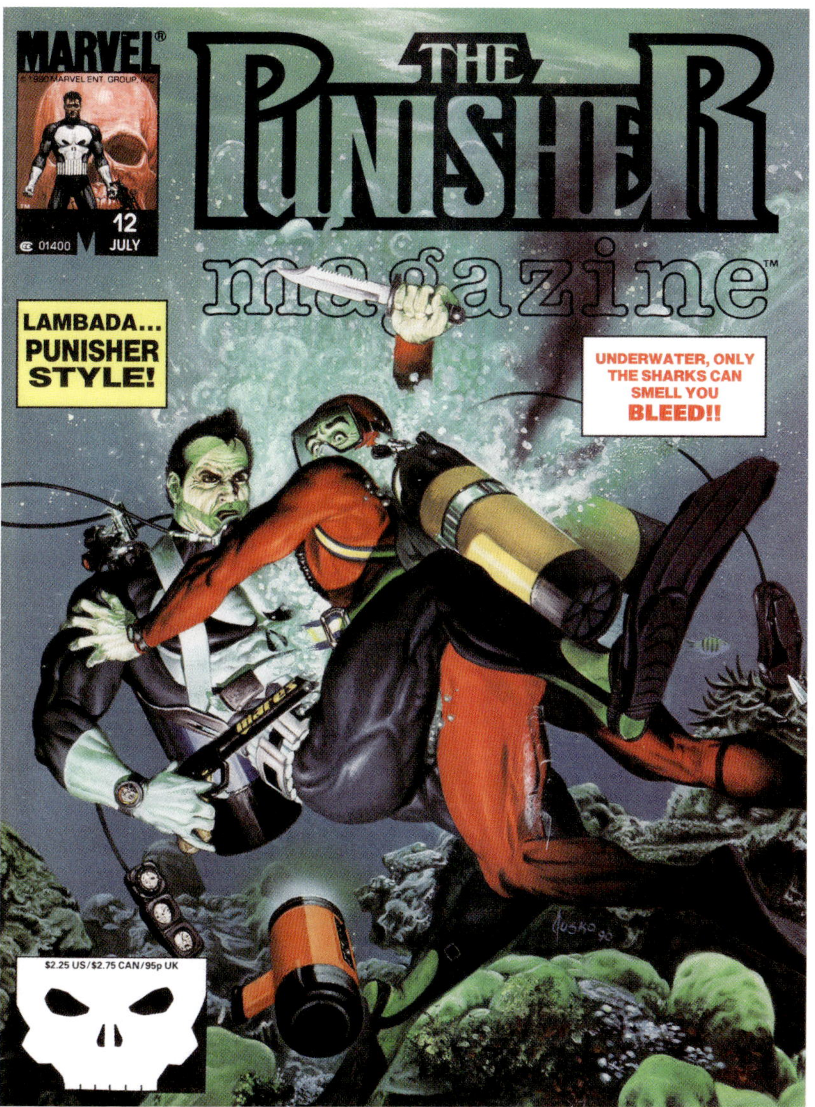

Der Punisher erhielt eine eigene Serie. Links oben auf dem Cover erkennt man den Totenkopf auf seinem Kostüm. Dies ist eine Sammlung älterer Geschichten. Bild: CG76/CC BY-NC-ND 2.0

John Travolta spielt in »The Punisher« die Unterweltgröße Howard Saint. Hier packt er Will Patton an der Gurgel, der sein Helfer Quentin Glass ist. Bild: Picture-alliance / Mary Evans Picture Library

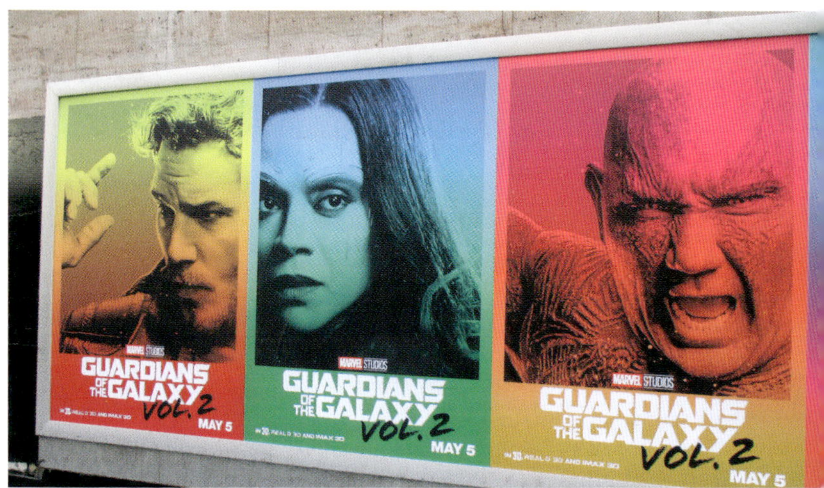

Werbung für den Film »Guardians of the Galaxy Vol. 2«. Bild: Brecht Bug/Flickr/CC BY-NC-ND 2.0

Pom Klementieff als Mantis, Groot, Chris Pratt als Peter Quill/Star-Lord, Dave Bautista als Drax, Karen Gillan als Nebula in »Guardians of the Galaxy Vol. 3«. Bild: picture alliance / ASSOCIATED PRESS / Uncredited

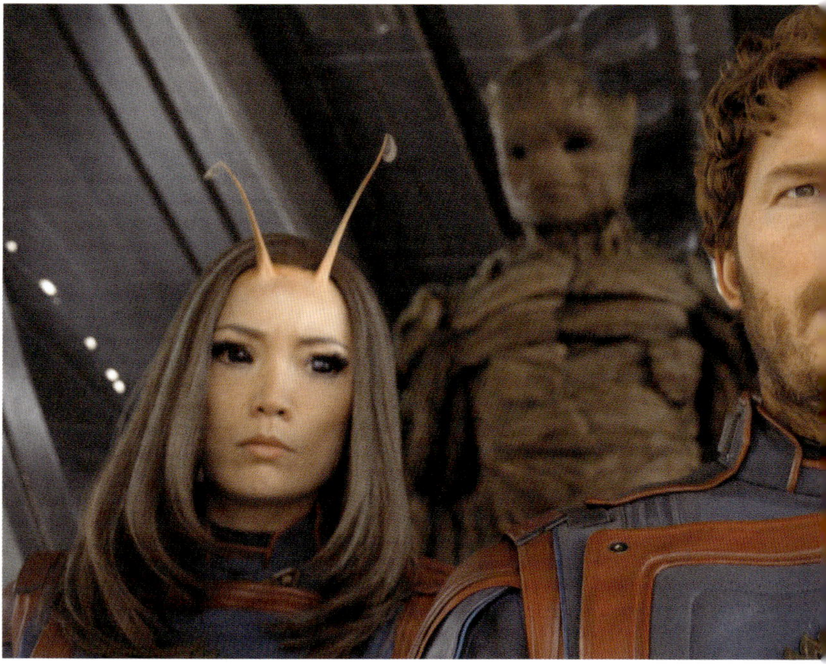

Guardians of the Galaxy

67

Helden einer Science-Fiction-Trilogie

1969, die ersten Menschen hatten den Mond betreten, war der Weltraum besonders interessant. In diesem Jahr wurden bei Marvel die Wächter der Galaxis, die »Guardians of the Galaxy« geboren. Die Vigilanten-Gruppe ist in einem Raumschiff unterwegs, um Bedrohungen aller Art zu verhindern. 2008 wurde die Besatzung des Raumschiffs verändert. Dieses Team wurde Vorbild für die Mitglieder der Guardians in einer Trilogie des Marvel Cinematic Universe. Die drei Teile kamen 2014, 2017 und 2023 heraus. Das Team tritt auch in zwei »Avengers«-Filmen auf. Die Mannschaft besteht aus Menschen und Außerirdischen. Die letzteren wurden im Computer erschaffen und animiert. In der Trilogie spielen Stars wie Glenn Close, Benicio del Toro, Kurt Russell, Sylvester Stallone, Miley Cyrus, Jeff Goldblum mit – und David Hasselhoff, allerdings nicht als Nick Fury.

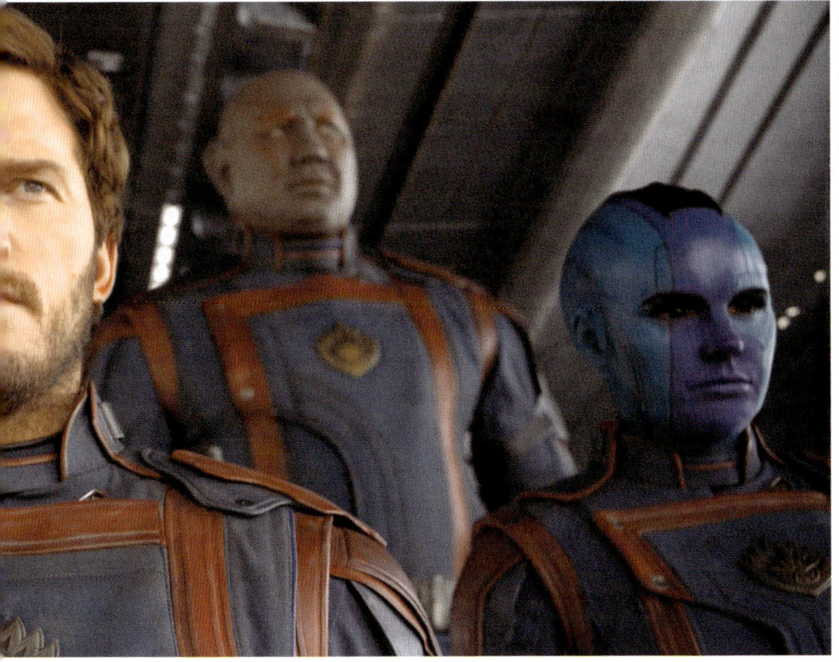

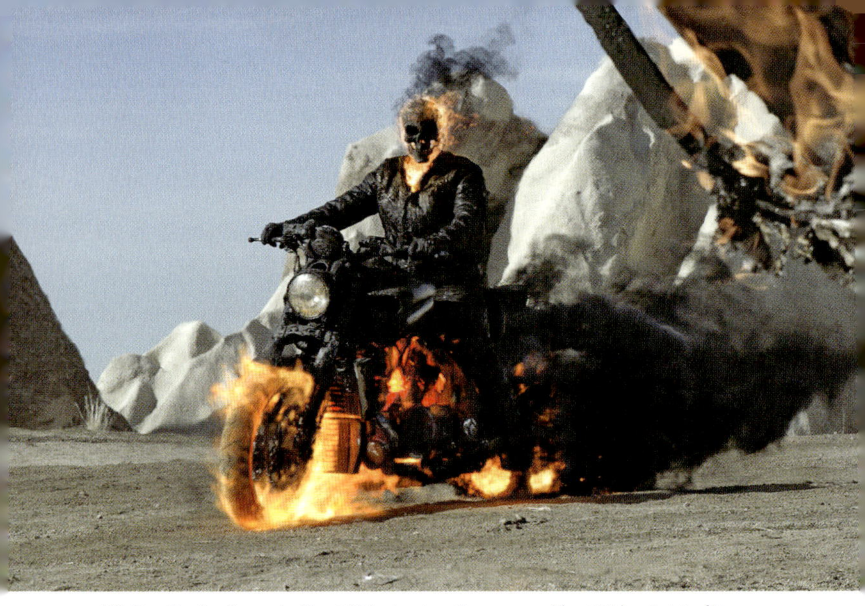

US-Star Nicolas Cage als Ghost Rider in einer Szene aus «Ghost Rider: Spirit of Vengeance«, der Fortsetzung des Films «Ghost Rider« von 2012. Bild: picture alliance / dpa / Universum

68 Ghost Rider

Ein Faust-Verschnitt auf dem Motorrad

Im August 1972 wartete Nr. 5 der Reihe »Marvel Spotlight« mit einem Motorradfahrer auf, der in schwarz-blauer Montur auf einem dunklen Motorrad sitzt und einen Totenkopf hat, aus dem eine Flamme wie Haare herausweht: Ghost Rider. Bereits 1967 hatte es einen weißen Cowboy auf einem weißen Pferd gegeben, der so hieß, aber dann in Phantom Rider umgetauft wurde. Die 72er-Figur ist der Stuntfahrer Johnny Blaze. Marvel hat noch drei andere Ghost Rider herausgebracht, darunter eine Frau.

Der Geisterreiter im Film

Die Macher des Kinofilms »Ghost Rider« von 2007 haben sich Johnny, den bekanntesten Ghost Rider herausgesucht. Der Jugendliche Johnny Blaze hat in Faust-Manier dem Teufel seine Seele verkauft, um das Leben seines Vaters zu retten. Mephistopheles, der Teufel Fausts, heilt den Krebs, doch der Vater hat nicht viel davon, denn noch am selben Tag stirbt er bei einem Unfall in der Motorrad-Show. Ein Keulenschlag auf Johnnys Kopf!

Es hilft nichts, die Seele gehört dem Teufel. Der zwingt den jungen Mann, alle zu verlassen, auch seine Geliebte. So wird Johnny zu einem herausragenden Motorrad-Stuntfahrer, der sich alles traut, weil er nichts zu verlieren hat. Mephistopheles zwingt Blaze zu einer zweiten Existenz als Ghost Rider, der mit einem feurigen Schweif und brennenden Reifen rast. Er soll den Teufelssohn Blackheart und seine Schergen aus dem Verkehr ziehen. Das gelingt und Johnny bekommt seine Seele zurück. Die Ghost-Rider-Kräfte will er jedoch nicht hergeben. Mephistopheles kann nichts dagegen tun, als ihm Rache zu schwören.

In der Fortsetzung hat sich Johnny nach Rumänien zurückgezogen. Er gerät in eine sehr religiöse Geschichte, allerdings mit eher untypischen Klerikern. So spielt Idris Elba einen trinkenden Mönch namens Moreau, der mit Johnny zusammenarbeitet. Diese Gestalt gibt es in den Marvel-Comics nicht. Es geht um den jungen Danny, der in Gefahr schwebt. Moreau bittet den Ghost Rider, ihm zu helfen. Das gelingt und sie wollen ihn bei Methodius (gespielt von dem kahlen Christopher Lambert) unterbringen. Doch der ist ein Verräter. Johnny Blaze wurde vom Fluch des Ghost Riders befreit, hat keine Superkräfte mehr. Am Ende besitzt er doch wieder eine Superkraft, allerdings als geläuterte, engelhafte Gestalt mit blau leuchtendem Feuer.

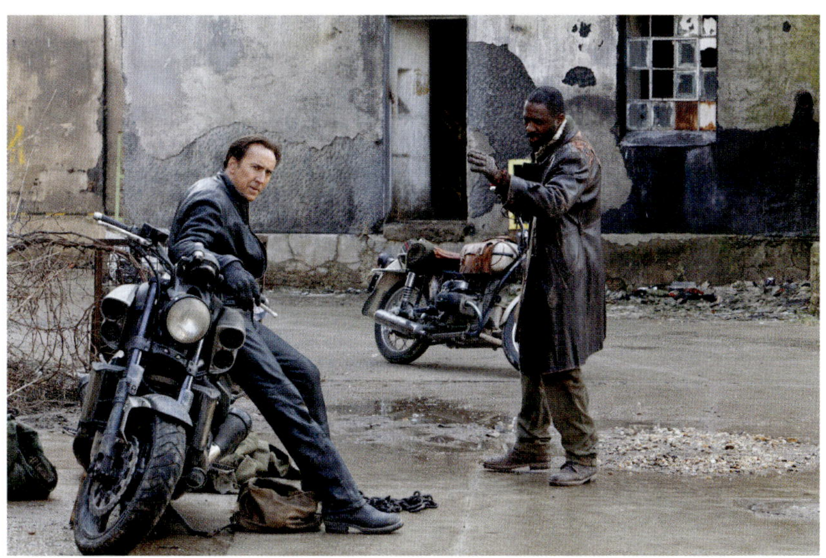

Nicolas Cage und Idris Elba im zweiten »Ghost Rider« von 2012 beim Krisengipfel.

Blade, der Vampirjäger

Der erste große Marvel-Kinofilm

69

New Line Cinema ist bekannt durch viele erfolgreiche Filme und Filmreihen wie »Night Mare«, die »Ninja-Turtles«, »Mortal Combat«, »Rush Hour«, »Final Destination« und die »Herr der Ringe«- und »Hobbit«-Reihe. Dort kam auch der erste Kinofilm mit einem Marvel-Helden heraus. Es war aber keiner der Großen, kein Spider-Man oder Iron Man. Es war Blade.

Blade als Comicfigur

Eric Brooks wurde bereits vor seiner Geburt das Opfer eines Vampirs. Seine schwangere Mutter wurde von einem dieser Blutsauger gebissen. Das Ergebnis ist ein Mischwesen, ein sogenannter Dhampir. Er verfügt über die Fähigkeiten von Vampiren in der Nacht, hat aber mit Sonnenlicht kein Problem und kann sich tagsüber frei bewegen. Kleines Problem dabei: er hat diesen schrecklichen Durst auf Blut.

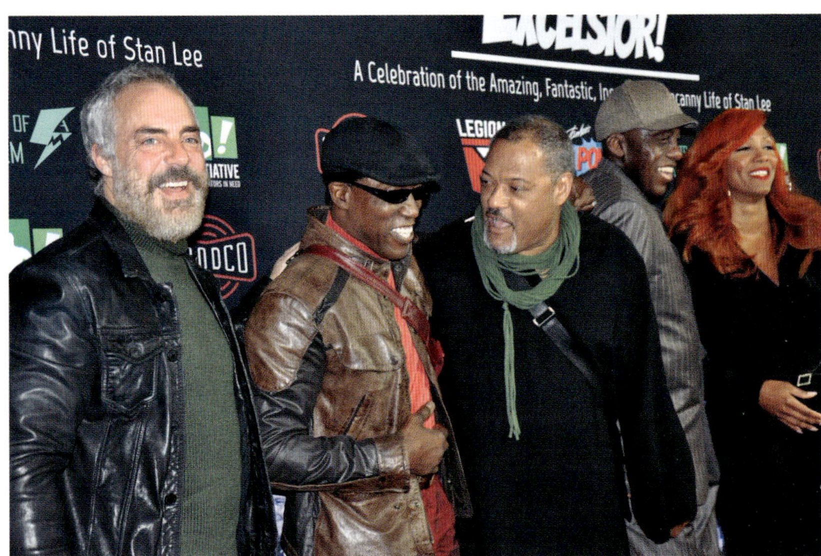

Titus Welliver, Wesley Snipes, Laurence Fishburne und Bill Duke feiern das »Amazing, Fantastic, Incredible and Uncanny Life of Stan Lee« im Chinese Theatre Hollywood. Bild: U.S. Army/Dena O'Dell

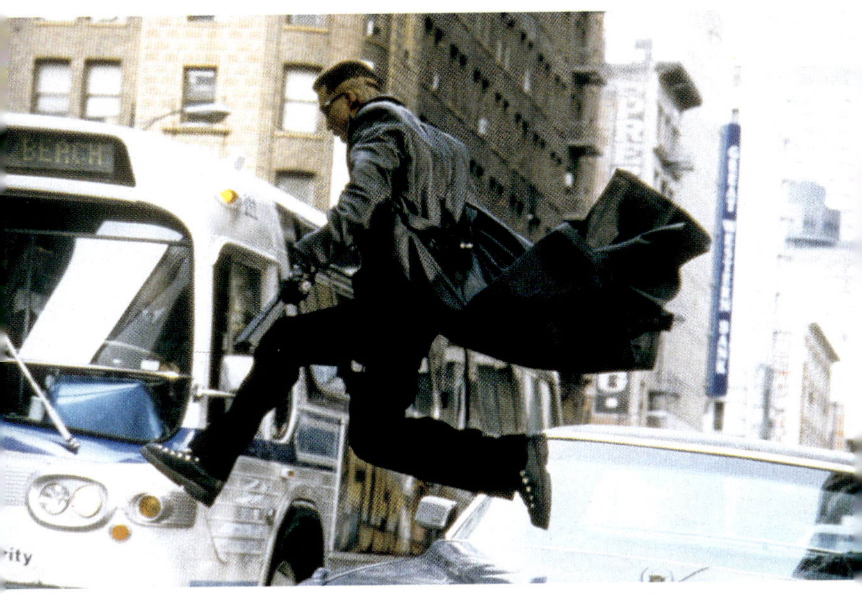

Wesley Snipes spielte in »Blade« 1998 einen schwarzen Halbvampir, der gefährlichen Vampiren den Kampf angesagt hat. Bild: picture-alliance / Mary Evans Picture Library

Bei Marvel ist Blade 1973 erstmals zu sehen. Er taucht immer wieder in verschiedenen Heften auf, auch bei den Avengers ist er eine Zeit lang Mitglied. 1974 wird er als Hauptfigur eingesetzt. Blade hat das Ziel, alle Vampire zu bekämpfen, denn die sind schuld am Tod seiner Mutter. Er verfügt über effektive Waffen, darf aber immer wieder seine hervorragende Kampfkunst unter Beweis stellen.

Der Vampirjäger in Film und Fernsehen

Der schwarze Halbvampir war der erste Marvel-Kinofilm und zugleich der erste Film, der sich beim Publikum so richtig durchsetzen konnte. So folgten auf »Blade« (1998) die Fortsetzungen »Blade II« (2002) und »Blade: Trinity« (2004). 2006 folgte eine Fernsehserie »Blade – Die Jagd geht weiter«, in der der US-Rapper Kirk »Sticky Fingaz« Jones den Blade gibt. Ganz überraschend trat Snipes 2024 noch einmal als Blade auf: in einem Kurzeinsatz in »Deadpool & Wolverine«.

Beim Marvel Cinematic Universe will man in Zukunft Blade ebenfalls einsetzen, da die Rechte wieder zu Marvel zurückgekommen sind. Im November 2025 soll Mahershala Ali den Vampirjäger spielen. Das wäre der 38. Film des Franchise.

Wesley Snipes

Kampfkunst und Black Power

70

Der erste Marvel-Superstar war für seine Rolle wahrlich prädestiniert. Er ist schwarz – nein, das ist kein dummer Witz, denn im Studio gab es Überlegungen, aus Blade im Gegensatz zu den Comics einen Weißen zu machen – und er ist ein ausgebildeter Martial-Arts-Kämpfer. Als Schauspieler bringt er eine gewisse überlegene Arroganz mit, dazu eine Prise komödiantisches Talent. So konnte er einen überzeugenden Vampirjäger spielen. Die bestens dazu passende schwarze Garderobe mit langem Ledermantel, Handschuhen und Sonnenbrille machten Blade zu einer gelungenen Figur.

Die große Zeit

Wesley Snipes hatte einen langen Weg zur Spitze von Hollywood. Mit »Streets of Gold« von 1986, wo er sich als Boxtalent mit Klaus Maria Brandauer zoffen kann, hatte er seine erste größere Rolle. Seine beste Zeit kam in den 1990er-Jahren, wo er spannende Actionfilme wie »Passagier 57« drehte, wo er eine Flugzeugentführung vereitelt, oder »Demolition Man« als Gegner von Sly Stallone, wo er seine Action-Fähigkeiten bestens unter Beweis stellen kann. In »Auf der Jagd« spielt er einen zweiten Dr. Richard Kimble, der unschuldig von der Polizei verfolgt wird. Dieser Streifen kam im selben Jahr wie »Blade« ins Kino.

Nach der Jahrtausendwende schrieb Wesley Snipes Schlagzeilen, die nichts mit Filmen zu tun hatten. Es ging um Steuerhinterziehung. Der beliebte Schauspieler musste ins Gefängnis.

Erzwungener Neuanfang

Einer in Hollywood hatte ihn nicht vergessen. Sylvester Stallone holte ihn zu »Expendables 3« in seine Action-Rentnertruppe. Seitdem dreht Snipes wieder regelmäßig, doch an die besten Jahre kommt er nicht mehr heran. Sicherlich spielt inzwischen auch das Alter eine Rolle. Arg viele Actionrollen für reifere Herren sind nicht auf dem Markt. 2024 schlüpfte Wesley Snipes nach zwanzig Jahren in »Deadpool & Wolverine« noch einmal in die schon angestaubten Klamotten von Blade.

Wesley Snipes im dritten Teil der Blade-Saga: »Blade: Trinity« von 2004. Blade steht da wie sein eigenes Denkmal, nur halt in Schwarz. Bild: picture alliance / Mary Evans Picture Library

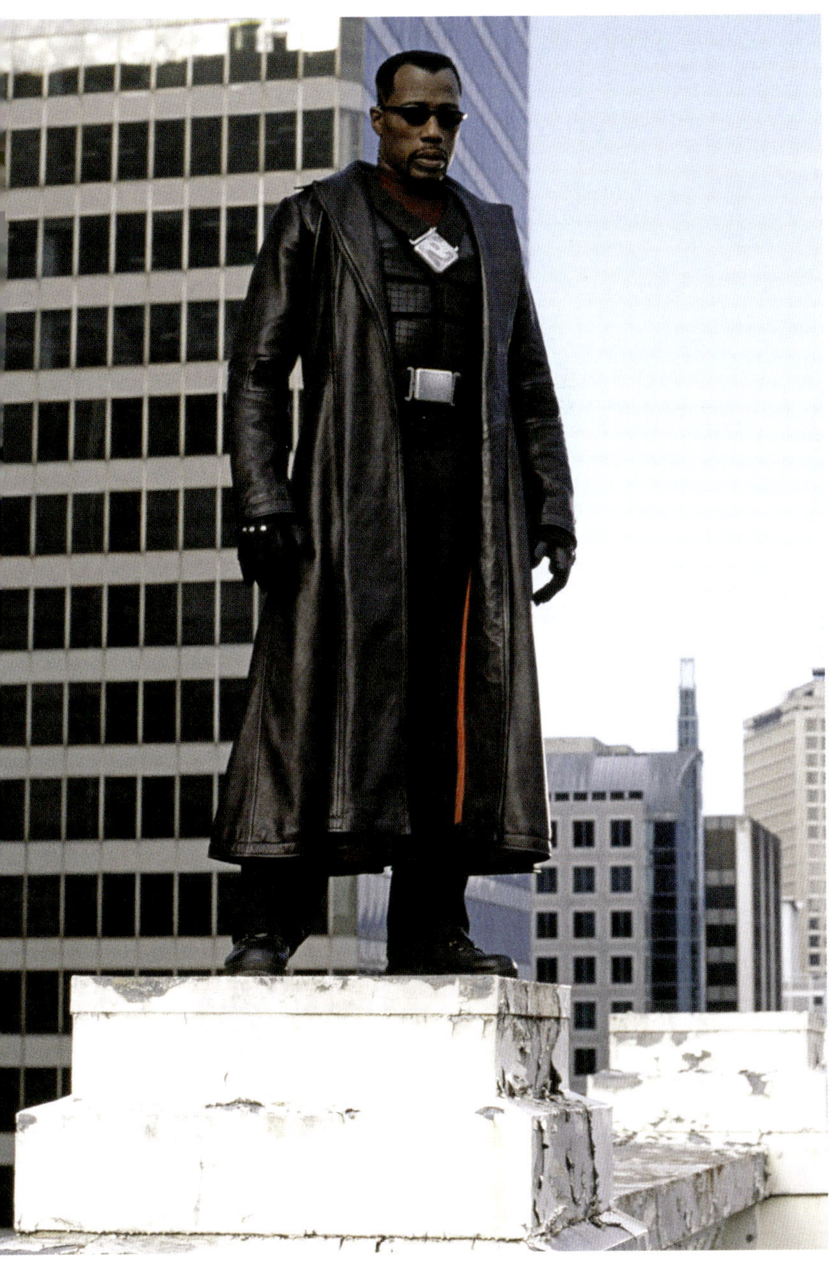

Die Eternals

71

Sie beschützen die Welt

Im Juli 1976 kam bei Marvel eine neue Comicserie heraus: »The Eternals«, getextet und gezeichnet von John Kirby. Mit teils größeren zeitlichen Abständen wurde 2021 der fünfte Band erreicht, der bis heute fortgesetzt wird. Die Eternals sind eine humanoide Rasse »Homo immortalis«, die quasi unsterblich ist und die sich der Aufgabe gewidmet hat, den Planeten Erde vor Feinden, allen voran die Deviants, zu bewahren. In jedem Band, einer abgegrenzten Zahl von Heften, tritt eine neue Generation an. Die Eternals arbeiten hie und da auch mit anderen Superhelden zusammen.

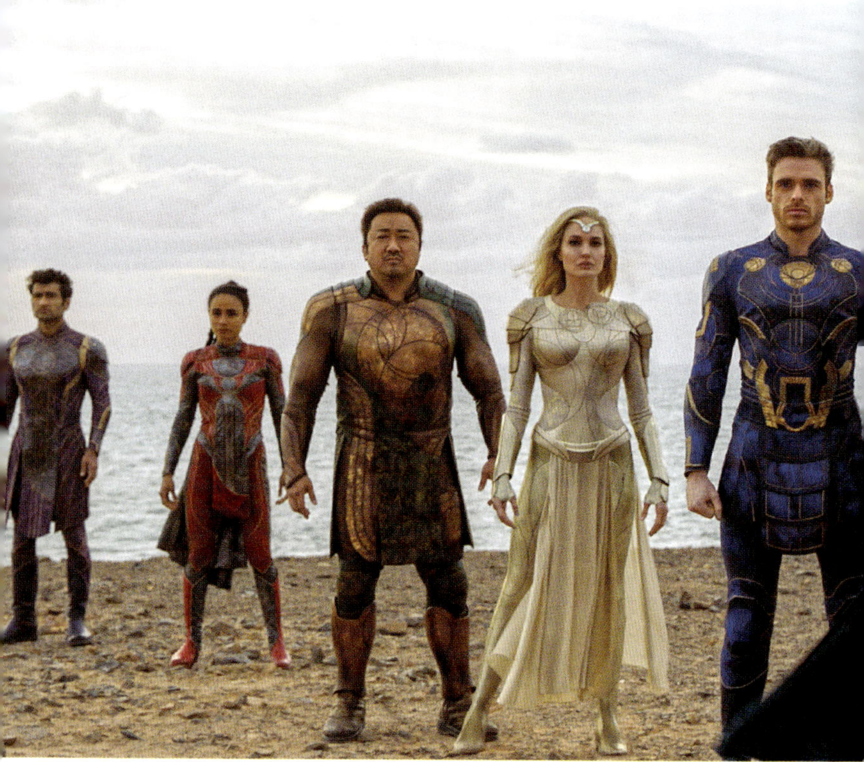

2021 brachte das Marvel Cinematic Universe einen Film heraus: »Eternals«. Die Hauptfiguren stammen aus der vierten Comicgeneration. Der Film spielt auf der Erde und beschreibt den Kampf zwischen den Eternals und den bösen Deviants, deren finsterer Plan es ist, die Menschheit auf dem Planeten auszurotten.

Bei den Kritikern kam der Streifen nicht besonders gut an. Da konnten auch begehrte Stars wie Salma Hayek, Angelina Jolie oder der von den Fans verehrte Darsteller des Robb Stark in »Game of Thrones«, Richard Madden, nicht helfen.

Die Eternals und ihre Darsteller von links nach rechts: Kingo (Kumail Nanjiani), Makkari (Lauren Ridloff), Gilgamesh (Don Lee), Thena (Angelina Jolie), Ikaris (Richard Madden), Ajak (Salma Hayek), Sersi (Gemma Chan), Sprite (Lia McHugh), Phastos (Brian Tyree Henry) and Druig (Barry Keoghan). Bild: picture alliance / PictureLux/Marvel Studios / The / Marvel Studios

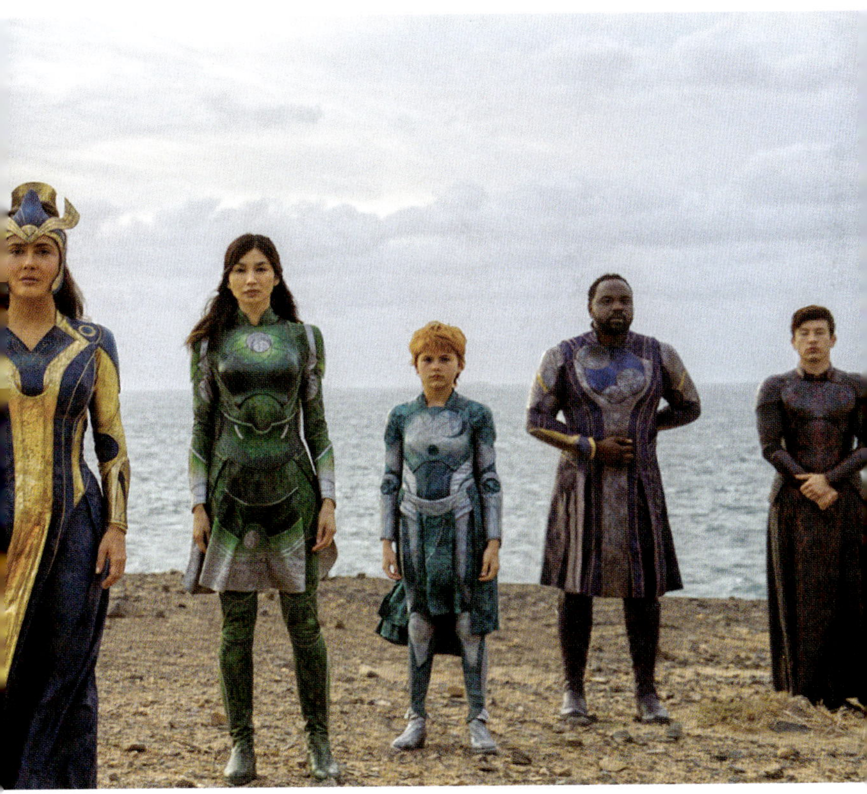

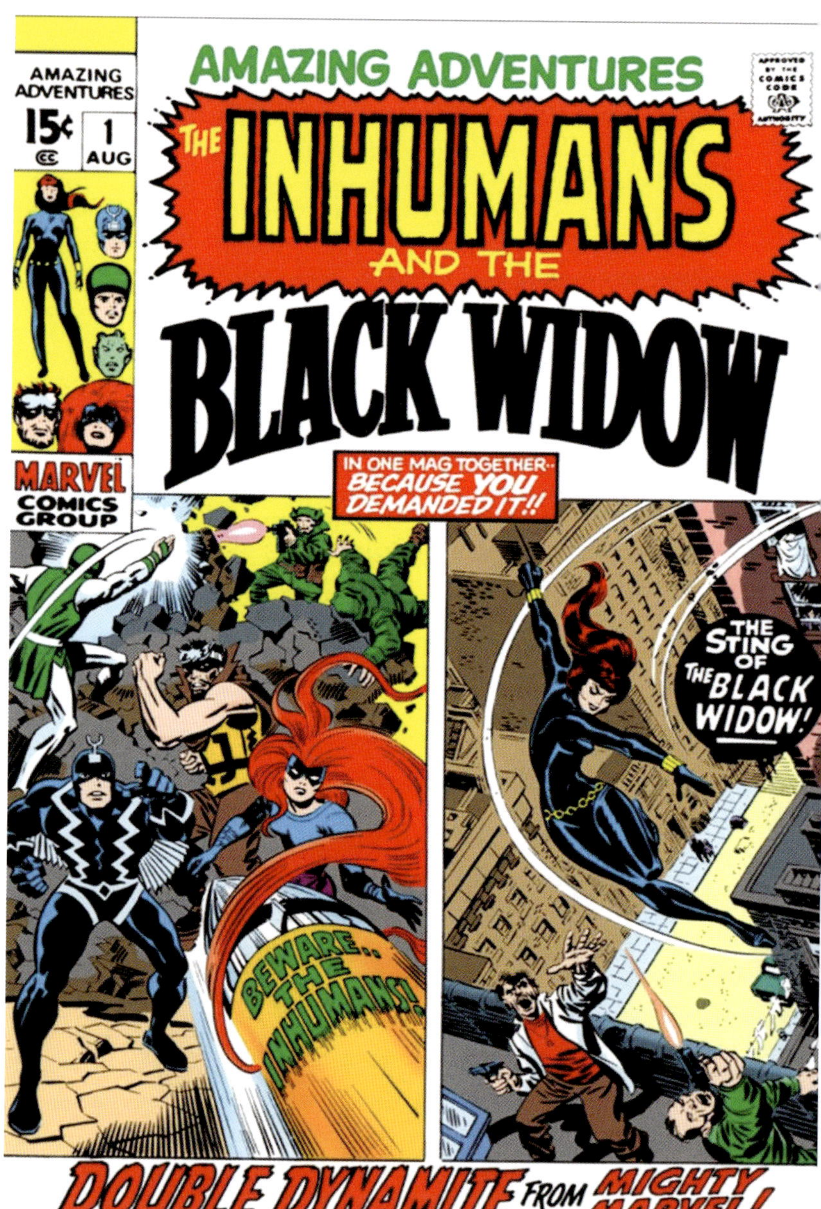

Die Black Widow im Comic teilte sich ihr Heft mit den Inhumans. Bild: Sammlung Michael Dörflinger

Die Schwarze Witwe

72

Eine Superheldin startet durch

Inzwischen gibt es drei Black Widows, also schwarze Witwen, im Marvel-Multiversum. Die erste und wichtigste ist die Russin Natasha Romanova (im Film heißt sie Romanoff, die weibliche slawische Endung wurde unterschlagen), eine ehemalige KGB-Spionin, die den Iron Man ausknipsen sollte. Doch sie wechselte die Seiten, trat zunächst in Nick Furys S.H.I.E.L.D. ein (siehe Kapitel 58) und wurde dann Mitglied der Avengers. Die zweite Black Widow, die 1999 zum ersten Mal auftauchte, heißt Yelena Belova. Sie kam ebenfalls vom KGB und arbeitet als Terroristin. Die dritte Witwe wurde 2015 vorgestellt. Sie ist eher eine Art Spider-Woman mit entsprechenden Fähigkeiten – nach der Spinnenart Schwarze Witwe.

Natasha wurde zu einer der wichtigsten Figuren im Marvel Cinematic Universe. Mit der Blondine zog mächtig Frauenpower in die Superhelden-Filme ein. Dieser Trend sollte sich noch deutlich verstärken, wie die folgenden Kapitel belegen werden.

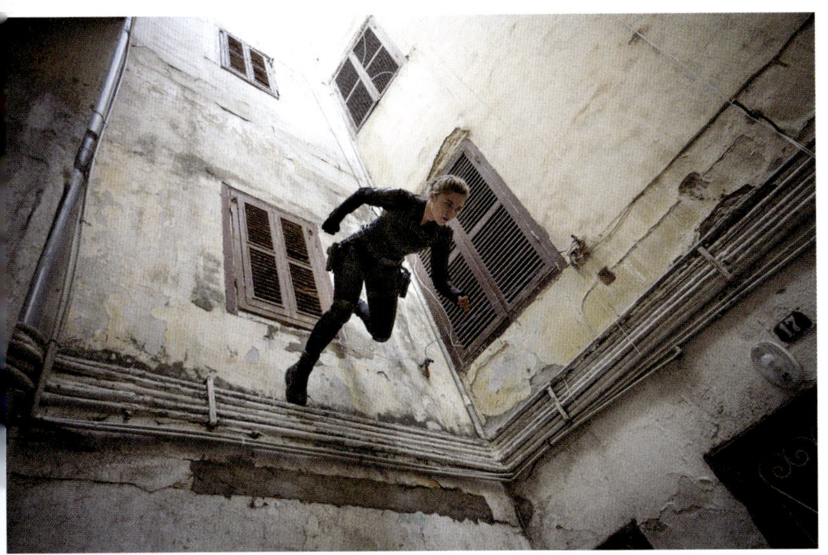

Florence Pugh spielt die zweite Black Widow Yelena Belova in dem 2021 herausgekommenen »Black Widow«. Bild: picture alliance / PictureLux/Disney / The Hollywoo / R4820

Scarlett Johansson

73

Marvels Black Widow

Scarlett Johansson, die schon als Teenager zum Star wurde, hatte 2008 in »The Spirit«, der Verfilmung eines Comics der 1940er, ihre erste Rolle in einem Superheldenfilm. 2010 spielte sie in »Iron Man 2« erstmals die Black Widow. Bis sie 2023 erklärte, ihr Witwenkostüm endgültig abzulegen, sollte sie neun Filme machen.

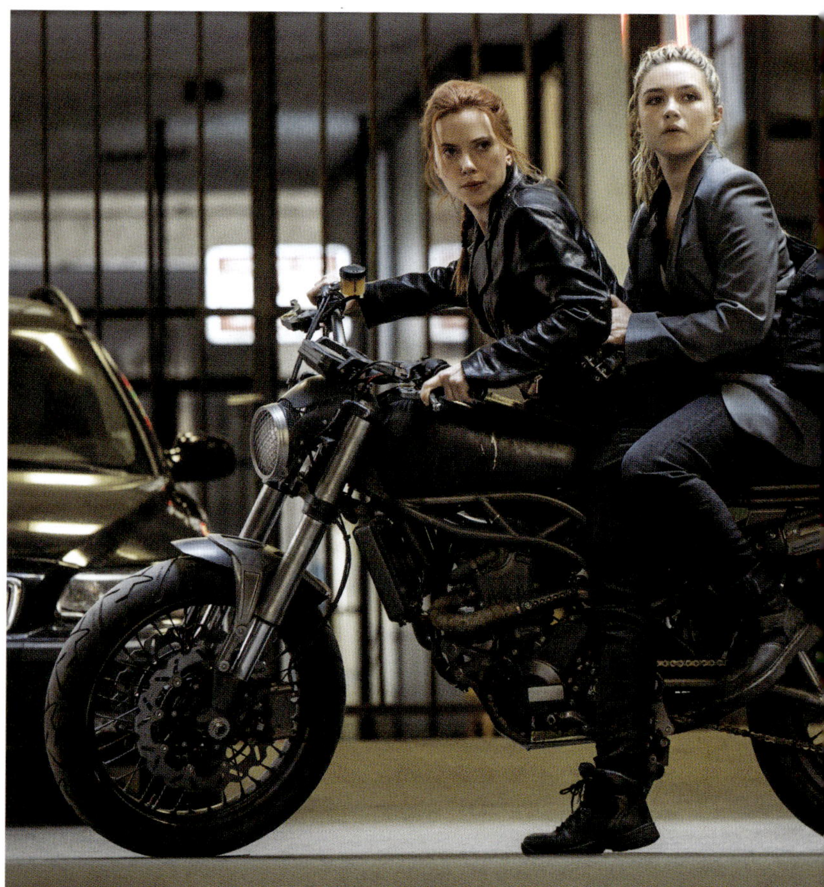

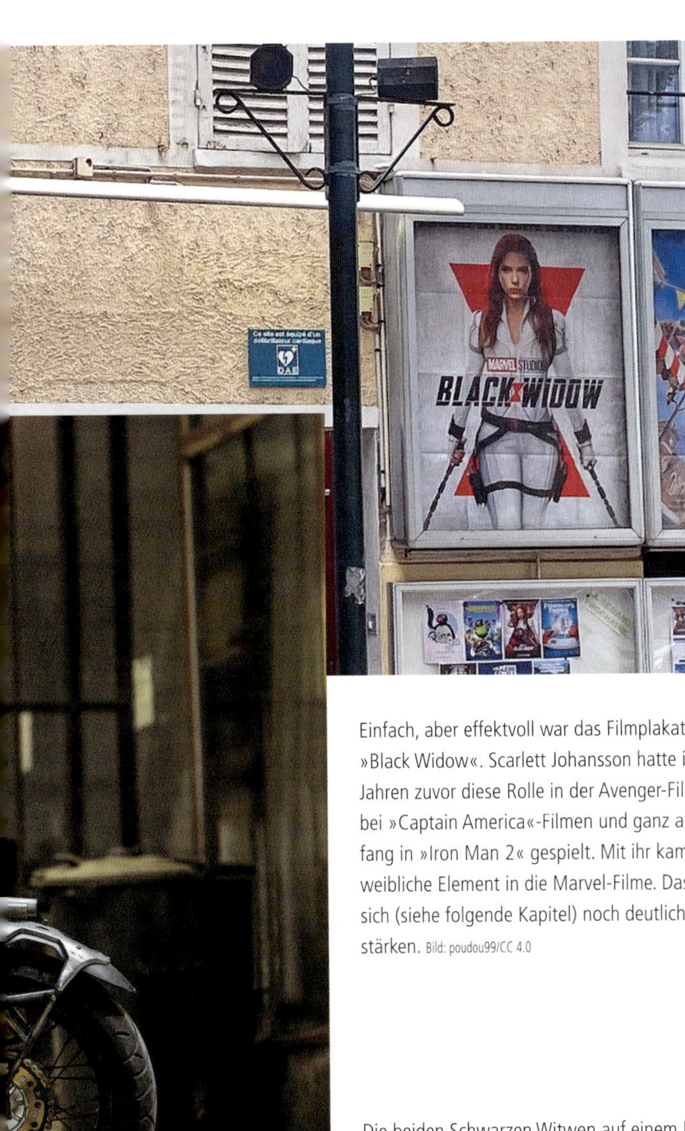

Einfach, aber effektvoll war das Filmplakat zu »Black Widow«. Scarlett Johansson hatte in den Jahren zuvor diese Rolle in der Avenger-Filmreihe, bei »Captain America«-Filmen und ganz am Anfang in »Iron Man 2« gespielt. Mit ihr kam das weibliche Element in die Marvel-Filme. Das sollte sich (siehe folgende Kapitel) noch deutlich verstärken. Bild: poudou99/CC 4.0

Die beiden Schwarzen Witwen auf einem Motorrad vereint. Scarlett Johansson mit Sozia, der Kollegin Florence Pugh als Yelena Belova. Natasha als wichtiges Mitglied der Avengers arbeitet in diesem Film auf eigene Rechnung.

Bild: picture alliance / ZUMAPRESS.com / Marvel Studios

Jessica Jones

Heldin der Netflix-Serie

74

Jessica Jones ist eine sehr junge Marvel-Figur. Ihren ersten Auftritt feierte sie 2001 in Nr. 1 von »Alias«. Alias heißt die Privatdetektei der Schnüfflerin Jessica Jones, die als brutale, abgefuckte Säuferin an die berühmten Hard-boiled-Krimis der 1940er-Jahre anknüpft. Jessica war eine Mitschülerin von Peter Parker. Ihr Vater war in der Firma von Tony Stark beschäftigt. Einige Bezüge zu Superhelden also! Bei einem schrecklichen Unfall verliert sie ihre Eltern und ist radioaktivem Material ausgesetzt. Wie so oft ist das im Marvel-Universum nicht tödlich, sondern weckt Superkräfte. Jessica Jones konnte nun fliegen und war als weiß-blaue Superheldin Jewel im Einsatz. Doch sie wurde vom scheußlichen Purple Man gefangen und psychisch gefoltert. Nach ihrer Flucht war sie völlig traumatisiert aus der Superheldenbranche ausgestiegen und arbeitet seitdem als Detektivin.

Als Mitglied der New Avengers und eine eigene Serie

Jessica Jones heiratete später Luke Cage, der als »Power Man« ein Superheld ist, der für Geld alles macht. Jessica kramte ihr altes Superheldinnen-Kostüm wieder heraus und begleitete ihren Mann als Power Woman. Beide wurden sie Mitglieder der New Avengers, Luke sogar deren Anführer.

2010 kam die Produzentin Melissa Rosenberg auf den Gedanken, für ABC eine Serie über Jessica Jones zu realisieren. Sie sollte auf dem »Alias«-Comic basieren. Rosenberg war von der Idee einer ehemaligen Superheldin mit posttraumatischer Belastungsstörung fasziniert. Später kam die Idee auf, die geplante Serie über Netflix zum Publikum zu bringen. Zeitgleich in den USA und Deutschland startete die Serie am 20. November 2015 auf Netflix.

Insgesamt wurden drei 13-teilige Staffeln gedreht. Den Superschurken spielte der Brite David Tennant, der als der zehnte Darsteller des Doctor Who bekannt wurde. Jessicas Liebe Luke Cage wurde von Mike Colter verkörpert, einem amerikanischen Serienstar. Die Serie wurde von den Kritikern überaus gelobt. Krysten Ritter bekam den Peabody Award, einen Radio- und Fernsehpreis, der höchste Ansprüche stellt.

Bei dieser Präsentation zeigt sich Krysten Ritter, die in der Serie die Jessica Jones spielt. Man will kaum glauben, dass dieses Mädchen fluchen kann ... Bild: Jana Lynn French/CC 2.0

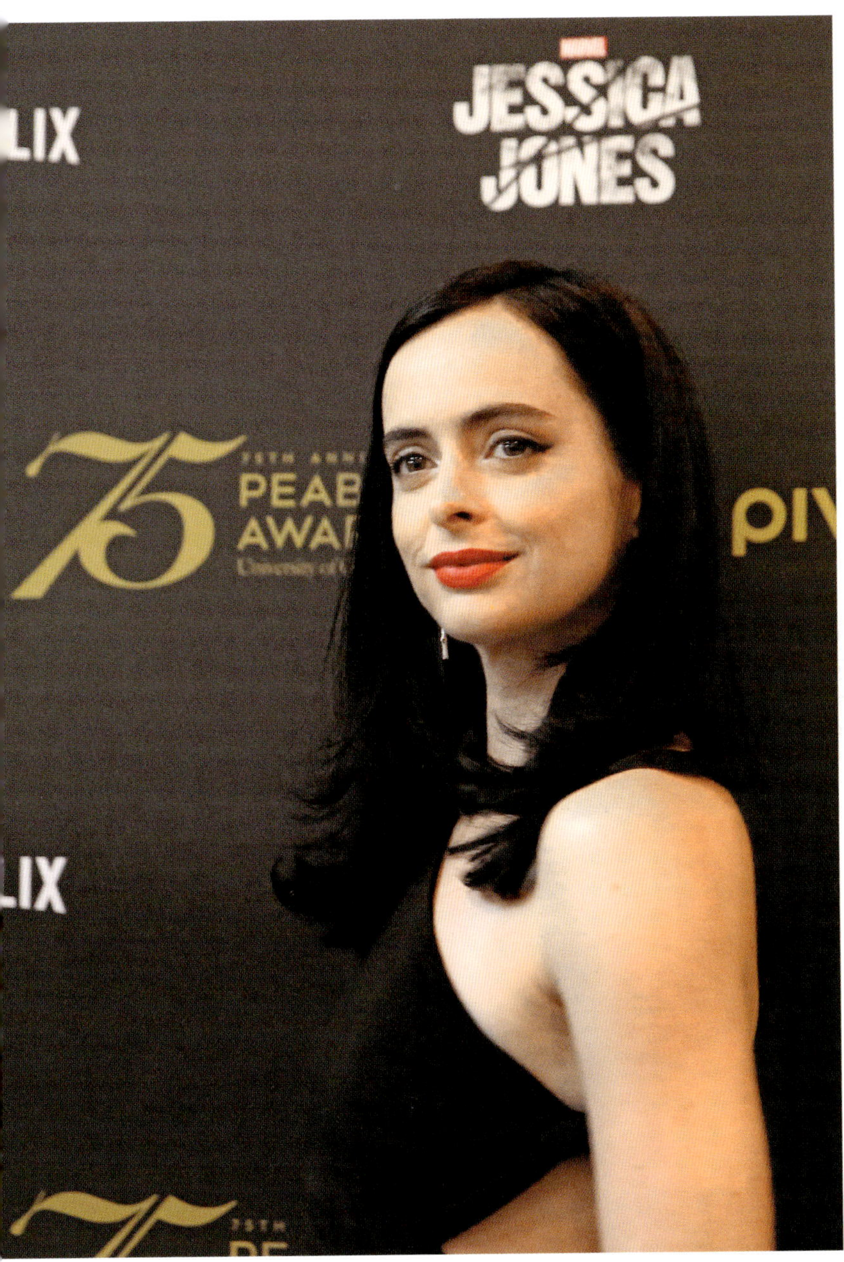
JESSICA
JONES
75

Captain Marvel

Ein Name, zwei Gestalten

75

Der Verlag Fawcett Publications aus Connecticut sprang 1939 auf den goldenen Superheldenzug auf und brachte Geschichten um Captain Marvel heraus – kurz nach dem Erscheinen des ersten Marvel Comics bei Timely. Billy Batson, ein 12-jähriger Junge, hat durch Zufall entdeckt, dass er sich in den Superhelden Captain Marvel verwandeln kann, wenn er den Namen des Zauberers Shazam ausspricht. Dieser Captain verkaufte sich eine Zeit lang sogar besser als Superman. National zog vor Gericht, worauf 1953 die Figur beerdigt werden musste, weil sie Superman zu ähnlich war.

In den 1970ern übernahm DC den Verlag Fawcett und die Marvel-Figur. Das konnte Marvel natürlich nicht gefallen, das um 1967 sich die Rechte auf den Namen gesichert hatte und nun selbst einen Captain Marvel herausbrachte. DC publizierte die Geschichten um seinen Captain Marvel in der Heftreihe »Shazam«, um Rechtsprobleme zu umgehen.

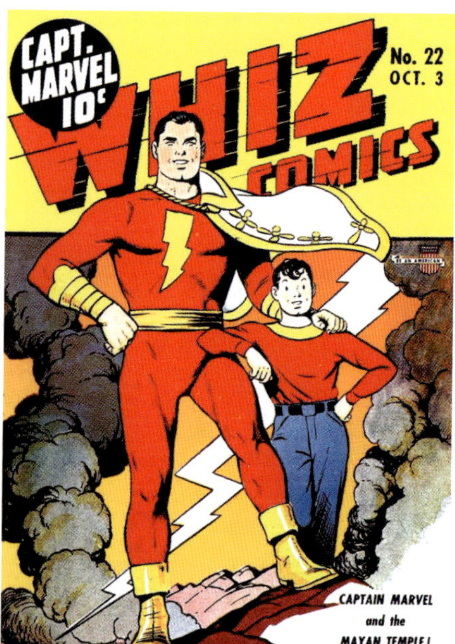

1982 wurde Captain Marvel bei Marvel erstmals weiblich. Es folgten noch weitere Reinkarnationen der Figur. 2012 dann warf sich Carol Danvers in die Captain-Uniform, die seit 1977 eine eigene Serie »Ms. Marvel« hatte. 2019 erhielt sie als erste weibliche Superheldin einen Film: »Captain Marvel«, gespielt wurde sie von der Oscar-Preisträgerin Brie Larson. Im gleichen Jahr war sie bei »Avengers: Endgame« dabei. Es folgten »Shang-Chi« und »The Marvels«. In der Serie »Ms. Marvel«, die 2022 auf Disney+ lief, hat sie am Ende der letzten Episode einen Kurzauftritt.

Captain Marvel 1940 aus dem Verlag Fawcett Publications. Bild: Sammlung Michael Dörflinger

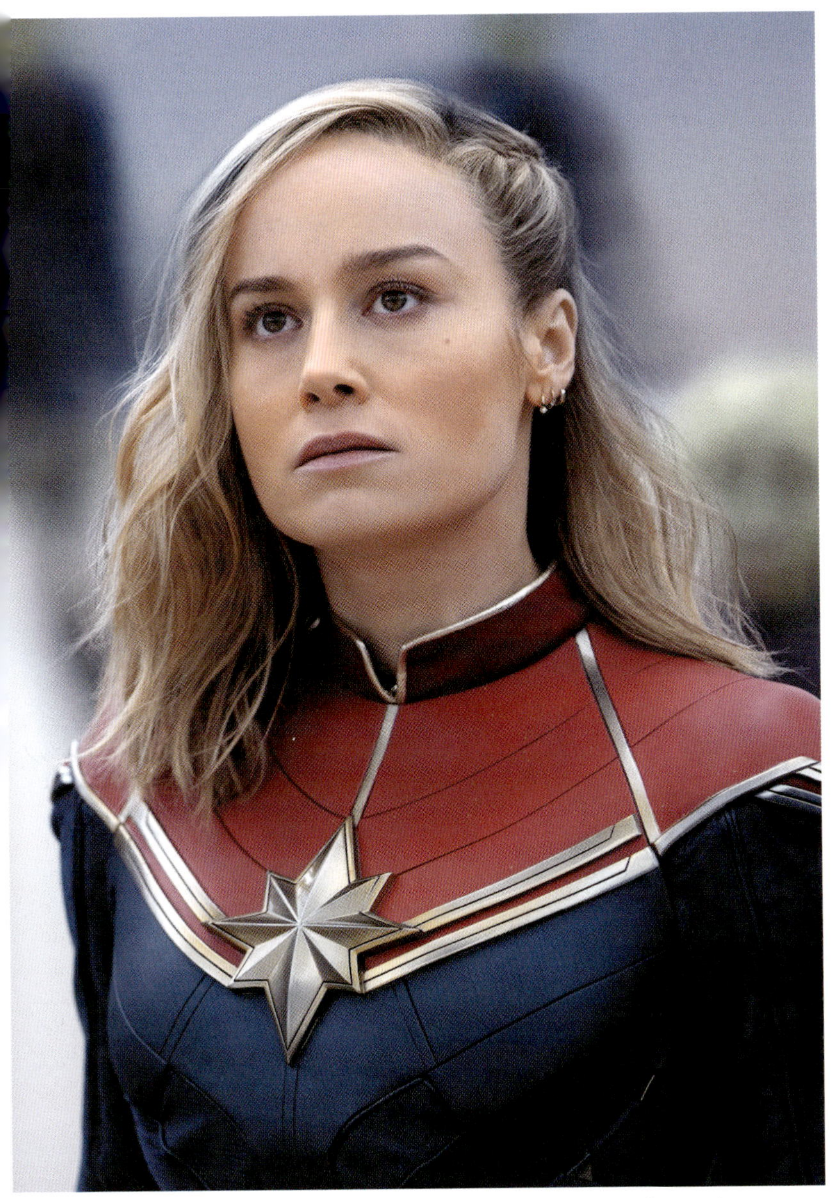

Brie Larson in der Rolle der Carol Danvers alias Captain Marvel hier im Film »The Marvels« von 2023. Bild: picture alliance / Everett Collection / ©Walt Disney Co./Courtesy Everett Collection

76 Kick-Ass

Der Traum, ein Superheld zu werden

2008: Ein jugendlicher Comicfan will wie Spider-Man sein. So ersteigert er bei eBay einen Taucheranzug, den er als Superheldenkostüm nutzt, und stellt eine Anzeige online. Die Abenteuer verlaufen meist nicht wie gewünscht. Bereits 2010 wurde diese Comicserie verfilmt. Sie ist eine gelungene Persiflage auf den ganzen Rummel um die Superhelden. Mit von der Partie ist Hit-Girl, ein Mädchen, das zur Superheldin geworden ist.

Hauptdarsteller Aaron Taylor-Johnson, der auch im zweiten Teil dabei war, feierte kurz darauf eine Karriere als echter Superheld Quicksilver bei Captain America und den Avengers. »Kick-Ass« soll fortgesetzt werden. Es ist sogar eine Trilogie in Planung. Der erste Teil soll »School Fight« heißen, der zweite »The Stuntman«. Sie erzählen die Geschichte des jungen Leo in der Schule und seine Bestrebungen, ein Superheld zu werden. Den Leo spielt Greg Townley, der bereits in Superheldenfilmen gearbeitet hat – als Stuntman für Spider-Man und Morbius.

77 Shang-Chi und zehn Ringe

Marvels Ausflug nach Asien

Die Figur des Kung-Fu-Kämpfers Shang-Chi gibt es seit 1973, doch erst 1983 wurde eine eigene Serie herausgebracht. Shang-Chi taucht in den verschiedensten Serien auf. Captain America, Spider-Man und Wolverine waren seine Schüler. 2021 kam der Film »Shang-Chi and the Legend of the Ten Rings« in die Kinos. Shang-Chi ist der Sohn von Xu Wenwu, dem Bewahrer der zehn Ringe, die ihn unsterblich und machtvoll machen. Er ist mit seiner Armee auf Eroberungszug. Seine Feinde haben den Namen Eiserne Bande, deren Anführer soll Shang-Chi ermorden. Nach der Tat flieht er nach San Francisco, wo er als Einparker arbeitet. Nach langen Kämpfen erlangt schließlich Shang-Chi die zehn Ringe. Der Schluss ist eine Verknüpfung mit dem Marvel-Universum, denn Wong, der Helfer von Doctor Strange, sucht ihn auf mit der Botschaft, zu Stranges Anwesen zu kommen und dort die Avengers zu treffen.

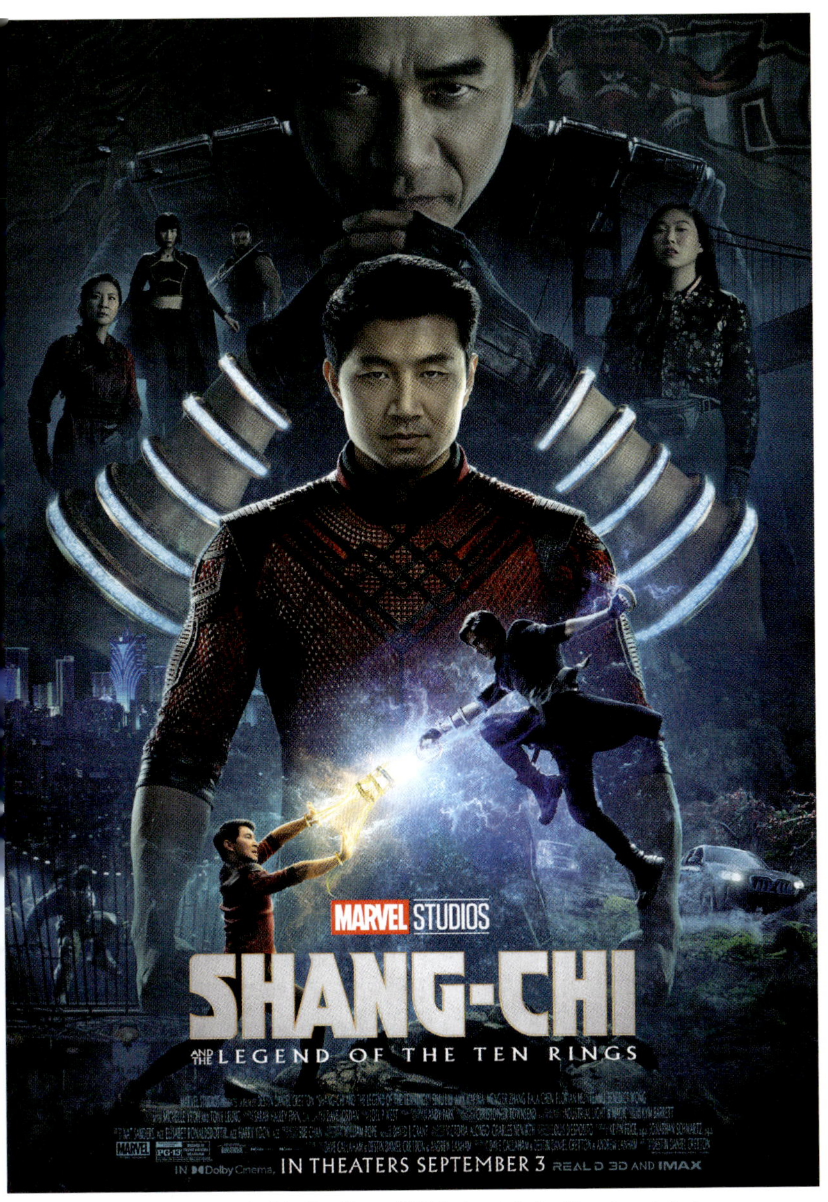

»Shang-Chi and the Legend of the Ten Rings« (2021) nimmt die Tradition der asiatischen Martial-Arts-Filme auf. Bild: picture alliance / PictureLux/Marvel Studios / The / R4820

Deadpool

78 Der Superheld mit der großen Klappe

Deadpool ist eine recht neue Gestalt im Marvel-Kosmos. 1991 trat er erstmals in Erscheinung, sechs Jahre später bekam er seine eigene Serie. Er debütierte als Gegner der New Mutants, einer Superhelden-Gruppe im Teenager-Alter, die bei Professor X in die Schule geht.

Deadpool heißt mit bürgerlichem Namen Wade Wilson. Er war bereits in jungen Jahren in die Armee eingetreten. Als man bei ihm einen aggressiven Krebs diagnostizierte, meldete er sich als Testperson bei der paramilitärischen Organisation Waffe X. Das Ergebnis war, dass er enorme Heilkräfte entwickeln kann, sogar ganze Gliedmaßen wieder nachwachsen. Leider hat die Therapie unangenehme Nebenwirkungen: Er bekommt Geschwüre am ganzen Körper und zeigt starke Züge von Irrsinn. Was ihn für den Leser zur Besonderheit macht ist, dass er sich wie einst Oliver Hardy direkt an den Zuschauer richtet – und seine sarkastischen Sprüche.

Deadpool besitzt einen rot-schwarzen Anzug und eine Maske, die an Spider-Man erinnert. Seine beiden Schwerter trägt er in Ninja-Manier am Rücken. Bild: Avrajyoti Mitra/CC 2.0

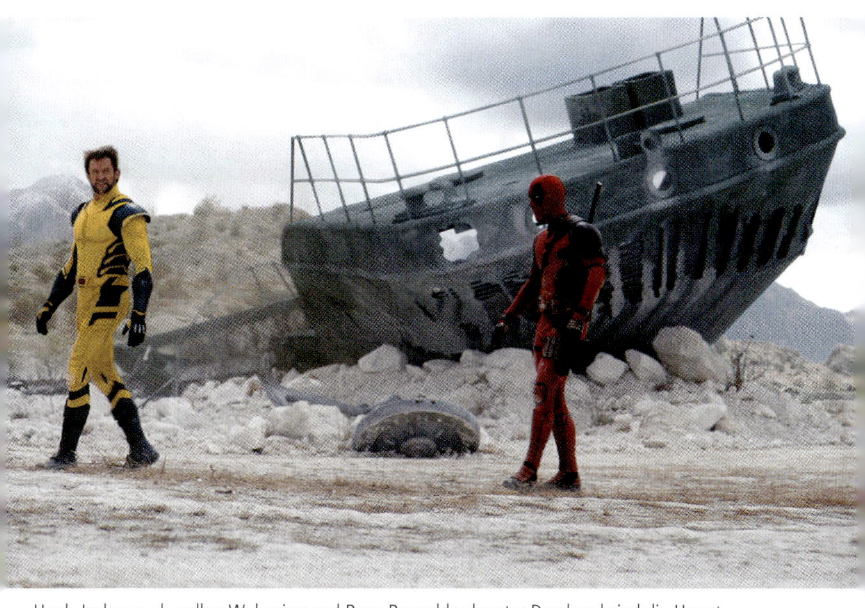

Hugh Jackman als gelber Wolverine und Ryan Reynolds als roter Deadpool sind die Hauptdarsteller des nach ihnen benannten Films (2024). Bild: picture alliance/Collection Christophel/Walt Disney Studios/Marvel

Sein Filmdebüt gab Deadpool 2009 in »X-Men Origins: Wolverine«. Dort tritt er als Gegner von Wolverine auf. Doch dieser Einsatz endet für ihn nicht gut: er verliert seinen Kopf. Aber wir wissen ja: Selbstheilungskräfte. Deadpool kann die Enthauptung als kleinen Rückschlag verbuchen. Er wird gespielt von Ryan Reynolds, der bereits über Superhelden-Erfahrung verfügte. Reynolds war beim dritten »Blade« dabei und spielte zwei Jahre nach seinem Auftritt als Deadpool den DC-Superhelden Green Lantern. Der Film wurde eine ziemliche Pleite. Für Reynolds lief es deutlich besser: ein Jahr später heiratete er seine Filmpartnerin Blake Lively.

2016 wurde der Film »Deadpool« gedreht. Man kann ihn vielleicht am einfachsten als Superhelden-Komödie bezeichnen, denn er nimmt sich, das Genre, die Darsteller – einfach alles aufs Korn. Wie im Comic wendet sich Deadpool mit Kommentaren direkt ans Publikum. Erzählt wird die Geschichte der Entstehung des Deadpool. Übrigens gab es bereits ein Jahr früher einen Porno namens »Deadpool XXX: A Porn Parody« ...

2018 kam eine Fortsetzung in die Kinos (nicht des Pornofilms!). 2024 wurde mit »Deadpool & Wolverine« die Trilogie abgerundet. Hier geht es um Reisen in andere Universen und Zeiten. Mit der Übernahme von 20th Century Fox gehörten jetzt die Deadpool-Rechte wieder Marvel.

Superhelden-Teams

Beliebte Gruppen, klingelnde Kassen

79

Es war schon sehr früh in der Geschichte der Superhelden-Comics, dass diese Idee aufkam. 1940 schuf Sheldon Mayer für National (heute DC) die Justice Society of America. Hier vereinigten sich einige Superhelden unter der Führung von Superman, darunter Batman, Green Lantern und Wonder Woman, die für Gerechtigkeit sorgten. Ähnliche Gruppierungen wurden bei Marvel gebil-

Superhelden-Teams chronologisch
Die Fantastischen Vier (1961)
Skrulls (1962)
X-Men (1963)
Die Rächer (The Avengers) (1963)
Watchers (1963)
Howling Commandos (1963)
S.H.I.E.L.D. (Geheimagentur, 1965)
Inhumans (1965)
Warriors Three (1965)
Guardians of the Galaxy (1969)
Alpha Flight (kanadisches Team, 1979)
Hellfire Club (1980)
New Mutants (1982)
Power Pack (1984)
X-Force (1989)
New Warriors (1989)
Dora Milaje (1989)
Revengers (1999)
Great Lakes Avengers (2004)
Illuminati (2005)
H.A.M.M.E.R. (2009)

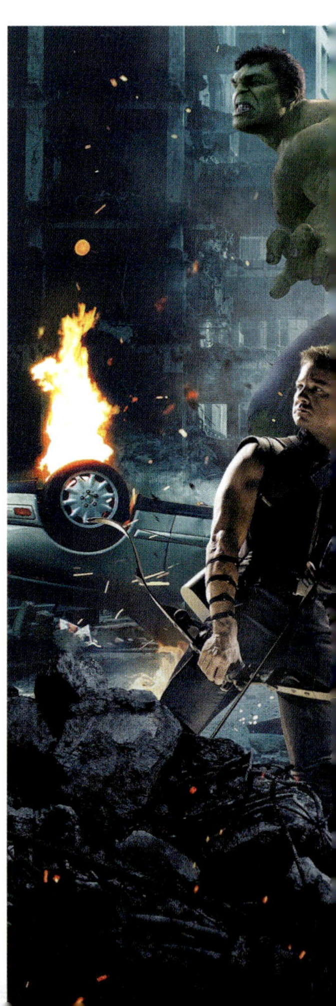

Jeremy Renner, Lou Ferrigno, Robert Downey Jr., Samuel L. Jackson, Scarlett Johansson, Chris Evans und Chris Hemsworth sind die Avengers.

Bild: picture alliance / Mary Evans/AF Archive/Marvel Stu / AF Archive det. Die erste waren die Fantastischen Vier aus dem Jahr 1961. Zwei Jahre später folgten die Avengers und die X-Men. Während viele Gruppen beständig das gleiche Personal hatten, gab es bei anderen, zum Beispiel den X-Men und den Avengers einen steten Wechsel. Auch Superschurkengruppen wurden einige gegründet.

Superschurken-Teams chronologisch
Sinister Six (Spider-Man-Gegner, 1964)
HYDRA (Verbrecher, 1965)
Sentinels (Feinde, 1965)
Kree (Feinde, 1967)
Roxxon Energy Corporation (Verbrecherische Firma, 1974)
Elders of the Universe (Schurken, 1978)
Intelligencia (Verbrecher, 2009)

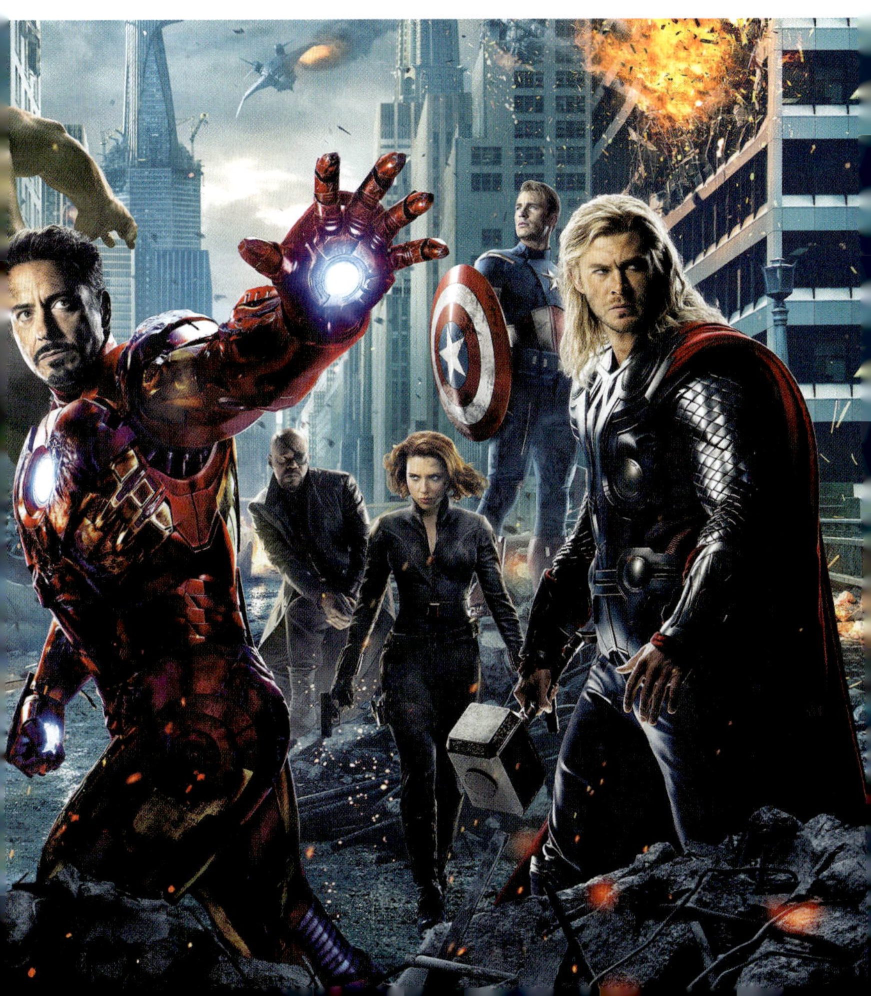

Conan der Barbar

Arnold Schwarzeneggers Filmdebüt

80

Neben Superhelden-Comics brachte Marvel auch andere Comics heraus. Einer davon war auf Grundlage einer Groschenromanserie entstanden. Der Autor Robert E. Howard hatte 1932 damit begonnen, Romane über Conan den Cimmerier zu schreiben. Sie spielen im fiktiven Hyborischen Zeitalter, einer Art Urmenschenzeit vor den Hochkulturen der Antike. 17 Geschichten erschienen in der Heftreihe »Weird Tales«. Vier weitere fand man 1936 nach seinem Selbstmord im Nachlass.

Bei Marvel erschien zwischen 1970 und 1993 Die Comicserie »Conan the Barbarian«. 1982 drehte John Milius nach einem Drehbuch von Oliver Stone den Film »Conan der Barbar«. In der Hauptrolle war Arnold Schwarzenegger zu sehen, der mit diesem Film international bekannt wurde – als Schauspieler.

Viele Jahrtausende vor unserer Zeitrechnung zerstört Thulsa Doom, der Hohepriester des Schlangenkults, gespielt von James Earl Jones, ein Dorf der Cimmerer. Die Kinder, darunter der kleine Conan, werden in die Skla-

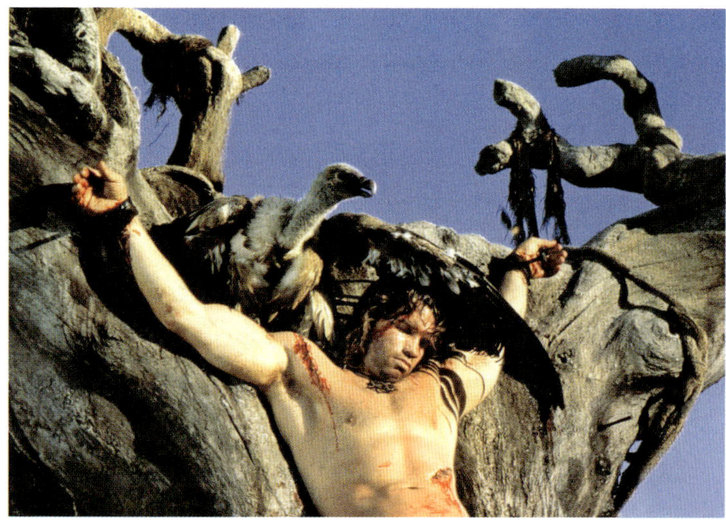

Conan wird zum Frühstück für die Geier. Bild: picture alliance/United Archives / United Archives / kpa Publicity verei verschleppt. Conan wird durch harte Arbeit zu einem kräftigen Mann, der als Erwachsener für gutes Geld an einen Gladiatorenmeister verkauft werden kann. Conan lernt das Kämpfen, Lesen und Schreiben – dabei hat er nur Rache im Sinn. Nach seiner Freilassung macht er sich auf die Suche nach Thulsa Doom. Doch er wird überwältigt und an einen Baum gefesselt. Zum Glück kann sein Freund ihn befreien und am Ende enthauptet Conan den Mörder seiner Familie.

1984 wurde eine Fortsetzung gedreht: »Conan der Zerstörer«. Arnold Schwarzenegger bekommt diesmal mit Grace Jones eine tatkräftige Partnerin. Ein Jahr später war sie im neuen James Bond zu sehen.

Die Kritiken fielen bei beiden Streifen recht gemischt aus. Der geplante dritte Teil wurde nie gedreht. In den 1990er-Jahren gab es eine Serie mit Ralph Möller in der Titelrolle, außerdem eine Animationsserie. Ob an den Gerüchten, dass Amazon einen neuen Conan-Film drehen will, etwas dran ist, wird die Zukunft zeigen.

Arnold Schwarzenegger

81

Die Filmkarriere beginnt

Arnie war fünfmal Mister Universum im Bodybuilding und es war seit seiner Kindheit klar, dass er Schauspieler werden wollte. Zunächst ergatterte er kleinere Rollen, wobei ihm sein Akzent hinderlich war. Sein Vorsprechen für die Rolle des Hulk scheiterte noch, aber den Conan bekam er, obwohl der Produzent über sein Auftreten wohl nicht begeistert war. Die erste große Rolle war noch nicht so der Hit, aber Arnie wurde bekannt. Erst der »Terminator« aus dem Jahr 1984 sollte ihn zum Star machen. Seitdem hat er seine Darstellungskunst immer weiter verbessert. Besonders in einigen Action-Komödien zeigte er, was er drauf hat. So machte er in »Red Heat« als sowjetischer Austauschpolizist in Amerika 1988 Spaß, glänzte als »Kindergarten Cop« 1990 oder performte auf Augenhöhe mit Jamie Lee Curtis in » True Lies – Wahre Lügen« (1994). In »Batman & Robin« spielte er den Bösewicht Mr. Freeze.

Schwarzenegger, der damals mit der Nichte von John F. Kennedy verheiratet war, ging in die Politik – als Mitglied der Republikaner – und brachte es zum Gouverneur von Kalifornien. Nach zwei Amtsperioden kehrte er ins Schauspielgeschäft zurück. Zuerst gleich bei den »Expendables 2« von Sylvester Stallone. Und auch mit dem Terminator ging es weiter.

Red Sonja

82

Die Frau mit dem Metall-Bikini

Robert E. Howard hat 1934 eine Geschichte über eine Dame namens Red Sonya geschrieben. Diese Figur und ihr Name wurden etwas verändert und bei Marvel 1973 in einem Conan-Comic eingeführt. Bis 1986 kamen Sonja-Geschichten heraus. Seit 2004 publiziert der neu gegründete Verlag Dynamite Entertainment Comics mit ihr als Hauptfigur. Dabei wird auch Marvel-Material verwendet. In Deutschland brachte Panini Sonja-Comics heraus.

Sonja hat feuerrotes langes Haar und ist eine berühmte Schwertkämpferin. Sie unterliegt einem magischen Schwur, der ihr die Liebe zu einem Mann untersagt – außer dieser besiegt sie in einem Kampf – der Brünnhilde-Mythos. Ihre Widersacherin ist die machtgierige Tyrannin Gedren, die einen magischen Talisman in ihrem Besitz hat. Mit ihm hat sie die Macht, die Erde zu zerstören. Gedren hat Sonjas Familie ermorden lassen.

Mit der Hilfe des mysteriösen und kraftvollen Fremden Kalidor gelingt ihr die Vernichtung des Talismans und der Schurkin Gedren.

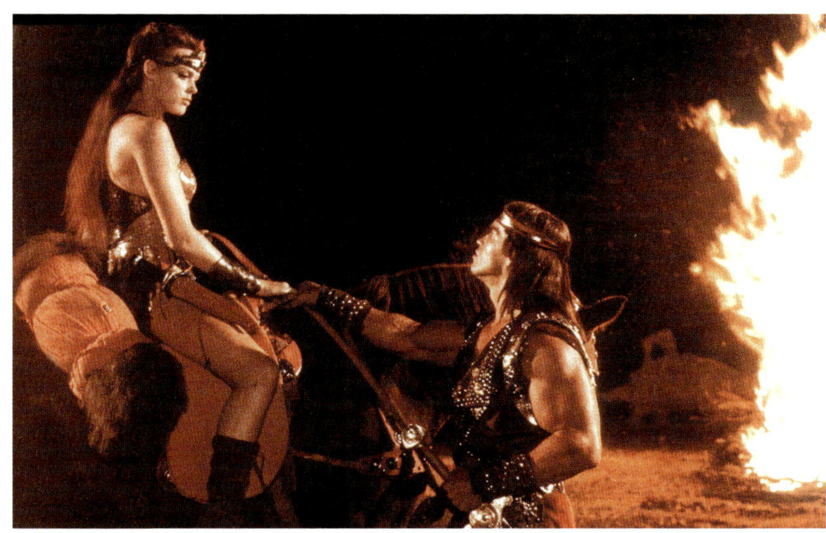

Red Sonja (Brigitte Nielsen) und der geheimnisvolle Helfer Kalidor (Arnold Schwarzenegger).

Bild: picture alliance/United Archives / United Archives / kpa Publicity

Brigitte Nielsen

83

Red Sonja und Rocky

1985 kamen gleich zwei Filme mit dem dänischen Ex-Model Brigitte Nielsen heraus. Sie waren der Anfang und eigentlich auch das Ende ihrer Filmkarriere. Als Sonja war sie die Heldin, bei »Rocky IV – Der Kampf des Jahrhunderts« agierte sie als russische Betreuerin und Ehefrau des Boxgiganten Drago. Ihre Leistungen wurden von der Kritik verrissen, weshalb sie fortan fast nur noch in B-Movies zu sehen war. 2008 ließ sie sich in »Aus alt mach neu – Brigitte Nielsen in der Promi-Beauty-Klinik« bei RTL chirurgisch »verschönern«. Ein Tiefpunkt war sicherlich ihr Einzug ins deutsche Dschungelcamp von 2012, was sie 2016 sogar wiederholte. Immerhin muss man bewundern, wie sie, ganz Red Sonja, jeden Rückschlag hinnimmt und wieder etwas Neues probiert, das Geld abwirft.

Howard, die Ente

84

George Lucas und das Marvel-Tier

Ein Jahr nach »Red Sonja« überraschte »Star Wars«-Erfinder George Lucas die Kinowelt mit einem Marvel-Superhelden-Film – und vielleicht dem ungewöhnlichsten überhaupt. Hauptfigur war Howard the Duck, der 1973 erstmals in einem Comic auftrat. Anfangs erinnerte er optisch sehr stark an Donald Duck. Disney ließ das später ändern. Howard stammt von einem anderen Planeten und wurde auf die Erde entführt. Er verfügt über enorme Kräfte und beherrscht die Kampfkunst »Quak-Fu«. Von der Kritik wurde der Film verrissen, auch an den Kinokassen wusste er nicht zu überzeugen. Howard hatte in einigen Marvel-Filmen Cameo-Auftritte.

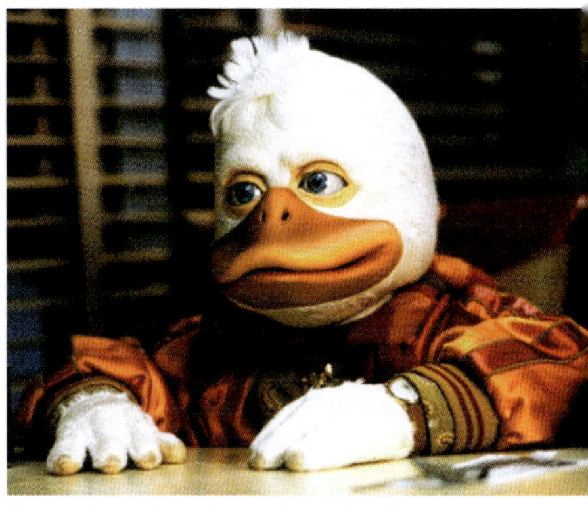

Howard kam dank George Lucas ins Kino.

Bild: picture alliance / Mary Evans/AF Archive/Universal / AF Archive

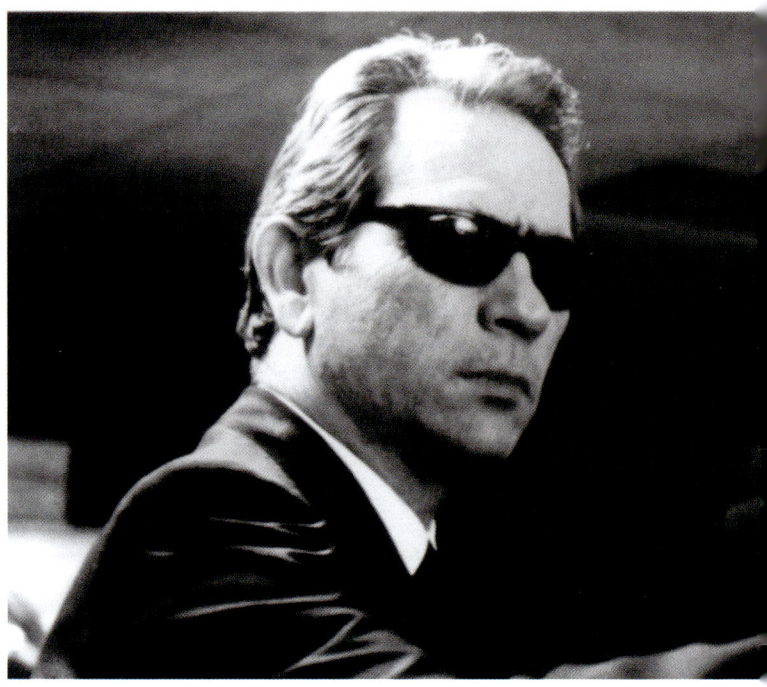

85 Men in Black

Wenn man geblitzdingst wird

Der erste »Men in Black«-Comic kam 1990 bei Aircel Comics in Kanada heraus. Nach drei Heften war der Verlag von Malibu gekauft worden (siehe Kapitel 94). Dort erschienen noch drei Hefte. Als der Film »Men in Black« in die Kinos kam, war Malibu im Besitz von Marvel. Deshalb ist auch diese Filmreihe eine Marvel-Lizenz. Der Verlag nutzte den Erfolg des Streifens und brachte noch einmal Comics mit den schwarz gekleideten Agenten heraus.

Die Geheimorganisation »Men in Black« (MIB) hat die Aufgabe, die Erde infiltrierende bösartige Außerirdische aufzuspüren. Außerdem betreut und überwacht sie Außerirdische, die sich als Asylanten unerkannt auf der Erde aufhalten. Die Agenten haben offiziell keine Namen, sondern nur einen Buchstaben. So ist Tommy Lee Jones Agent K, Will Smith spielt den Agenten J. Der Leiter der Organisation heißt Z.

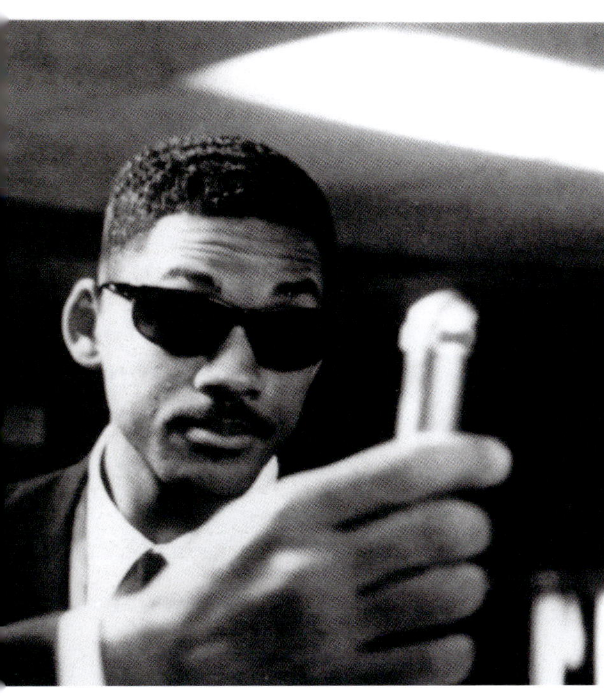

Will Smith und Tommy Lee Jones in »Men in Black« beim blitzdingsen. Mit dem Neuralisator werden Erlebnisse mit Außerirdischen aus dem Gedächtnis gelöscht. Bild: Picture alliance/United Archives / Publicity Still

Die coolen Brillenträger

86

Vier MIB-Filme

»Men in Black« kam 1997 heraus. Er war ein Kassenschlager. Im gleichen Jahr startete eine Zeichentrickserie, die es bis 2001 in vier Staffeln auf 53 Folgen brachte. 1999 zeigte SAT1 eine deutsche Fassung. 2002 traten Jones und Smith wieder an zu einer Fortsetzung des Kinofilms. »Men in Black 3« folgte zehn Jahre später. Wieder waren J und K dabei. Von K gab es eine jüngere Version in Gestalt von Josh Brolin. Will Smith alias K lernt ihn bei einer Zeitreise kennen.

»Men in Black: International« von 2019 war ein vierter Film dieser Reihe, allerdings standen die beiden Hauptdarsteller nicht mehr zur Verfügung. Stattdessen spielten zwei Stars von Marvel Superheldenfilmen mit. Tessa Thompson als Agentin M – sie war als Walküre in den Thor-Filmen, in »Avengers: Endgame« und in »The Marvels« zu sehen. Ihren Partner gab Thor-Darsteller Chris Hemsworth.

Video- und Computerspiele

Von Spider-Man bis zu den Avengers

87

Im November 1982 wurde das erste Marvel-Videospiel auf den damals rasant wachsenden Markt gebracht. Parker bot für Heim-Konsolen von Atari und Philips einen »Spider-Man« an. Die Kassetten, die man in die Konsole steckte, waren damals sehr teuer. Doch das schreckte viele Gamer der Frühzeit nicht ab. Damals konnte man grafisch nicht viel verlangen. Das Spiel funktionierte

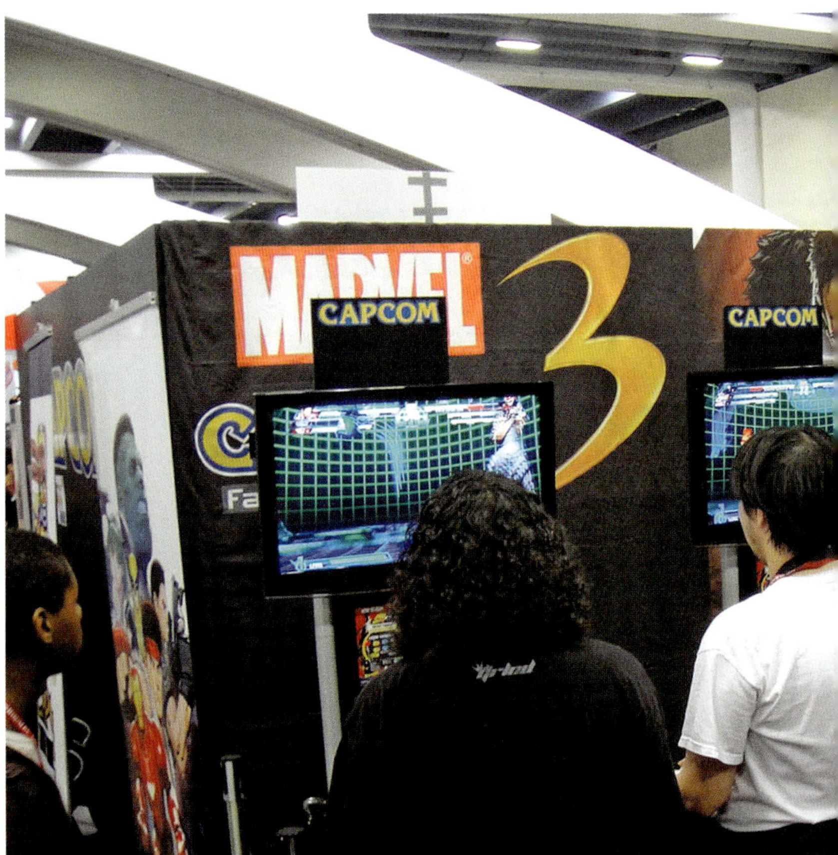

in bester Donkey-Kong-Manier. Der Spieler musste seinen Spider-Man auf einen Wolkenkratzer klettern lassen. Der grüne Kobold hatte überall Bömbchen hinterlassen, die man entschärfen muss. Jede Menge Gangster stellen sich noch dazu in den Weg. Am Schluss kommt es zum Showdown mit dem Kobold.

Unbegrenztes Spielvergnügen

Seitdem sind unzählige Spiele programmiert worden, die sich im Marvel-Universum bewegen. Ab 1991 werden auch Spielautomaten mit Superhelden aufgestellt. Spiele für Play Station, XBox, Nintendo-Konsolen oder Computer sind vor allem in den Jahren zwischen 2002 und 2018 in Überfülle herausgekommen. Die meisten wurden von den Spieleentwicklern bei Sega und Activision zum Laufen gebracht. Seitdem scheint es etwas ruhiger geworden zu sein. Die Grafiken der neuen Spiele sind auf einem derart hohen Niveau, dass man nur staunen kann.

Lieblingsfigur der Spieleentwickler ist zweifellos Spider-Man, der wahrscheinlich fast schon die Hälfte aller Games ausmacht. Sehr häufig werden die X-Men für Spiele herangezogen. Oft werden Videospiele parallel zu neuen Kinofilmen auf den Markt gebracht. Das sorgt für Synergieeffekte und größere Umsätze.

Das Spielvergnügen hat sich schon seit vielen Jahren in die Wohnung verlagert. Neue Arcade-Spielautomaten mit Marvel-Themen werden längst nicht mehr aufgestellt. 2013 stellte LEGO® ein Marvel-Videospiel mit den eigenen Plastikfiguren als Protagonisten vor. Die Dänen haben das auch mit anderen Serien gemacht.

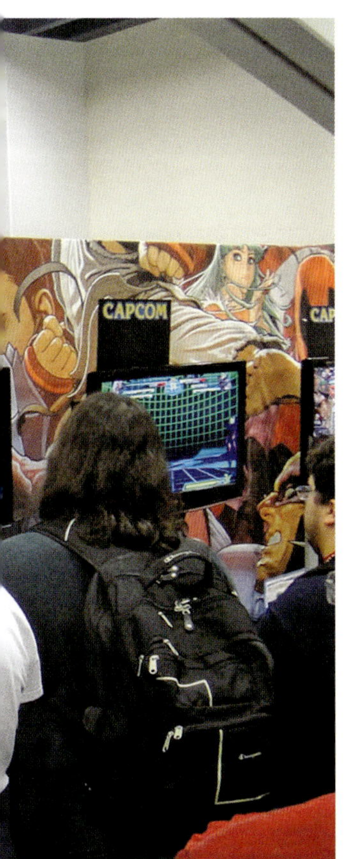

»Marvel vs. Capcom 3: Fate of Two Worlds« ist ein Videospiel, bei dem Marvel-Superhelden gegen Kämpfer der Capcom-Spiele antreten können und sich im Nahkampf beweisen.

Bild: The Conmunity - Pop Culture Geek/CC 2.0

88

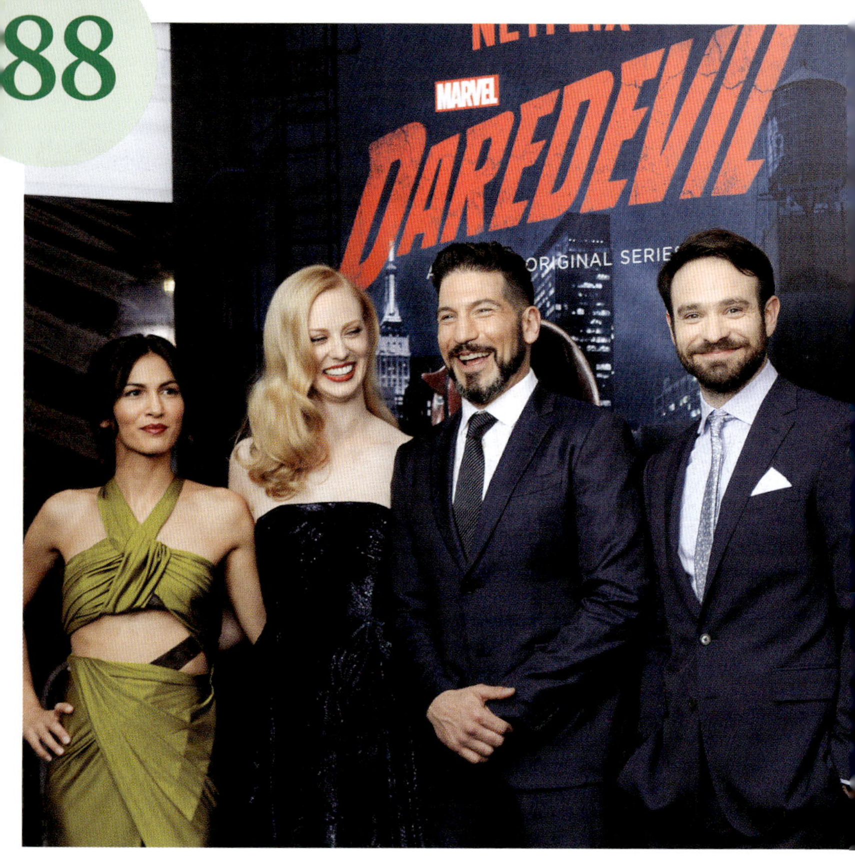

Marvel-Serien

Immer mehr dank Netflix und Disney

Im Fernsehen dominierten, wenn es um Marvel ging, eher Zeichentrick-Serien. Erste Serien wurden in den 1970ern bei CBS gesendet. Bei ABC liefen »Marvel's Agents of S.H.I.E.L.D.« in 137 Folgen. Marvel Television war an der Produktion maßgeblich beteiligt. In Deutschland zeigten RTL Crime und RTL II die Folgen. »Marvel's Agent Carter« kam in 18 Episoden bei ABC.

Einige Serien wurden im Internet veröffentlicht. So gab es »WHIH Newsfront« auf YouTube oder »Marvel's Runaways« auf der Bezahlplattform Hulu. Seit dem Umstieg von Netflix auf Streaming-Angebote war es

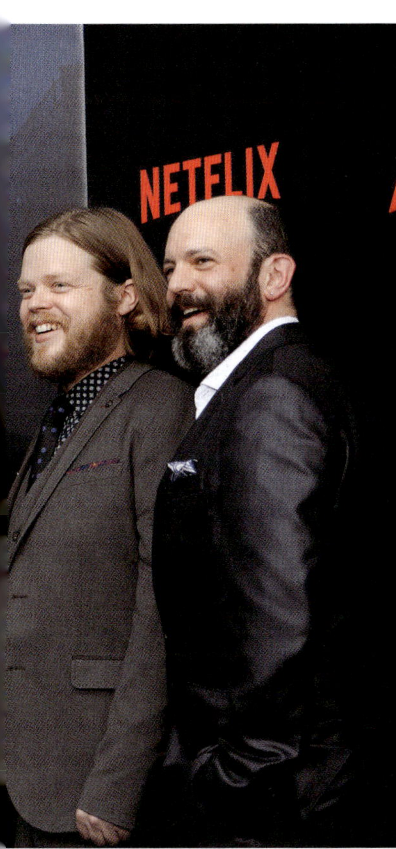

Darsteller der Netflix-Serie »Daredevil«.

Bild: Picture alliance / AP Photo / Evan Agostini

Jahr	Serie
1944	Captain America***
1974–77	Spidey Super Stories***
1977–79	The Amazing Spider-Man***
1977–82	The Incredible Hulk***
1978/79	Spider-Man (japanisch)***
2001–04	Mutant X***
2006	Blade – Die Jagd geht weiter***
2013–20	Marvel's Agents of S.H.I.E.L.D.
2015/16	Marvel's Agent Carter***
2015/16	WHIH Newsfront
2015–18	Marvel's Daredevil**
2015–19	Marvel's Jessica Jones**
2016–18	Marvel's Luke Cage**
2016	Marvel's Agents of S.H.I.E.L.D.: Slingshot
2017/18	Marvel's Iron Fist**
2017	Marvel's The Defenders**
2017	Marvel's Inhumans***
2017–19	Marvel's The Punisher**
2017–19	Marvel's Runaways
2017–19	Legion (X-Men)
2017–19	The Gifted (X-Men)
2018/19	Marvel's Cloak & Dagger
2020	Helstrom
2021	WandaVision*
2021	The Falcon and the Winter Soldier*
seit 2021	Loki*
2021	Hawkeye*
2022	Moon Knight*
2022	Ms. Marvel*
seit 2022	Ich bin Groot*
2022	She-Hulk: Die Anwältin*
2023	Secret Invasion*

*Disney+ ** Netflix
*** Fernsehen

nötig, exklusive Sendungen anbieten zu können. Marvel startete dort 2015 mit »Daredevil« und »Jessica Jones«. Die Figuren waren meist Superhelden der zweiten Reihe. Nach der Übernahme von Marvel durch Disney musste Netflix auf Marvel-Content verzichten. Neue Serien wurden nun für Disney+ produziert, den Streamingdienst im Konzern. Disney baut, wie man schon bei »Star Wars« gesehen hat, die Inhalte zum Senden massiv aus.

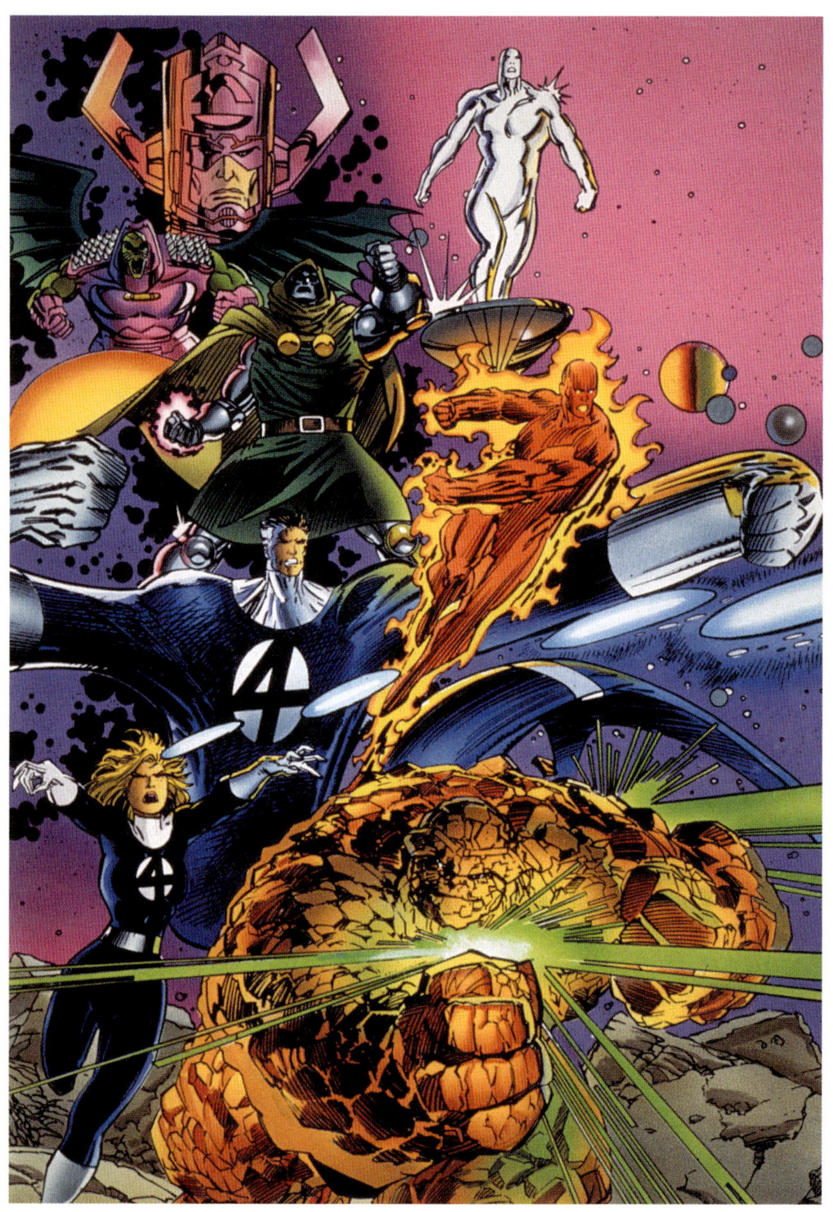

Die Zeichentrickserie »Die Fantastischen Vier mit neuen Abenteuern« von 1994 bis 1998 wurde in Deutschland ab 1997 bei RTL gezeigt. Bild: picture-alliance / Mary Evans Picture Library

Zeichentrickserien

Bewegte Comics

Die erste Zeichentrickserie von Marvel war »The Marvel Super Heroes« aus dem Jahr 1966. Ein Jahr später kamen zwei Serien mit den Fantastischen Vier und Spider-Man heraus. Zwischen 1978 und 1983 wurden einige Zeichentrickserien produziert, die bei ABC und NBC liefen. Dann war es eine Weile still um die Marvel-Zeichentrickhelden.

Die zweite Phase

In den 1990er-Jahren begann mit der 76-folgigen Serie »X-Men« eine neue Phase. Die Fantastischen Vier, Spider-Man (65 Folgen) und Hulk waren wieder dabei, aber auch Iron Man, die Avengers und der Silver Surfer. Bei all diesen Serien hatte Marvel mitproduziert. 2003 wurde eine Serie direkt auf einen Kinofilm bezogen: »Spider-Man: The New Animated Series« sollte Fortsetzung des Kinofilms sein (siehe Kapitel 38). Bei der Produktion wurde Computeranimation eingesetzt. Im zweiten Spider-Man-Kinofilm wurde allerdings einiges anders erzählt als in der Serie.

In den 2000er- und 2010er-Jahren wurden auch einige Serien für Disneys Bezahlfernsehen entwickelt, dazu gehören »The Spectacular Spider-Man«, »Die Avengers – Die mächtigsten Helden der Welt« und vor allem die beiden längsten Marvel-Serien » Der ultimative Spider-Man« (104 Folgen) und » Avengers – Gemeinsam unbesiegbar!« (127 Folgen).

Eine Besonderheit sind die Serien der Reihe »Marvel Anime« (2010/11). Die Figuren sind im Manga-Stil gezeichnet. Diese Art wird in Serien wie »Marvel Disk Wars: The Avengers« (2015/16) weitergeführt.

Für Disney+

Mit der Übernahme von Marvel durch Disney wurden für Disney+ neue Serien kreiert. Das waren nicht nur mit Schauspielern gedrehte Serien, sondern auch animierte. Die erste war »What If …?«, ein sehr interessantes Projekt, denn in den Folgen wird gezeigt, was gegenüber den gedrehten Filmen anders hätte geschehen können. Dabei sprechen die originalen Schauspieler ihre Comicpendants. Die ersten Serien werden zur Phase vier gerechnet, ab 2023 gehören sie zur Phase fünf.

Viele dieser Serien sind auch für den deutschen Markt synchronisiert worden. Die Serien für Disney+ haben sogar meist am gleichen Tag Premiere wie das amerikanische Original.

Jahr	Zeichentrickserie/Animiert
1966	The Marvel Super Heroes
1967/68	Fantastic Four
1967–70	Spider-Man
1978	The New Fantastic Four
1979	Fred and Barney Meet the Thing
1979/80	Spider-Woman
1981/82	Spider-Man
1981–83	Spider-Man and His Amazing Friends
1982/83	The Incredible Hulk
1992–97	X-Men
1994–96	Der unbesiegbare Iron Man
1994–96	Die Fantastischen Vier m. neuen Abenteuern
1994–98	New Spider-Man
1996/97	Hulk (Der unglaubliche Hulk)
1998	Silver Surfer
1999–01	Spider-Man Unlimited
1999–00	The Avengers – United they stand
2000–03	X-Men: Es geht weiter
2003	Spider-Man: The New Animated Series
2008/09	The Spectacular Spider-Man
2008–12	Iron Man – Die Zukunft beginnt
2009–11	The Super Hero Squad Show
2010–12	Die Avengers – D. mächtigsten Helden d. Welt
2010	Marvel Anime: Iron Man
2011	Marvel Anime: Wolverine
2011	Marvel Anime: X-Men
2011	Marvel Anime: Blade
2012–17	Der ultimative Spider-Man
2013–15	Hulk und das Team S.M.A.S.H. (Hulk and the Agents of S.M.A.S.H.)
2013–19	Avengers – Gemeinsam unbesiegbar!)
2015–19	Guardians of the Galaxy
2017–20	Marvel Super Hero Adventures
2017–20	Spider-Man
2021	Marvel's M.O.D.O.K.
seit 2021	Marvel's Hit-Monkey // What if ...?
seit 2021	Spidey und seine Super-Freunde
seit 2024	X-Men '97
2024	Your Friendly Neighborhood Spider-Man
2024	Eyes of Wakanda

Jahr	Zeichentrickfilm/Animiert
1994	Spider-Man: Die Venom Saga
1994	Daredevil vs. Spider-Man - Duell der Mächte
1996	Spider-Man: Im Netz des Bösen
2002	Spider-Man: Das letzte Gefecht des Bösen
2006	Ultimate Avengers: The Movie
2006	Ultimate Avengers 2: Rise of the Panther
2007	The Invincible Iron Man
2007	Doctor Strange: The Sorcerer Supreme
2008	The Next Avengers: Heroes of Tomorrow
2009	Hulk vs. Thor & Wolverine
2010	Planet Hulk
2011	Thor: Tales of Asgard
2013	Iron Man: Rise of Technovore
2013	Marvel's Iron Man & Hulk: Heroes United
2014	Marvel's Iron Man and Captain America: Heroes United
2014	Avengers Confidential: Black Widow & Punisher
2015	Marvel Super Hero Adventure: Frost Fight!
2016	Hulk: Where Monsters Dwell
2018	Marvel Rising: Secret Warriors
2018	Spider-Man: A New Universe
2019	Marvel Rising: Chasing Ghost
2019	Marvel Rising: Heart of Iron
2019	Marvel Rising: Battle of the Bands
2019	Marvel Rising: Operation Shuri
2019	Marvel Rising: Playing with Fire
2023	Spider-Man: Across the Spider-Verse
2024	Spider-Man: Beyond the Spider-Verse (angekündigt)

Zeichentrickfilme

90

Immer wieder Spider-Man

Anders als bei den Realfilmen sind die Zeichentrick- und computeranimierten Filme nicht die großen Kassenschlager. Viele sind gleich direkt für DVD produziert worden. »Iron Man: Rise of Technovore« und »Avengers Confidential: Black Widow & Punisher« sind japanische Filme im Stil der Manga-Figuren.

Ein anderer Spider-Man

Mit »Spider-Man: A New Universe« (so heißt der Film im deutschsprachigen Raum – toll übersetzt, der Originaltitel: »Spider-Man: Into the Spider-Verse«) sollte sich das große Kino für einen Animationsfilm von Marvel öffnen. Und die Handlung des Films findet auch wirklich in einem anderen Marvel-Universum statt, denn dieser Spider-Man ist nicht Peter Parker, sondern der Teenager Miles Morales, ein Latino. Der Film spielte einen Gewinn von fast 300 Millionen ein. Er wurde mit Preisen überhäuft, darunter den beiden wichtigsten, dem Golden Globe und dem Oscar als bester Animationsfilm. 2023 kam eine Fortsetzung in die Kinos, die bei den Kritikern ebenso gut abschnitt, bei den Kinogängern war der Streifen sogar deutlich beliebter. Der Gewinn war fast doppelt so hoch. Es ist ein dritter Teil angekündigt, doch wann er kommt, steht noch in den Sternen.

Marvel Rising

2018/19 kam eine Reihe von Animationsfilmen heraus, die bei Disney+ gezeigt wurden. Es handelt sich um die Filmreihe »Marvel Rising«. Sie wurde ein Jahr vorher mit einer Comic-Serie gleichen Namens eingeläutet. Dann folgte eine Serie von sechs vierminütigen Kurzfilmen: »Marvel Rising: Initiation«. Als nächstes wurde der erste Film »Marvel Rising: Secret Warriors« herausgebracht. Es geht um Kamala Khan die zur Ms. Marvel wird. Mit dabei Doreen Green alias Squirrel Girl, ihre beste Freundin. Kamala ist die erste muslimische Superheldenfigur. Es folgten noch einige kürzere, als »Specials« bezeichnete Filme, in denen Ghost-Spider auftaucht, der schon in »Initiations« eine Rolle gespielt hatte.

Folgende Doppelseite: Thor, Captain America, Black Panther, Iron Man und Black Widow palavern. Szene aus dem Zeichentrickfilm »Ultimate Avengers 2: Rise Of The Panther« von 2006.

Bild: picture alliance / Mary Evans/AF Archive/Marvel / AF Archive

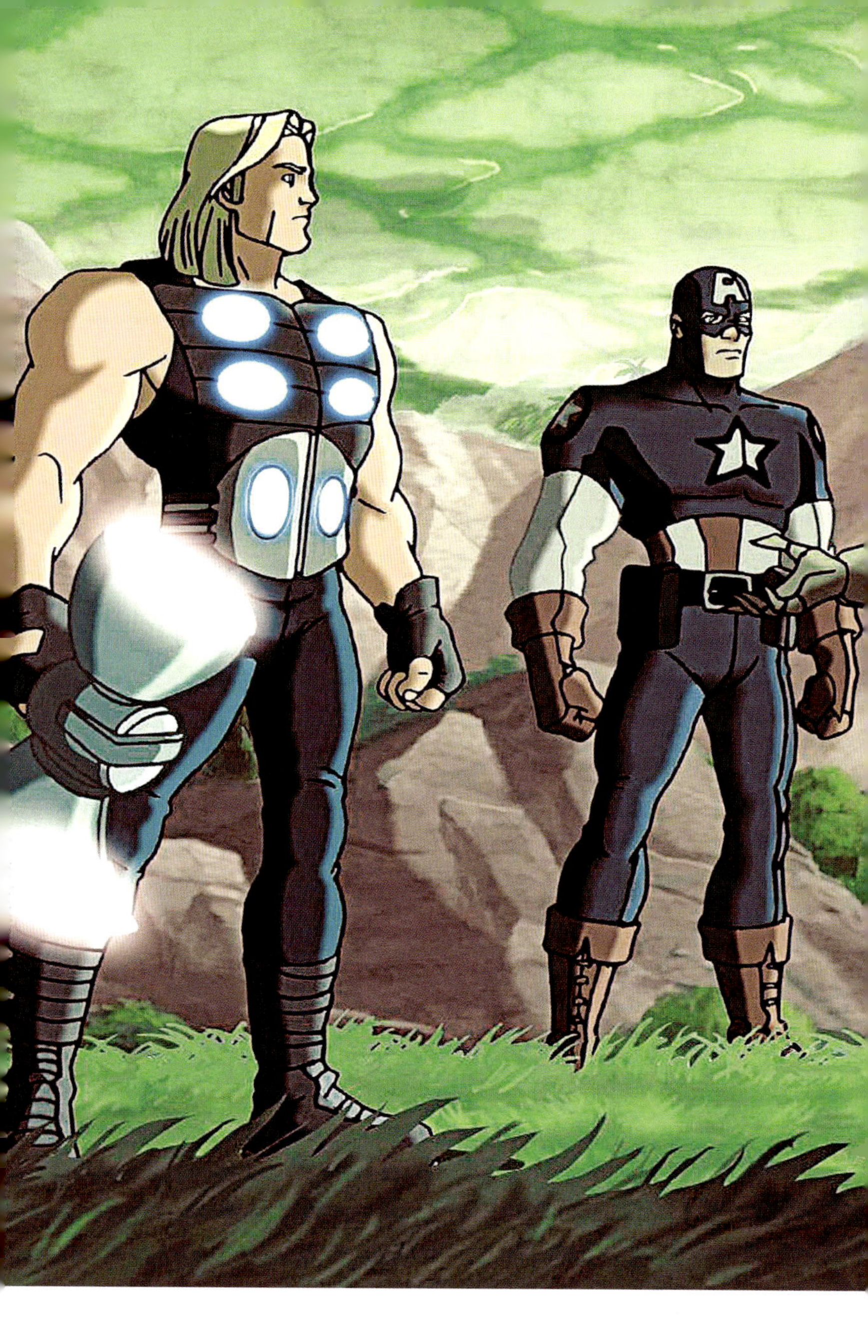

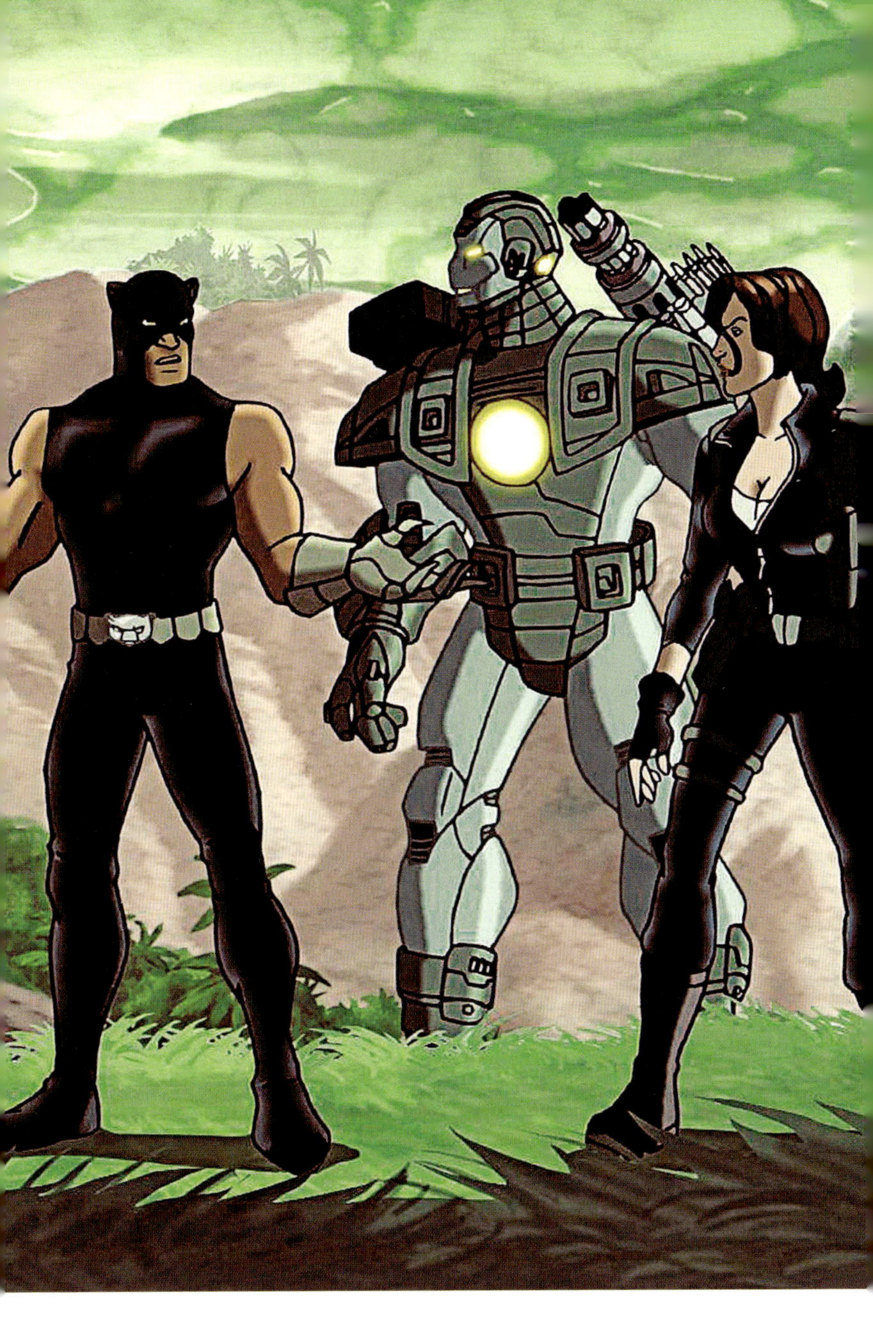

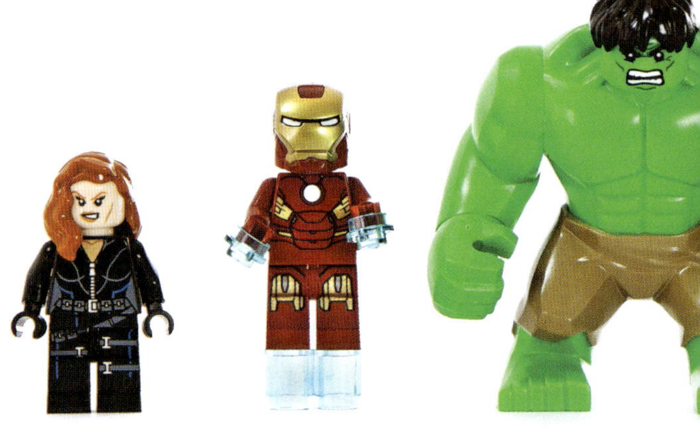

Die Superhelden in ihrer Gestalt als LEGO®-Figuren: Black Widow, Iron Man, Hulk, Captain America, Thor und Hawkeye. Bild: W. Minshull/CC 2.0

91 LEGO® und Marvel

Superhelden aus Plastik

2010 hatte LEGO® die Superhelden von DC ins Programm aufgenommen. Ein Jahr später waren die ersten Marvel-Gestalten an der Reihe: die Avengers, die X-Men und Spider-Man. Neben den Figuren wurden unzählige Themenbausätze auf den Markt gebracht, Fahr- und Flugzeuge, Gebäude und andere Modelle. Passend zu neu ins Kino kommenden Filmen wurden frische Figuren und Bausätze vorgestellt, etwa Loki, Shang-Chi oder die Guardians of the Galaxy.

Nicht nur für Kinder

Für Erwachsene, die ihre LEGO®-Zeit nie vergessen haben, gibt es Bausätze mit über fünfhundert Teilen, zum Beispiel einen Angriff auf den Avenger-Tower, den S.H.I.E.L.D. Heliträger mit fast 3.000 Teilen, Spider-Mans Duell mit dem Kobold auf der Brücke oder Iron Mans Hulkbuster. LEGO® hat auch einige Marvel-Filme mit den eigenen Figuren produziert (siehe Seite 182).

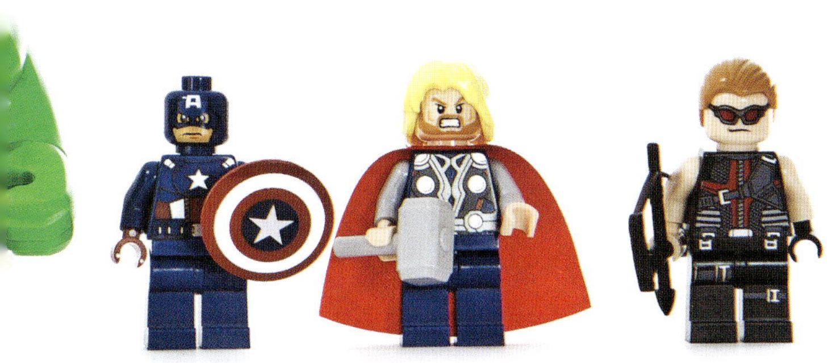

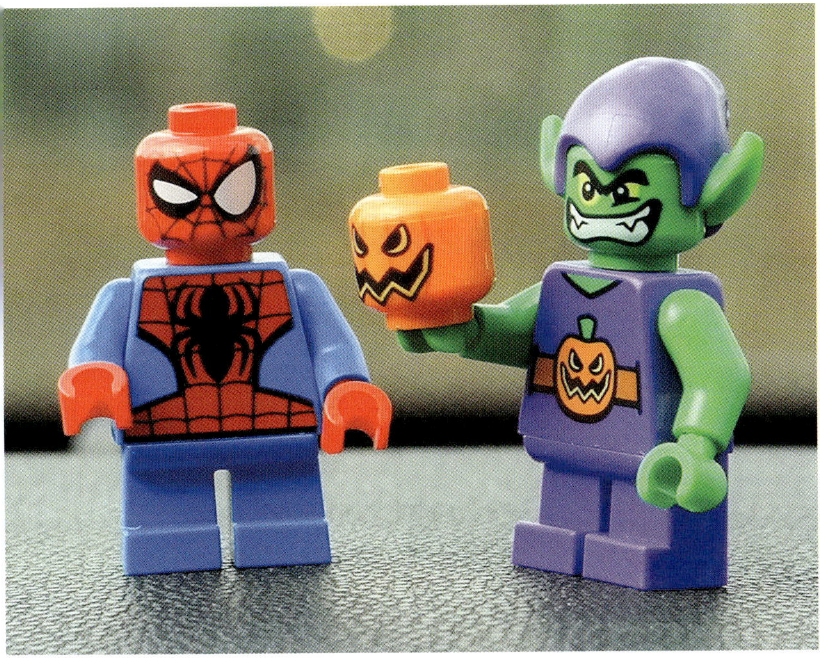

Spider-Man und sein grimmigster Feind, der grüne Kobold. Bild: Sammlung Michael Dörflinger

2013	LEGO® Marvel Super Heroes: Maximale Superkräfte
2015	LEGO® Marvel Super Heroes: Avengers neu montiert!
2017	LEGO® Marvel Super Heroes - Guardians of the Galaxy: Die Thanos Bedrohung
2018	LEGO® Marvel Super Heroes - Black Panther: Ärger in Wakanda
2019	LEGO® Marvel Spider-Man: Kampf gegen Venom
2020	LEGO® Marvel Avengers: Climate Conundrum
2021	LEGO® Marvel Avengers: Der gute Loki
2022	LEGO® Marvel Avengers: Verdrehte Zeit
2023	LEGO® Marvel Avengers: Code Red

92 Erfolgreichste Filmreihen

Marvel ist ganz oben

Wenn man sich die erfolgreichsten Filmreihen der Welt anschaut, dann liegt das Marvel Cinematic Universe mit weitem Abstand auf dem ersten Platz vor Star Wars, Harry Potter, Fast & Furious, DC Extended Universe, James Bond und Jurassic Park. Auf Rang acht findet man die X-Men-Reihe, die eine eigene Filmreihe bildet, aber natürlich auch zu Marvel gehört. Über 30 Milliarden US-Dollar hat die Marvel-Reihe bis Ende Juli 2024 eingespielt. Auch in Deutschland ist Marvel auf Platz eins, allerdings sind hierzulande Harry Potter und Herr der Ringe/Hobbit noch vor Star Wars und James Bond positioniert.

Die erfolgreichsten Filme der Welt

Wenn man sich die Liste der finanziell erfolgreichsten Kinofilme anschaut, sieht man ein für Marvel ungemein positives Ergebnis. Unter den besten zehn sind vier Marvel-Filme. Die Tabelle auf der folgenden Seite zeigt die Top Ten und zusätzlich die Platzierungen aller anderen Marvel-Filme unter den Top 100. Bei dieser Tabelle ist natürlich zu berücksichtigen, dass die Inflation und höhere Eintrittspreise das Ergebnis verfälschen können. Deshalb gibt es Versuche, die Einspielergebnisse auf Grundlage

Platz	Film	Jahr	eingespielt Mio.$
1	Avatar – Aufbruch nach Pandora	2009	2.923,7
2	**Avengers: Endgame**	**2019**	**2.799,4**
3	Avatar: The Way of Water	2022	2.320,3
4	Titanic	1997	2.263,3
5	Star Wars: Das Erwachen der Macht	2015	2.069,5
6	**Avengers: Infinity War**	**2018**	**2.052,4**
7	**Spider-Man: No Way Home**	**2021**	**1.921,8**
8	Jurassic World	2015	1.671,5
9	Der König der Löwen	2019	1.663,3
10	**Marvel's The Avengers**	**2012**	**1.520,5**
16	Avengers: Age of Ultron	2015	1.405,0
18	Black Panther	2018	1.382,2
26	Iron Man 3	2013	1.214,8
28	The First Avenger: Civil War	2016	1.153,3
31	Spider-Man: Far From Home	2019	1.131,9
32	Captain Marvel	2019	1.128,5
64	Doctor Strange in the Multiverse of Madness	2022	955,8
75	Spider-Man 3	2007	895,0
79	Spider-Man: Homecoming	2017	880,2
87	Guardians of the Galaxy Vol. 2	2017	863,8
88	Black Panther: Wakanda Forever	2022	859,2
90	Venom	2018	856,1
91	Thor: Tag der Entscheidung	2017	855,3
93	Guardians of the Galaxy Vol. 3	2023	845,6
95	Spider-Man	2002	825,0

Stand: 26. Juli 2024

dieser Kriterien neu zu bewerten. Dabei ist herausgekommen, dass »Vom Winde verweht« immer noch der erfolgreichste Film aller Zeiten ist. In der offiziellen Liste wurde der Film 1975 von »Der weiße Hai« abgelöst. Was in unserer Tabelle gilt, sind die absoluten Zahlen nach Box Office Mojo.

In Deutschland erreichen die Filme nicht die Topwerte der USA. Das liegt sicher daran, dass die Comics in den Staaten ungleich mehr verkauft und gelesen werden. Deshalb liegt der beste Marvel-Film »Avengers: Endgame« in der deutschen Liste nur auf Rang 32. Dafür schneiden die Avatar-Filme in den USA nicht so gut ab. Dort liegt »Star Wars: Episode VII: Das Erwachen der Macht« auf Platz eins vor »Avengers: Endgame« und »Spider-Man: No Way Home«.

Auszeichnungen für Marvel

93

Oscars und andere Preise

Das Marvel Cinematic Universe steht derzeit bei vier Oscars, die sich auf die beiden »Black Panther«-Filme verteilen. »Black Panther« bekam 2019 drei Oscars für das beste Szenenbild, die beste Musik und das beste Kostümdesign. Der eine Oscar für die Fortsetzung ging wieder an Ruth Carter und ihre Kostüme. Eindrucksvoll liest sich die Liste der 27 Oscar-Nominierungen. Allerdings wurde nur einmal eine Schauspielerin nominiert. Doch auch andere Marvel-Filme blieben nicht ohne Erfolg. So gewann »Spider-Man 2« den Oscar in der Kategorie beste visuelle Effekte, »Spider-Man: A New Universe« holte sich den Oscar als bester Animationsfilm.

Die meisten Preise gewann das Marvel Cinematic Universum beim Saturn Award, der Science-Fiction-Filme auszeichnet. Bei 170 Nominierungen konnten 40 Auszeichnungen unter Dach und Fach gebracht werden. Insgesamt konnten bei den acht wichtigsten Preisen 75 Auszeichnungen eingeheimst werden – bei 283 Nominierungen.

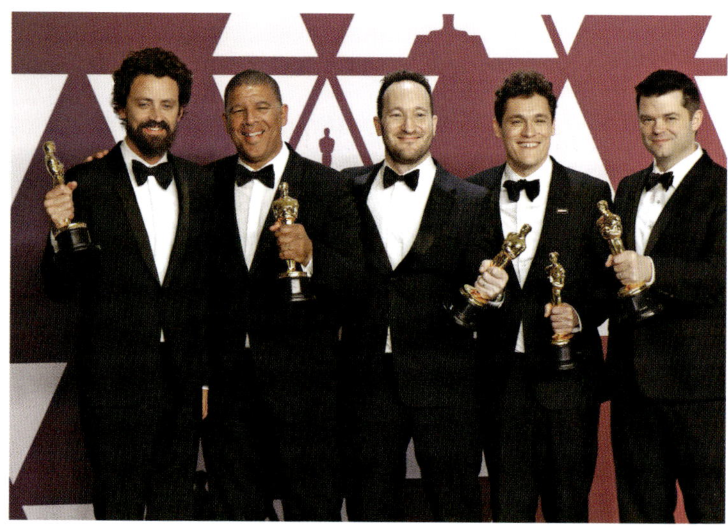

Bob Persichetti, Peter Ramsey, Rodney Rothman, Phil Lord, Christopher Miller mit Oscars für den besten Animationsfilm »Spider-Man: A New Universe«. Bild: picture alliance/Geisler-Fotopress/Dave Bedrosian/Geisler-Fotopress

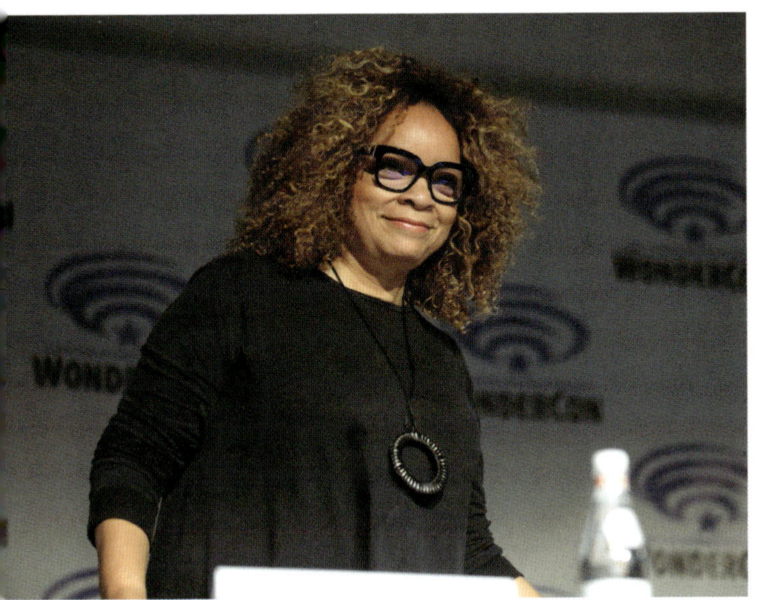

Ruth Carter gewann 2019 (»Black Panther«) und 2023 (»Black Panther: Wakanda Forever«) den Oscar für die besten Kostüme. Bild: Gage Skidmore/CC BY-SA 2.0

Malibu Comics

94

Nach acht Jahren von Marvel gekauft

1986 wurde der Malibu Verlag gegründet, zwei seiner bekanntesten Publikationen waren die »Men in Black« (siehe Kapitel 85) und eine Superhelden-Reihe namens »Ultraverse«. Andere Serien waren auf Filme bezogen, wie Star Trek, Terminator oder Tarzan, es gab Comics mit Größen der Rockmusik oder Dracula-Comics.

Technisch fortschrittlich war die Computer-Kolorierung, auf die es Marvel abgesehen hatte. Im November 1994 wurde der junge Verlag übernommen. Jetzt fing ein spannendes Wechselspiel im Ultraverse an, denn Marvel-Gestalten begannen sich dort zu tummeln. Mit dabei die üblichen Verdächtigen: die X-Men, Wolverine, die Avengers, Spider-Man, Captain America, Hulk und einige mehr. Doch weil Marvel massiv sparen musste, wurden die Malibu-Produktionen Anfang 1997 eingestellt. Dabei gibt es immer wieder Gerüchte, da könnte noch was kommen.

Bildschriftenverlag

95

Marvel zum ersten Mal auf Deutsch

Im September 1966 kam das erste deutschsprachige Marvel-Heft heraus. Hauptfigur war die Spinne, heute jedermann als Spider-Man bekannt. Die Hefte waren schwarz-weiß mit farbigem Umschlag. Die Reihe trug den Namen HIT-Comics. Im zweiten Heft starteten die Fantastischen Vier. Weitere Superhelden folgten, sodass die deutschen Leser auch noch Devil-Man, die Rächer, die X-Menschen, den unglaublichen Hulk, Captain Marvel, den Dämon, den Eisernen und den mächtigen Thor kennen lernten. Die Hefte sind in bunter Reihenfolge erschienen, ohne sich an die originale Chronologie zu halten. Der Bildschriftenverlag (BSV) war 1966 von National Periodical aufgekauft (siehe Seite 34) worden. Insofern ist es interessant, dass die Tochter des DC-Vorgängers in Europa Comics der Konkurrenz verkaufte. 153 Nummern der HIT-Comics sind bei BSV erschienen.

96

Williams Verlag

Die Marvels von Klaus Recht

National Periodical kam einige Zeit später zu Warner. Dort wurde beschlossen, alle Comics in Europa unter dem Namen Williams herauszubringen. So wurde BSV umbenannt. Ab 1974 kamen Marvel-Comics von Williams in die Kioske. Im Oktober des gleichen Jahres übernahm Klaus Recht von Williams den Verlag samt Lizenzen. Der Name des Verlags änderte sich in Verlag Klaus Recht, doch nicht mal ein Jahr später war er wieder der Williams Verlag. Bis 1979 wurden neue Marvel-Comics herausgebracht. Die wichtigsten Figuren sind die Spinne, die Fantastischen Vier, hinzu kommen Hulk, Thor und die Rächer. Mit einer Ausgabe der Spinne war im Mai 1979 Schluss.

Recht legte mehr Wert auf die Reihenfolge der Vorbilder. In die Hefte wurden immer auch Geschichten anderer Superhelden mit aufgenommen, zum Beispiel von Namor. 137 Spinne-Hefte sind erschienen, je 33 von Hulk und Thor, je 12 von Dr. Strange und dem Eisernen, sowie 124 mit den Fantastischen Vier.

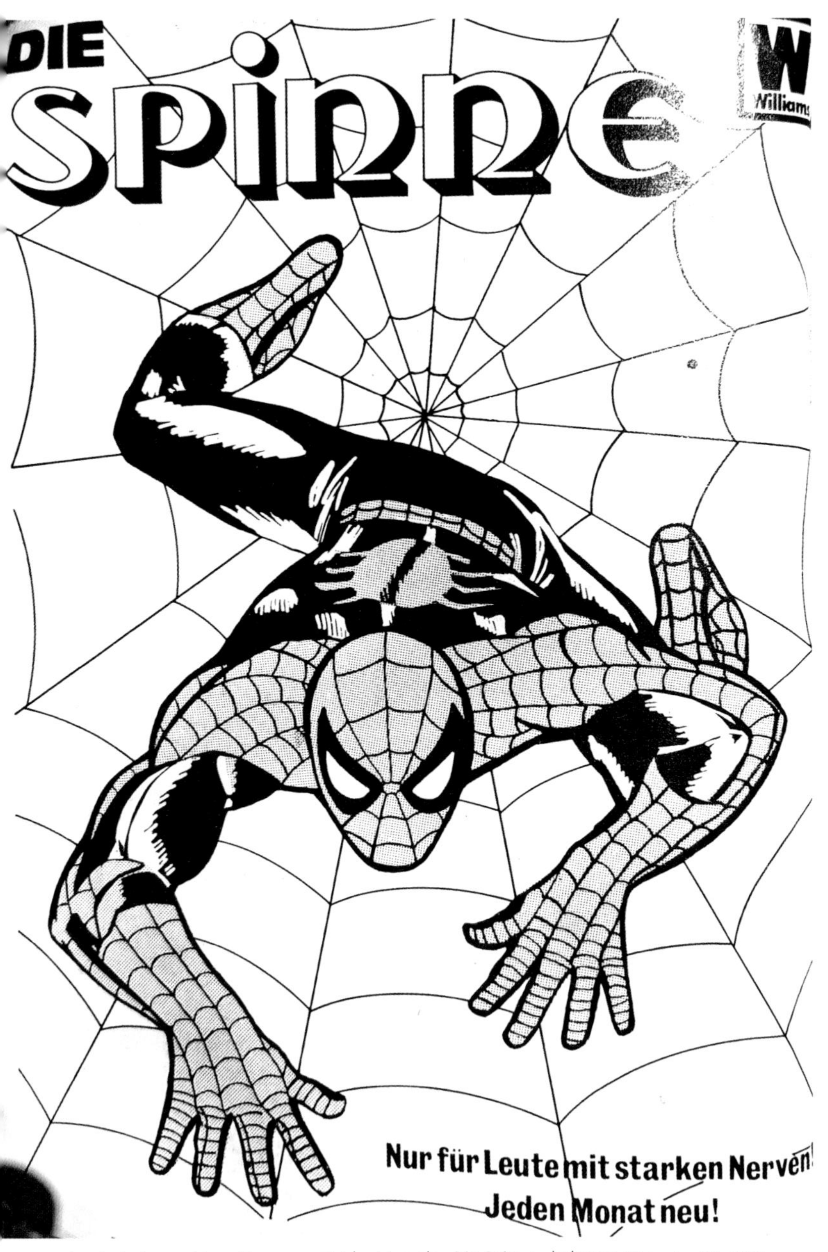

Im deutschsprachigen Raum war Spider-Man als »Die Spinne« bekannt. Bild: Sammlung Michael Dörflinger

97 Condor Verlag

Langjähriger Marvel-Verleger

Die Sturmtruppen, Clever & Smart, Schweinchen Dick oder Wickie sind bekannte Serien, die im Condor Verlag oder Con-Part Verlag erschienen sind. Bei diesem Verlag war Wolfgang M. Bieler, der schon bei den ersten Marvel-Comics von BSV mitgearbeitet hatte. Als er mitbekam, dass die Lizenzen für Marvel frei waren, griff er sofort zu. Von 1979 bis 1996 erschienen dort Hefte und Taschenbücher mit Marvel-Superhelden. Das waren wieder Serien der alten Bekannten, hinzu kamen Marvel-Editionen, bei denen auch Figuren wie das Ding, der Silver Surfer und Black Widow auftraten. Das Material bestand vor allem aus neueren Marvel-Serien. Marvel-Fans bemängelten die Qualität der Hefte, aber gekauft wurde trotzdem, denn damals gab es fast keine Möglichkeit, an amerikanische Originale zu kommen. 1996 wurden Marvel-Inhalte aus, wie es heißt, wirtschaftlichen Gründen aufgegeben.

98 Panini

Bekannt von Sammelbildern

Im Bastei-Verlag erschienen zwischen Januar 1991 und Januar 1992 15 Hefte mit Geschichten vom »Geister Reiter«, dem Ghost Rider. Nach dem Rückzug von Condor erschienen bei »Marvel Deutschland« 1996 neue Hefte. Dahinter steckte Panini. Die Italiener hatten von Marvel die Lizenzen in ganz Europa bekommen. Dort erscheinen auch die DC-Superhelden. Dazu kommen noch »Star Wars«, »Doctor Who« und viele andere Serien. Durch den europaweiten Vertrieb und dank moderner Drucktechnik ist es möglich, kostengünstig zu produzieren. Panini gehört seit Mitte der 1990er-Jahre der Marvel Entertainment Group, weshalb es nur logisch war, diese Vertriebsmacht in Europa für die eigenen Comics zu nutzen. Bei https://paninishop.de/ findet man Marvel-Comics, die dort erschienen sind.

Wer sich für die auf Deutsch erschienenen Hefte interessiert, kann auf https://marvelcomics-online.de eine umfassende Informationsquelle finden. Peter Gensmantel, der diese Seite betreibt, gebührt der supergroße Dank aller Marvel-Fans deutscher Zunge.

National Superhero Day

99

Ein Feiertag für Superhelden

1995 setzten sich Mitarbeiter von Marvel zusammen und heckten einen Plan aus: einen besonderen Tag zur Feier ihrer liebsten Superhelden. Das erste Mal wurde dieser Festtag, der auch dazu gedacht war, allen denen zu danken, die andere Menschen vor Gefahren und Verbrechen schützen 1995 gefeiert. Der 28. April ist seitdem in den Vereinigten Staaten für viele Menschen ein besonderer Tag. Es ist der landesweite National Superhero Day.

Feierlaune und Geschäft

Und dieser Tag wird bei immer mehr Comic- und Kinofans in aller Welt gefeiert. Auch bei Händlern wird der Tag gern genutzt, um mit Angeboten ihre Kundschaft zu erfreuen. Durch die vielen erfolgreichen Kinofilme sind die Superhelden immer stärker in das Bewusstsein vor allem der jüngeren Bevölkerung gerückt. Für die vielen Cosplayer ist dies einer der Tage, an denen sie in ihre Superheldenkostüme schlüpfen. Doch es geht immer weiter. Jetzt ist am 1. August der Spider-Man Day, am 21. September wird Batman gefeiert.

Superhelden aller Art feiern sich am 28. April. Bild: DonDonP1/CC 3.0

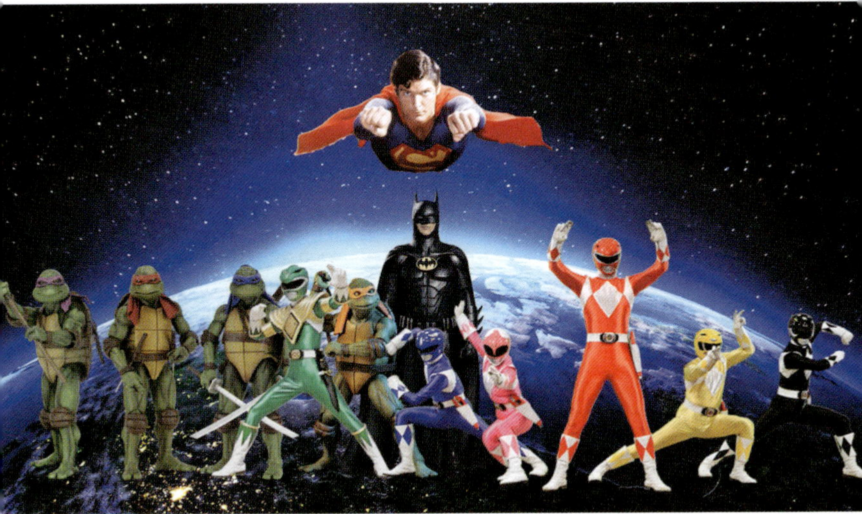

Marvel kommt in Mode

Vom T-Shirt bis zur Winterjacke

100

Mit den Erfolgen der Marvel-Filme und vor allem, seit Disney die Geschicke bestimmt, ist Merchandising immer größer geworden. Heute kann man sich das T-Shirt zu seiner Lieblingsfigur kaufen, dem Sohnemann eine Avengers-Winterjacke schenken, im Fitnessstudio mit Spider-Man-Jogginghose auftauchen. Warum auch nicht? Oder wie wäre es mit Hulk-Unterhose und Captain-America-Socken? Die heimliche Liebe zur Black Widow kann man nun in seinem T-Shirt ausleben. Ein Iron-Man-Pulli macht sicher so viel Freude wie ein Thor-Turnbeutel. Klar, dass man sich einen Rucksack seines Idols kaufen kann. Mit Platz für jede Menge Comics und DVDs – wenn man nicht gerade aus dem Streaming-Zeitalter kommt. Da sind dann eine Hulk-Tasse oder ein Spider-Man-Poster fast schon ein bisschen oldschool. Lieber dann eine Spider-Man-Teekanne für den beruhigenden Ingwer-Hibiskus-Litschi-Tee. Und wer dann langsam einschläft, macht es sich auf einem Loki-Kissen bequem.

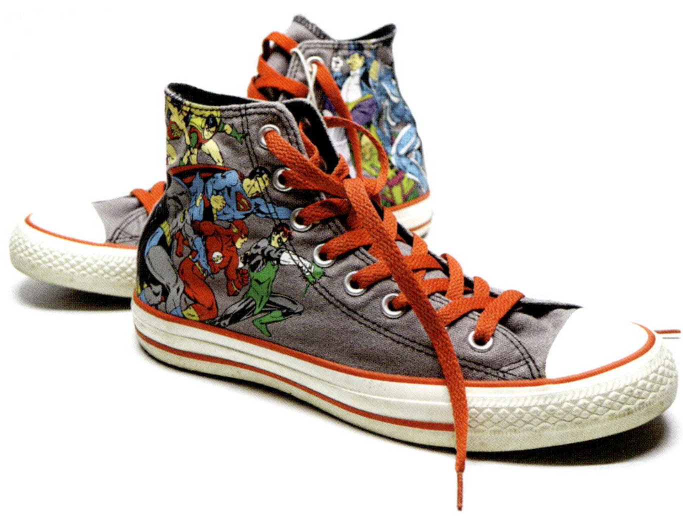

Superhelden taugen selbst für bequeme Freizeitschuhe. Auch wenn die Figuren hier zugegebenermaßen von der Konkurrenz DC stammen. Bild: Sammlung Michael Dörflinger

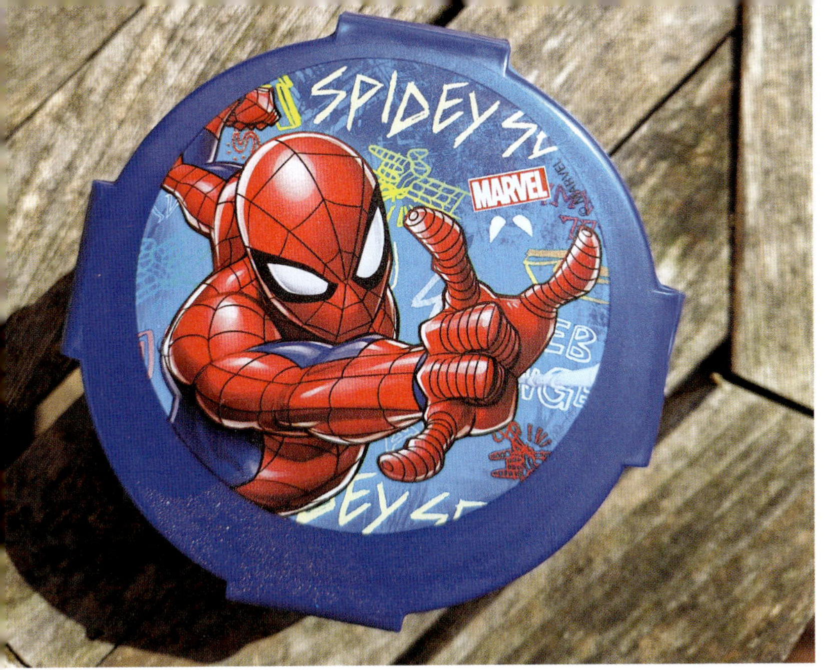

Mit Spidey in die Schule. Die Brotzeitbox macht bereits junge Kinder zu eingefleischten Fans. Am besten mit einem New Yorker Käsekuchen, wie Spider-Man ihn mag. Bild: Michael Dörflinger

Essen mit Marvel

Rezepte und Geschirr

101

Kaum zu glauben, aber wahr: Man kann mit Marvel kochen! »Marvel Eat the Universe: Das offizielle Kochbuch« heißt ein Buch mit allerlei Rezepten, etwa Sumpfkrebse à la Wolverine, Black Widows Lieblingsborschtsch oder Iron Mans Hummer-Mais-Dog. Deadpool hat sogar ein eigenes Kochbuch mit seinen 60 Lieblingsrezepten. Transportiert wird das Essen in die Schule oder zur Arbeit in einer stilechten Plastikbox.

Das Marvel Multiverse mit seinen über 6.000 Figuren hält noch viele Überraschungen bereit. Dieses Buch konnte nur einen vergleichsweise kleinen Ausschnitt präsentieren. Natürlich gibt es eigentlich 1.001 Dinge, die man über Marvel wissen muss. Ich hoffe, dieses Buch hat richtigen Hunger auf viel mehr Marvel gemacht. Guten Appetit.

Impressum

Verantwortlich: Jerome P. Schäfer
Umschlag: Kaj Ritter
Layout: Azurmedia, Augsburg

Repro: LUDWIG:media
Herstellung: Anna Katavic
Printed in Türkiye by Elma Bassim

Sind Sie mit diesem Titel zufrieden? Dann würden wir uns über Ihre Weiterempfehlung freuen. Erzählen Sie es im Freundeskreis, berichten Sie Ihrem Buchhändler oder bewerten Sie bei Ihrem nächsten Onlinekauf. Und wenn Sie Kritik, Korrekturen oder Aktualisierungen haben, freuen wir uns über Ihre Nachricht an GeraMond Media, Postfach 40 02 09, D-80702 München oder per E-Mail an lektorat@verlagshaus.de.

Unser komplettes Programm finden Sie unter 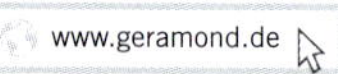

Bildnachweis Umschlag: Vorderseite: Adobe Stock / #495739993; Rückseite: Shutterstock / Iron Man

Alle Angaben dieses Werkes wurden vom Autor sorgfältig recherchiert und auf den neuesten Stand gebracht sowie vom Verlag geprüft. Für die Richtigkeit der Angaben kann jedoch keine Haftung übernommen werden, weshalb die Nutzung auf eigene Gefahr erfolgt.

In diesem Buch wird aus Gründen der besseren Lesbarkeit das generische Maskulinum verwendet. Weibliche und anderweitige Geschlechteridentitäten werden dabei ausdrücklich mitgemeint, soweit es für die Aussage erforderlich ist.

Die Deutsche Nationalbibliothek verzeichnet diese Publikation in der Deutschen Nationalbibliografie; detaillierte bibliografische Daten sind im Internet über http://dnb.d-nb.de abrufbar.

ISBN 978-3-9870208-4-1